OCÉANO exprés

El camino del carácter

DAVID BROOKS

exprés

EL CAMINO DEL CARÁCTER

Título original: THE ROAD TO CHARACTER

Traducción: Aridela Trejo

Diseño de portada: Eric White
Ilustración de portada: Ben Wiseman
Fotografía del autor: © 2011, David Burnett

Publicado según acuerdo con Random House, una división
de Penguin Random House LLC.

D. R. © 2024, Editorial Océano de México, S.A. de C.V.
Guillermo Barroso 17-5, Col. Industrial Las Armas
Tlanepantla de Baz, 54080, Estado de México
info@oceano.com.mx

Segunda reimpresión en Océano exprés: noviembre, 2024

ISBN: 978-607-527-796-7

Impreso en México / Printed in Mexico

A mis padres,
Lois y Michael Brooks

Índice

Introducción. Adán II

Recientemente he estado pensando en la diferencia entre las virtudes de un currículum y las de una oración fúnebre. Las primeras son las que enlistas en tu *curriculum vitae*, las habilidades que llevas contigo al mercado de trabajo y que contribuyen a tu éxito externo.

Las virtudes de una oración fúnebre son más profundas. Son las cualidades de las que se hablaría en tu sepelio, las que residen en el centro de tu ser; si fuiste bueno, valiente, honesto o leal; qué tipo de relaciones estableciste.

La mayoría de nosotros diríamos que las virtudes que enumera una oración fúnebre son más importantes que las del currículum, pero confieso que durante largos periodos de mi vida he dedicado más tiempo a pensar en las segundas que en las primeras. Sin duda, el sistema educativo se orienta hacia las virtudes del currículum, más que a las de la oración fúnebre. También el debate público: los consejos de autoayuda en las revistas, los best sellers de no ficción. La mayoría tenemos estrategias más claras para alcanzar el éxito profesional que para desarrollar un carácter profundo.

Un libro que me ha ayudado a reflexionar sobre estos dos conjuntos de virtudes es *Lonely Man of Faith*, escrito en 1965 por el rabino Joseph Soloveitchik. Él señaló ahí que en el Génesis hay dos relatos de la creación, y aseguró que representan los dos lados opuestos de nuestra naturaleza, a los que llamó Adán I y Adán II.

Modernizando un poco las categorías de Soloveitchik, podríamos decir que Adán I es el lado ambicioso de nuestra naturaleza, el orientado a la trayectoria profesional. Es el Adán externo, el del currículum. Quiere hacer, crear, producir y descubrir cosas. Quiere ser de un estatus alto y obtener victorias.

Adán II es el Adán interno. Él quiere encarnar ciertas cualidades morales. Quiere tener un carácter tranquilo, una noción serena pero sólida del bien y el mal; no sólo para hacer el bien, sino también para ser bueno. Adán II desea amar íntimamente, sacrificarse al servicio de los demás, vivir en obediencia a una verdad trascendente y tener un alma íntegra que honre la creación y las propias posibilidades.

Mientras que Adán I quiere conquistar el mundo, Adán II quiere obedecer un llamado a servir al mundo. Mientras que Adán I es creativo y saborea sus logros, Adán II renuncia a veces al éxito y prestigio materiales en aras de un propósito sagrado. En tanto que Adán I pregunta cómo funcionan las cosas, Adán II pregunta por qué existen las cosas, y para qué estamos aquí. Mientras que Adán I desea arriesgarse, Adán II quiere volver a sus raíces y disfrutar de una comida casera. En tanto que el lema de Adán I es "Éxito", Adán II experimenta la vida como un drama moral. Su lema es "Caridad, amor y redención".

Soloveitchik afirmó que vivimos en la contradicción entre esos dos Adanes. El majestuoso Adán exterior y el humilde Adán interior no son del todo conciliables. Estamos atrapados para siempre en una confrontación con nosotros mismos. Estamos llamados a desempeñar ambos personajes, y debemos dominar el arte de vivir dentro de la constante tensión entre esas dos naturalezas.

La parte difícil de esta confrontación, añadiría yo, es que los Adanes I y II viven de acuerdo con una lógica distinta. Adán I —el creador, hacedor y descubridor— vive conforme a una lógica sencillamente utilitarista. Es la lógica de la economía. El insumo conduce al producto. El esfuerzo conduce a la recompensa. La práctica hace al maestro. Persigue tu interés. Maximiza tu utilidad. Impresiona al mundo.

Adán II vive de acuerdo con la lógica inversa. Es una lógica moral, no económica. Tienes que dar para recibir. Debes someterte a algo fuera de ti para adquirir fortaleza dentro de ti. Tienes que vencer tu deseo a conseguir lo que ansías. El éxito conduce al mayor fracaso, que es el orgullo. El fracaso lleva al mayor éxito, que es la humildad y el aprendizaje. Para realizarte debes olvidarte de ti. Para encontrarte tienes que perderte.

Para promover la carrera de tu Adán I, es lógico que cultives tus fortalezas. Para nutrir la médula moral de tu Adán II, es preciso que enfrentes tus debilidades.

El animal astuto

Vivimos en una cultura que estimula al Adán I, al externo, y descuida al Adán II. Vivimos en una sociedad que nos anima a pensar en cómo tener una magnífica carrera, pero que a muchos de nosotros nos deja sin saber cómo cultivar nuestra vida interior. La competencia por triunfar y ganar admiración es tan feroz que termina siendo devoradora. El mercado de consumo nos alienta a vivir conforme a un cálculo utilitario, a satisfacer nuestros deseos y perder de vista los riesgos morales de nuestras decisiones diarias. El ruido de las comunicaciones rápidas y superficiales nos dificulta oír los tenues sonidos que emanan de las profundidades. Vivimos en una cultura que nos enseña a promovernos y publicitarnos, y a dominar las habilidades requeridas para tener éxito, pero que da poco estímulo a la humildad, la compasión y la autoconfrontación honesta, mismas que son indispensables para forjar el carácter.

Ser sólo Adán I te convierte en un animal astuto, una criatura hábil decidida a autopreservarse, experta en el juego y que todo lo vuelve una competición. Si esto es todo para ti, dedicas mucho tiempo a cultivar tus habilidades profesionales, pero no tienes una idea clara de las fuentes de significado en la vida, así que no sabes a qué consagrar tus habilidades, qué trayectoria sería para ti la más alta y mejor. Los años pasan y tus cualidades más profundas quedan sin explorar, poco estructuradas. Estás ocupado, pero tienes la vaga sensación de que tu vida no ha alcanzado su sentido y significación últimos. Vives inconscientemente aburrido, sin amar de verdad, sin ceñirte a los propósitos morales que dan valor a la vida. Careces de los criterios internos necesarios para hacer compromisos firmes. Jamás desarrollas una constancia interior, la integridad capaz de resistir la reprobación popular o un duro golpe. Te descubres haciendo cosas que los demás aprueban, sean o no correctas para ti. De manera irreflexiva juzgas a otros por sus aptitudes, no por su valor. No tienes una estrategia para forjar tu carácter, y sin eso no sólo tu vida interior, sino también la exterior, acabarán por venirse abajo.

Este libro trata de Adán II. De cómo algunas personas han cultivado un carácter fuerte. De una mentalidad que, a través de los siglos, ciertos individuos han adoptado para adquirir reciedumbre y cultivar un corazón sabio. Lo escribí, si he de serte franco, para salvar mi alma.

Nací con una disposición natural hacia la superficialidad. Ahora trabajo como experto y columnista. Me pagan por ser un narcisista fanfarrón, por soltar opiniones, por parecer más seguro de ellas de lo que estoy, y más listo, mejor y más confiable de lo que soy. Tengo que esforzarme más que la mayoría por evitar una vida de petulante superficialidad. Pero también sé que, como muchos otros hoy en día, siempre he tenido una vaga aspiración moral, y he deseado vagamente ser bueno y tener un gran propósito, aunque, al mismo tiempo, carezco de un vocabulario moral concreto, una comprensión clara de cómo tener una abundante vida interior, e incluso un claro conocimiento de cómo se desarrolla el carácter y se alcanza la profundidad.

He descubierto que sin una rigurosa atención al lado de Adán II de nuestra naturaleza, es fácil caer en una mediocridad moral autocomplaciente. Te evalúas en una curva de perdón. Cumples tus deseos siempre que se apoderan de ti, y te apruebas mientras, obviamente, no lastimes a nadie. Supones que si quienes te rodean parecen apreciarte, es que eres suficientemente bueno. Durante este proceso te conviertes en alguien menos impresionante de lo que esperabas en un inicio. Se abre entonces una humillante brecha entre tu ser real e ideal. Te das cuenta de que la voz de tu Adán I es fuerte, pero que la de tu Adán II está contenida; que el plan de vida de Adán I es claro, pero el de Adán II es difuso; que Adán I está alerta y Adán II es un sonámbulo.

Escribí este libro sin estar seguro de que podría seguir el camino del carácter, pero al menos quería saber cómo es ese camino y cómo ha sido recorrido por otros.

El plan

El plan de este libro es simple. En el capítulo siguiente describiré una antigua ecología moral. Se trata de una tradición cultural e intelectual, la tradición de la "madera torcida", que enfatizaba nuestra fragilidad. Era una tradición que demandaba humildad ante nuestras limitaciones. Pero también era una tradición que sostenía que cada uno de nosotros posee la capacidad de enfrentar sus debilidades y encarar sus pecados, y durante esta confrontación con nosotros mismos forjamos nuestro carácter. Enfrentar satisfactoriamente la debilidad y el pecado nos da la oportunidad de ejercer nuestro papel en un gran drama moral. Podemos apuntar hacia algo más alto que la felicidad. Tenemos la posibilidad de aprovechar todas las ocasiones diarias para robustecer en nosotros la virtud y ser útiles para el mundo.

Después describiré ese método para forjar el carácter en la vida real. Lo haré por medio de ensayos biográficos, que también son ensayos morales. Desde Plutarco los moralistas han intentado comunicar ciertas normas poniendo ejemplos. Tú no podrás hacer una vida intensa como Adán II sólo leyendo sermones o siguiendo reglas abstractas. Nada enseña mejor que el ejemplo. La elevación moral es más probable cuando se apasiona el corazón, cuando entramos en contacto con personas que admiramos y amamos, y consciente e inconscientemente dedicamos nuestra vida a imitar la de ellas.

Esta verdad penetró hondo en mí luego de escribir un artículo sobre lo difícil que es usar la experiencia en el aula para aprender a ser bueno. Entonces el veterinario Dave Jolly me envió un correo electrónico que dio en el blanco:

> Tener buen corazón no es algo que pueda enseñarse intelectualmente en un aula a estudiantes que toman apuntes de manera mecánica [...]. Un corazón bueno y sabio se obtiene a lo largo de una vida de esfuerzo diligente por cavar en uno mismo y curar las heridas de la vida. [...] No se puede enseñar, explicar por mail, ni tuitear. Tiene que descubrirse en lo más profundo del corazón, cuando se está listo al fin para ir a buscarlo, no antes.

> Una persona prudente debe tragarse su frustración y seguir dando ejemplo de interés, reflexión y diligencia durante su vida. Las enseñanzas de una persona prudente son la parte más pequeña de lo que da. La totalidad de su vida, la forma en que actúa en los más pequeños detalles, es lo que importa.
>
> No hay que olvidar esto. El mensaje es la persona, perfeccionada a través de una vida de esfuerzo puesto en marcha por otra persona prudente, ahora oculta de aquélla por la densa noche de los tiempos. La vida es mucho más grande de lo que creemos, causa y efecto están entrelazados en una vasta estructura moral que nos sigue impulsando a hacer mejor las cosas, a ser mejores, aun si nos encontramos en la más penosa y confusa oscuridad.

Esas palabras explican la metodología de este libro. Los sujetos de los retratos en los capítulos 2 a 10 son un grupo diverso, blancos y negros, hombres y mujeres, religiosos y seglares, literatos y no literatos. Todos distan de ser perfectos. Pero practicaron un modo de vida poco común ahora. Estaban plenamente conscientes de sus debilidades. Libraron una lucha interior con sus pecados, de la que emergieron con cierta dosis de respeto por sí mismos. Y cuando pensamos en ellos, lo que más recordamos no son sus logros —por grandes que hayan sido—, sino su manera de ser. Confío en que su ejemplo avive en nosotros el tímido anhelo de ser mejores, de seguir sus pasos.

En el último capítulo consumaré estos temas. Describiré cómo nuestra cultura nos ha dificultado ser buenos y resumiré el enfoque de "madera torcida" de la vida en una serie de puntos específicos. Si estás impaciente por conocer el mensaje condensado de este libro, ve hasta el final.

Aun hoy, en ocasiones tropezamos con personas que parecen poseer una impresionante coherencia interna. No llevan una vida fragmentada, dispersa. Han alcanzado la integración interior. Son serenas, estables y firmes. Ninguna tormenta las desvía de su curso. La adversidad no las hace desmoronarse. Su mente es congruente y su corazón confiable. Sus virtudes no son las que vemos florecer en los estudiantes universitarios brillantes; son las virtudes maduras que vemos en quienes han vivido un poco y aprendido de la dicha y el dolor.

A veces ni siquiera notas a esas personas, porque, aunque parecen buenas y alegres, son reservadas. Poseen las modestas virtudes de quienes se inclinan a ser útiles, pero no necesitan probar nada al mundo: humildad, moderación, reticencia, templanza, respeto y una suave autodisciplina.

Irradian una especie de alegría moral. Responden con dulzura cuando se les desafía ásperamente. Guardan silencio cuando se abusa de ellas. Son mesuradas cuando alguien intenta humillarlas, contenidas cuando se les quiere provocar. Pero actúan. Se sacrifican al servicio de los demás con la misma modestia que se empeñarían en comprar víveres. No piensan que sus acciones sean impresionantes. No piensan en absoluto en sí mismas. Sólo parecen encantadas con quienes las rodean, por imperfectos que sean. Se limitan a identificar lo que debe hacerse y lo hacen.

Cuando hablas con ellas, te hacen sentir más gracioso y más listo. Transitan por diferentes clases sociales sin que parezcan darse cuenta de ello. Después de tratarlas un tiempo, se te ocurre que nunca las has oído vanagloriarse, darse aires de justas, o mostrarse empecinadamente seguras. No hacen insinuaciones de su distinción y sus logros.

Estas personas no han llevado una vida tranquila y sin conflictos, sino que han luchado hasta llegar a la madurez. Han avanzado cierto trecho en la resolución del problema esencial de la vida, el cual, en palabras del escritor Alexander Solzhenitsyn, consiste en que "la línea que separa el bien del mal no cruza en medio de Estados, ni entre clases, ni entre partidos políticos, sino justo a través de cada corazón humano".

Éste es el tipo de personas que forjan un carácter fuerte, que alcanzan cierta profundidad. En ellas, al final de esta lucha, el ascenso al éxito ha cedido al esfuerzo por llegar al fondo del alma. Luego de una vida de buscar el equilibrio, Adán I se postra ante Adán II. Éstas son las personas que buscamos.

1 El cambio

Los domingos por la noche, mi estación local de National Public Radio (NPR) retransmite antiguos programas. Hace unos años, al volver a casa oí en el auto *Command Performance*, un programa de variedades dirigido a las tropas durante la segunda guerra mundial. El episodio que escuché se había transmitido un día después del Día V-J, el 15 de agosto de 1945, después de la victoria aliada sobre Japón.

En este episodio participaron algunas de las principales celebridades de la época: Frank Sinatra, Marlene Dietrich, Cary Grant, Bette Davis y muchas otras. Pero el rasgo más llamativo de esa emisión era su tono de modestia y humildad. Los aliados acababan de consumar una de las victorias militares más nobles de la historia humana. Pero nadie se dio golpes de pecho. Nadie erigió arcos triunfales.

"Bueno, parece que eso es todo", abrió el conductor, Bing Crosby. "¿Qué puede decirse en un momento como éste? No podemos echar las campanas al vuelo; eso es para los días de fiesta normales. Supongo que lo que todos podemos hacer es dar gracias a Dios de que haya terminado." Entonces la mezzosoprano Risë Stevens cantó una versión solemne del *Ave Maria* y, al regresar, Crosby resumió el ánimo imperante: "Hoy, nuestro sentimiento más profundo es el de la humildad".

Ese sentir se repitió a lo largo del programa. El actor Burgess Meredith leyó un pasaje del corresponsal de guerra Ernie Pyle. Muerto meses atrás, Pyle había escrito un artículo en el que prefiguró qué significaría la victoria: "Ganamos esta guerra porque nuestros soldados son valientes, y por muchas otras cosas; por Rusia, Inglaterra y China, y el paso del tiempo, y los dones materiales de la naturaleza. No la ganamos porque el destino nos haya hecho mejores que otros. Espero que, en la victoria, nos sintamos más agradecidos que orgullosos".

Este programa reflejaba la reacción de la nación entera. Hubo celebraciones desbordadas, por supuesto. Marineros en San Francisco se adueñaron de tranvías y saquearon licorerías. Las calles del distrito de la moda en Nueva York quedaron sepultadas por capas de más de diez centímetros de confeti.[1] Pero el ánimo estaba dividido. El júbilo daba paso a la solemnidad y el titubeo.

En parte, esto se debió a que la guerra fue un acontecimiento tan trascendental, y produjo tantos ríos de sangre que, en comparación, los individuos se sentían pequeños. También se debía a la forma en que había terminado la guerra en el Pacífico, con la bomba atómica. En todo el mundo la gente acababa de ver la violencia de que son capaces los seres humanos. Y a partir de entonces había un arma capaz de volver apocalíptica esa violencia. "El conocimiento de la victoria estuvo tan cargado de duda y dolor como de dicha y gratitud", señaló esa semana James Agee en un editorial de la revista *Time*.

Sin embargo, el tono modesto de *Command Performance* no era simple cuestión de ánimo o estilo. Los participantes en ese programa habían presenciado una de las victorias históricas más importantes hasta entonces, pero no por eso se dijeron extraordinarios ni hicieron estampas adhesivas para sus autos conmemorando su grandeza. Su primera reacción fue recordar que no eran moralmente superiores a nadie. Su impulso colectivo fue prevenirse contra el orgullo y la jactancia. De manera intuitiva resistieron la natural tendencia humana a los excesos de la egolatría.

Llegué a casa antes de que acabara ese programa y terminé de oírlo en el auto. Luego entré a mi casa y encendí el televisor para ver un partido de futbol americano. Un mariscal de campo hacía un pase corto a un receptor abierto, que fue tacleado casi al instante, habiendo avanzado apenas dos yardas. El jugador defensivo hizo entonces lo que hoy hacen todos los atletas profesionales en momentos de un logro personal: vanagloriarse mediante una danza de victoria que la cámara registró con todo detalle.

En ese momento se me ocurrió que luego de un avance de dos yardas, acababa de ver más autocelebración que la que había oído cuando Estados Unidos ganó la segunda guerra mundial.

Este pequeño contraste desencadenó en mi mente varias ideas. Se me ocurrió que este cambio bien podía simbolizar una transformación cultural, un paso de una cultura modesta que dice: "Nadie es mejor que yo, pero tampoco soy mejor que nadie", a una cultura de autopromoción que dice: "Reconoce mis logros, porque soy muy especial". Aunque poco significativo en sí mismo, este contraste era una suerte de acceso a las diferentes maneras en que es posible vivir en este mundo.

El pequeño yo

En los años posteriores a ese episodio de *Command Performance*, me dediqué a estudiar aquel periodo y a algunos de sus personajes más destacados. Esta investigación me recordó que nadie debería querer volver a la cultura de mediados del siglo XX. Aquélla era una cultura más racista, sexista y antisemita que la nuestra. La mayoría de nosotros no habríamos tenido las oportunidades que tenemos ahora. También era una cultura más aburrida, de alimentos insípidos y casas homogéneas. Emocionalmente era una cultura fría. Los papás, en particular, eran incapaces de expresar su amor por sus hijos. Y como esposos no podían advertir el valor intrínseco de su pareja. En muchos sentidos la vida es mejor ahora que en ese entonces.

No obstante, se me ocurrió que, en aquellos días, la propensión a la humildad era quizá más común que ahora; había una ecología moral que se remontaba a varios siglos, pero hoy es menos visible, la cual alentaba a la gente a ser más escéptica sobre sus deseos, más consciente de sus debilidades, más resuelta a combatir los defectos de su naturaleza y convertir la debilidad en fortaleza. Las personas que habían vivido en esa tradición, pensé, tendían a creer menos que cada pensamiento, sentimiento y logro debía compartirse de inmediato con el mundo en su totalidad.

En la época de *Command Performance*, la cultura popular parecía más reticente. No había camisetas con mensajes, ni signos de admiración en el teclado de las máquinas de escribir, ni listones de solidaridad con diversas enfermedades, ni placas personalizadas, ni estampas adhesivas para los autos con declaraciones individuales o morales. La gente no presumía su filiación universitaria ni sus destinos vacacionales en letreros impresos en la ventana trasera de su automóvil. Había una sanción social más fuerte contra quien (como se decía entonces) se daba aires o ínfulas, o se le subían los humos.

El código social estaba representado por el estilo modesto de actores como Gregory Peck o Gary Cooper, o del personaje de *Dragnet*, Joe Friday. Cuando Harry Hopkins, asesor del presidente Franklin Roosevelt, perdió un hijo en la segunda guerra mundial, el alto mando militar quiso poner fuera de peligro a sus demás hijos. Hopkins rechazó esa idea, escribiendo, con la sutileza propia de la época, que sus otros hijos no debían recibir asignaciones poco riesgosas sólo porque su hermano "tuvo algo de mala suerte" en el Pacífico.[2]

De los veintitrés hombres y mujeres que integraron el gabinete de Dwight Eisenhower, sólo uno, el secretario de Agricultura, publicó más tarde sus memorias, y éstas eran tan discretas que terminaban por resultar soporíferas. En cambio, doce de los treinta miembros del gabinete de Reagan publicaron memorias, casi todas ellas autopromocionales.[3]

Cuando George Bush padre, quien creció en aquel periodo, contendía por la presidencia, se negaba a hablar de sí mismo debido a los valores que le inculcaron en la infancia. Si un redactor incluía la palabra "yo" en sus discursos, él la tachaba automáticamente. Sus colaboradores le decían: "¡Está compitiendo por la presidencia, tiene que hablar de usted mismo!", y lo forzaron a hacerlo. Sin embargo, al día siguiente, Bush recibió una llamada de su madre. "George, otra vez estás hablando de ti…", le dijo. Y Bush volvió al redil: no más "yoes" en los discursos. No más autopromoción.

El Gran Yo

En los años subsecuentes, recolecté datos que sugieren que hemos atestiguado un cambio enorme, de una cultura de humildad a otra que podría llamarse del Gran Yo; de una cultura que alentaba a la gente a pensar con humildad de sí misma a otra que la anima a verse como el centro del universo.

No fue difícil hallar esos datos. Por ejemplo, entre 1948 y 1954, algunos psicólogos preguntaron a más de 10,000 adolescentes si se consideraban personas muy importantes. En ese entonces, doce por ciento respondió que sí. Esa misma pregunta fue reformulada en 1989 y esta vez no fue doce por ciento el que se consideró muy importante, sino el ochenta por ciento de los chicos y setenta y siete por ciento de las chicas.

Los psicólogos disponen de una prueba de narcisismo. Leen enunciados a la gente y le preguntan si se aplican a ella; afirmaciones como "Me gusta ser el centro de atención… Presumo si tengo la oportunidad de hacerlo, porque soy extraordinario… Alguien debería escribir acerca de mí". El puntaje medio de narcisismo ha aumentado treinta por ciento en las dos últimas décadas. Noventa y tres por ciento de los jóvenes obtiene ahora un puntaje superior al promedio hace sólo veinte años.[4] El mayor incremento se registra en torno a los enunciados "Soy una persona extraordinaria" y "Me gusta contemplar mi cuerpo".

Junto con este aparente ascenso en la autoestima, ha habido un aumento enorme en el deseo de fama. Antes ésta era una ambición menor en la vida de la mayoría. En una encuesta realizada en 1976, en que se pidió a la gente enlistar sus metas en la vida, la fama ocupó el lugar quince de dieciséis. En cambio, en 2007, cincuenta y uno por ciento de los jóvenes dijo que ser famoso era una de sus metas personales más importantes.[5] En otro estudio se preguntó a alumnas de secundaria con quién les gustaría cenar; Jennifer Lopez ocupó el primer sitio, Jesucristo el segundo y Paris Hilton el tercero. Luego se les preguntó cuál entre varios empleos preferirían. Casi el doble dijo preferir ser ayudante personal de una celebridad —por ejemplo, de Justin Bieber— que rectora de Harvard. (Aunque, para ser justos, estoy bastante seguro de que también el rector de Harvard preferiría ser asistente personal de Justin Bieber.)

Mientras analizaba la cultura popular a mi alrededor, seguía encontrando los mismos mensajes en todas partes: "Eres especial", "Confía en ti", "Sé fiel a ti mismo". Las películas de Pixar y Disney constantemente dicen a los niños que son maravillosos. Los discursos de graduación están salpicados de los mismos lugares comunes: "Sigue tu pasión", "No aceptes límites", "Traza tu propia ruta", "Tienes la responsabilidad de hacer grandes cosas porque eres grande". Es el evangelio de la confianza en uno mismo.

Como dijo Ellen DeGeneres en un discurso de graduación en 2009: "Mi consejo para ustedes es que sean fieles a sí mismos, y todo lo demás estará bien". El chef de las celebridades Mario Batali recomendó a un grupo de graduados seguir "su verdad, expresada coherentemente por ustedes". Anna Quindlen exhortó a otro público a tener el valor de "honrar su carácter, intelecto, inclinaciones y, sí, su alma, escuchando la voz clara y limpia de esta última en lugar de seguir los turbios mensajes de un mundo timorato".

En su muy vendido libro *Eat, Pray, Love* (soy el único hombre en haberlo leído completo), Elizabeth Gilbert escribió que Dios se manifiesta por medio de "mi propia voz dentro de mi propio ser [...]. Dios habita en ti igual que tú, justo igual que tú".[6]

Al examinar cómo educamos a nuestros hijos, también encontré señales de este cambio moral. Por ejemplo, los antiguos manuales para las Girl Scouts predicaban una ética de abnegación y modestia. El principal obstáculo para la felicidad, exhortaban esos manuales, era producto del exagerado deseo de que la gente piense en nosotros.

En 1980, como señaló James Davison Hunter, el tono ya era muy diferente: *You Make the Difference: The Handbook for Cadette and Senior Girl Scouts* indicaba a las niñas que debían poner *más* atención en ellas mismas: "¿Cómo puedes estar más en contacto contigo misma? ¿Qué sientes? [...]. Cada opción a tu alcance en el Senior Scouting puede ayudarte de alguna manera a conocerte mejor [...]. Ocupa el 'centro del escenario' de tu mente para adquirir perspectiva de tu forma de sentir, pensar y actuar".[7]

Incluso el cambio puede advertirse en las palabras que fluyen desde el púlpito. Joel Osteen, en la actualidad uno de los líderes más populares de las megaiglesias, escribe desde Houston, Texas: "Dios no te creó para ser del promedio", en su libro *Become a Better You*. "Fuiste hecho para destacar. Fuiste hecho para dejar una huella en esta generación. [...] Comienza [a creer]: 'Fui elegido, separado, destinado a vivir en victoria'."[8]

El camino humilde

Al paso de los años, a medida que continuaba trabajando en este libro, mis pensamientos volvían a aquel episodio de *Command Performance*. Me fascinaba la cualidad de la humildad que había oído en esas voces.

Había algo estéticamente bello en la modestia exhibida por quienes participaron en dicho programa. Una persona modesta es dulce y gentil, mientras que la que se autopromueve es frágil y discordante. Humildad es liberarse del deber de demostrar que eres superior en todo momento, en tanto que el egotismo es un ansia insaciable de ello en un espacio reducido —un ansia ególatra, competitiva y urgida de distinción. La humildad se infunde mediante emociones positivas, como admiración, camaradería y gratitud. "La gratitud", aseveró el arzobispo de Canterbury, Michael Ramsey, "es un suelo en el que el orgullo no crece con facilidad."[9]

Hay también algo intelectualmente impresionante en esa humildad. Según el psicólogo Daniel Kahneman, tenemos una "aptitud casi ilimitada para ignorar nuestra ignorancia".[10] Humildad es saber que hay muchas cosas que no sabes, y que gran parte de lo que crees saber está distorsionado o es incorrecto.

Es así como la humildad conduce a la sabiduría. Michel de Montaigne escribió una vez: "Los conocimientos de otros pueden hacernos conocedores, pero la sabiduría de otros no puede volvernos sabios". Esto se debe a que la sabiduría no es un corpus de información. Es la cualidad moral de saber que no sabes y encontrar un modo de manejar tu ignorancia, incertidumbre y limitación.

Las personas que consideramos sabias han vencido, hasta cierto punto, los prejuicios y las arrogantes tendencias de nuestra naturaleza. En su significado más pleno, la humildad intelectual es verte de lejos tal como eres. Es pasar de la visión retratista de la adolescencia, en un plano cerrado y protagonista, a la visión de paisaje, en la que, desde una perspectiva más amplia, percibes tus fortalezas y debilidades, tus relaciones y dependencias, y el papel que desempeñas en una trama más vasta.

Por último, hay algo moralmente impresionante en la humildad. Cada época tiene sus métodos de cultivo personal, sus maneras de forjar la profundidad y el carácter. Los participantes en aquella emisión de *Command Performance* se previnieron contra algunas de sus tendencias menos atractivas, como ser orgullosos, autoadulatorios y soberbios.

Hoy, muchos de nosotros vemos nuestra vida a través de la metáfora de un viaje por el mundo exterior y la escalera del éxito. Cuando pensamos en hacer una diferencia, o en tener un propósito en la vida, a menudo pensamos en lograr algo externo: prestar un servicio que tenga un impacto en el mundo, formar una compañía exitosa, o hacer algo para la comunidad.

Las personas verdaderamente humildes también usan esa metáfora del viaje para describir su vida, pero de manera distinta, más relacionada con la vida interior: la metáfora las confronta consigo mismas. Tienden a suponer que todos somos seres divididos, tanto espléndidamente dotados como muy imperfectos; que cada uno tiene ciertos talentos, pero también ciertas debilidades. Y si de modo habitual caemos en la tentación y no luchamos contra nuestras debilidades, poco a poco estropearemos alguna pieza básica de nosotros mismos. En nuestro interior no seremos tan buenos como querríamos. Fracasaremos en forma lamentable.

Para ese tipo de personas, el drama externo de la escalera del éxito es importante, pero la lucha interna contra sus debilidades es el drama central de su existencia. Como dijo el popular ministro Harry Emerson Fosdick en su libro *On Being a Real Person*, publicado en 1943: "El comienzo de una vida que vale la pena ser vivida es la confrontación con nosotros mismos".[11]

Las personas verdaderamente humildes hacen un enorme esfuerzo por magnificar lo mejor de sí y vencer lo peor, por volverse fuertes donde son débiles. Parten de la plena admisión de las fallas en su naturaleza. Nuestro mayor problema es que somos egocéntricos; esto se nota de modo elocuente en el famoso discurso de graduación que David Foster Wallace pronunció en Kenyon College, en 2005:

> Todo en mi experiencia inmediata confirma mi profunda convicción de que soy el centro absoluto del universo, la persona más real, vital e importante de todas. Es raro que pensemos en este egocentrismo básico y natural, porque es socialmente repulsivo. Pero está presente en todos nosotros, casi de la misma manera. Es nuestra configuración predeterminada, impresa en nuestros circuitos al nacer. Piensen en esto: en ninguna experiencia que han tenido, ustedes han dejado de ser el centro absoluto. El mundo que experimentan está frente a USTEDES o detrás de USTEDES, a la izquierda o derecha de USTEDES, en SU televisión o SU monitor, y

así sucesivamente. Los pensamientos y sentimientos de otras personas les tienen que ser comunicados de alguna manera, pero los suyos son inmediatos, urgentes, reales.

Este egocentrismo sigue varias direcciones desafortunadas. Lleva al egoísmo, el deseo de usar a otros como medio para obtener algo. También lleva al orgullo, el deseo de considerarte superior a todos. Conduce a la capacidad de ignorar y racionalizar tus imperfecciones y exagerar tus virtudes. En nuestro paso por la vida, la mayoría nos comparamos constantemente con otros, y nos imaginamos un poco mejores que ellos, más virtuosos, con mejores juicios, mejores gustos. Buscamos reconocimiento sin cesar y somos muy sensibles a cualquier desaire u ofensa al prestigio que creemos haber alcanzado.

Algo perverso en nuestra naturaleza nos induce a poner nuestros bajos amores sobre los altos. Todos amamos y deseamos múltiples cosas: amistad, familia, popularidad, un país, dinero, etcétera. Y todos tenemos la sensación de que algunos de esos amores son más altos o importantes que otros. Sospecho que cada uno de nosotros clasifica esos amores casi de la misma manera. Todos sabemos que el amor que sentimos por nuestros hijos o nuestros padres debe ser más alto que el que le tenemos al dinero. Que el amor que le tenemos a la verdad debe ser más alto que el que profesamos a la popularidad. Aun en esta era de relativismo y pluralismo, la jerarquía moral del corazón es algo que, por lo general, compartimos, al menos la mayor parte del tiempo.

Pero con frecuencia invertimos el orden de nuestros amores. Si alguien te dice algo en confianza y después tú lo sueltas como un buen chisme en una cena, pones tu amor a la popularidad por encima de tu amor a la amistad. Si en una reunión hablas más de lo que escuchas, quizá pones tu ansia de brillar sobre el aprendizaje y la camaradería. Todo el tiempo hacemos esto.

Las personas humildes respecto a su naturaleza son realistas morales. Los realistas morales saben que todos estamos hechos de “madera torcida”, expresión tomada de la famosa frase de Immanuel Kant “de la madera torcida de la humanidad, nada recto se ha hecho nunca”. Quienes se inscriben en esta corriente de “madera torcida” de la humanidad están plenamente conscientes de sus defectos, y creen que el carácter se forja en la batalla contra las debilidades propias. Como escribió Thomas Merton: "Las almas son como atletas que necesitan de dignos rivales para ser probadas, extendidas y empujadas al uso pleno de sus facultades".[12]

En los diarios de tales personas es posible encontrar evidencias de esa lucha interior. Derrochan felicidad los días en que consiguen una pequeña victoria sobre el egoísmo y la dureza de corazón. Se desaniman cuando se defraudan a sí mismas, evitan una tarea caritativa por pereza o cansancio, o no escuchan a alguien que necesitaba ser oído. Y tienden a ver su vida como una historia moral de aventuras. Como dijo el escritor británico Henry Fairlie: "Si reconocemos que la inclinación al pecado forma parte de nuestra naturaleza, y que nunca la erradicaremos del todo, hay al menos algo que podemos hacer en la vida que no parezca al final fútil y absurdo".

Tengo un amigo que antes de dormir dedica unos minutos a repasar los errores cometidos durante el día. Su principal pecado, del que se desprenden muchos otros, es cierta dureza de corazón. Él es una persona muy ocupada que debe atender a mucha gente. Y a veces no presta suficiente atención a quienes le piden consejo, o le revelan cierta vulnerabilidad. En ocasiones le interesa más causar buena impresión que escuchar atentamente. Así que en una junta podría dedicar más tiempo a pensar en cómo impactar que en lo que dicen los demás. O podría halagar a la gente en forma demasiado empalagosa.

Cada noche, él cataloga sus errores. Hace un conteo de sus pecados básicos recurrentes y los que podrían derivarse de ellos. Luego desarrolla estrategias para ser mejor al día siguiente. Intentará ver a la gente de otra manera, dedicarle un poco más de tiempo. Pondrá el interés por encima del prestigio, lo superior sobre lo inferior. Todos tenemos la responsabilidad moral de ser cada día más éticos, y él se esfuerza a diario en avanzar una micra en esta esfera, la más importante de todas.

Las personas que viven de este modo no creen que el carácter sea innato ni automático. Tienes que forjarlo con esfuerzo y creatividad. No podrás ser la buena persona que quieres a menos que libres esta campaña. Ni siquiera obtendrás un éxito externo perdurable si no construyes una base moral sólida. Si no posees integridad interior, tu Watergate, tu escándalo, tu traición ocurrirá de manera inevitable. En definitiva, Adán I depende de Adán II.

En pasajes previos he usado las palabras "lucha" y "combate". Pero es un error creer que la lucha moral con la debilidad interior sea una lucha al modo de una guerra, o un encuentro de box, con choque de armas, violencia y agresión. A veces los realistas morales hacen cosas difíciles, como mantenerse firmes ante el mal o imponer una férrea autodisciplina sobre sus deseos. Pero el carácter no se forja sólo con austeridad y privación. También se edifica dulcemente, por medio del amor y el placer. Cuando tienes una amistad profunda con personas buenas, imitas y después asimilas algunos de sus mejores rasgos. Cuando de verdad amas a una persona, quieres servirla y ganarte su estimación. Cuando experimentas el gran arte, amplías el repertorio de tus emociones. Por medio de la devoción a una causa, elevas tus deseos y organizas tus energías.

Además, la lucha contra tus debilidades nunca es una lucha solitaria. Nadie puede lograr de manera solitaria el dominio de sí. La voluntad, razón, compasión y carácter individuales no son lo bastante fuertes para vencer sistemáticamente al egoísmo, al orgullo, a la codicia y al autoengaño. Todos necesitamos asistencia redentora de fuera, de familiares, amigos, antepasados, reglas, tradiciones, instituciones, ejemplos y, para los creyentes, su fe en Dios. Todos necesitamos que alguien nos diga en qué nos equivocamos, nos aconseje cómo hacerlo bien y nos aliente, apoye, anime, sostenga e inspire a lo largo del camino.

Hay algo democrático en la vida si la vemos de esa manera. Así trabajes en Wall Street o en una obra benéfica que distribuye medicinas entre los pobres, o estés al pie o en la cima de la escala del ingreso, en todas partes hay héroes y bribones. Lo más importante es que estés dispuesto a participar en la lucha moral contigo mismo. Lo más importante es que estés dispuesto a hacerlo bien, alegre y compasivamente. Escribe Fairlie: "Si reconocemos que pecamos, al menos sabemos que estamos en guerra, podemos ir a ella como los guerreros lo hacen, con algo de brío y valor, e incluso de gusto".[13] Adán I alcanza el éxito obteniendo victorias sobre los demás. Pero Adán II forja su carácter obteniendo victorias sobre sus propias debilidades.

La curva en U

Las personas incluidas en este libro llevaron vidas diversas. Cada una de ellas ejemplifica una de las actividades que conducen al carácter. Pero hay un patrón recurrente: tuvieron que bajar para subir. Tuvieron que descender al valle de la humildad para escalar hacia las alturas del carácter.

El camino hacia el carácter suele implicar momentos de crisis, confrontación y recuperación moral. Cuando estaban en un momento de tribulación, esas personas de repente eran más capaces de ver su naturaleza. Los autoengaños e ilusiones propios del dominio de sí se hacían añicos. Ellas tenían que humillarse en la conciencia de sí mismas si esperaban salir transformadas. Alicia tuvo que empequeñecerse para entrar al País de las Maravillas. O como dijo el pensador danés Søren Kierkegaard: "Sólo quien desciende al inframundo rescata al ser amado".

Pero el prodigio empezaba entonces. En el valle de la humildad, tales personas aprendieron a sosegarse. Sólo así pudieron ver con claridad el mundo. Sólo de esa manera pudieron comprender a los demás y aceptar lo que les ofrecían.

Una vez sosegadas, abrieron un espacio para el arribo de la gracia. Se vieron apoyadas por individuos que no esperaban que las ayudaran. Se vieron comprendidas y cuidadas en formas que no previeron. Se vieron amadas en modos que no merecían. No tuvieron que agitarse, porque esas manos les fueron tendidas.

Quienes entran al valle de la humildad en poco tiempo vuelven a sentirse en las tierras altas de la dicha y el compromiso. Se entregan al trabajo, hacen nuevos amigos y cultivan nuevos amores. Para su sorpresa, advierten que han avanzado un largo trecho desde los comienzos de su tribulación. Voltean y ven cuánto terreno han dejado atrás. No salen curadas; salen diferentes. Encuentran una vocación o llamado. Se comprometen a una larga obediencia y se dedican con apremio a una actividad que da propósito a su vida.

Cada fase de esta experiencia deja un residuo en el alma de aquellas personas. La experiencia ha redefinido su base interior y les ha dado enorme coherencia, peso y solidez. Las personas de carácter pueden ser efusivas o reservadas, pero suelen tener cierto respeto por ellas mismas. El respeto de sí no es lo mismo que la seguridad en uno mismo o la autoestima. No se basa en el CI ni en ninguno de los dones mentales o físicos que te ayudan a ingresar a una universidad competitiva. No es comparativo. No se gana siendo mejor que los demás en algo. Se gana siendo mejor de lo que eras, siendo confiable en momentos de prueba, firme en momentos de tentación. Emerge en alguien que es moralmente confiable. El respeto por uno mismo es producto de triunfos internos, no externos. Sólo puede ser obtenido por alguien que ha resistido cierta tentación interna, que ha confrontado sus debilidades y que sabe: "Si lo malo empeora, puedo soportarlo. Lo puedo superar".

El proceso que acabo de describir puede suceder a lo grande. En cada vida hay momentos de tribulación, ordalías cimbreantes que te fortalecen o destruyen. Pero este proceso también puede ocurrir en formas cotidianas, graduales. Cada día es posible reconocer pequeñas fallas, acercarse a los demás, tratar de corregir errores. El carácter se forja a través del drama, así como de la vida diaria.

Lo que ese programa de *Command Performance* mostró era algo más que una estética o estilo. Entre más examinaba ese periodo, más comprendía que estudiaba un país moral distinto. Comencé a tener una visión diferente de la naturaleza humana, una actitud diferente acerca de qué es lo más importante en la vida, una fórmula distinta para vivir con carácter y profundidad. En aquel entonces no sé cuántas personas se ceñían a esa ecología moral diferente, pero algunas lo hacían, y descubrí que yo las admiraba muchísimo.

Tengo la impresión de que hemos abandonado accidentalmente esa tradición moral. En las últimas décadas, hemos perdido ese lenguaje, esa forma de organizar la vida. No somos malos. Pero somos moralmente inarticulados. No somos más egoístas o venales que la gente de otros periodos, pero hemos perdido el saber de cómo se forja el carácter. La tradición moral de la "madera torcida" —basada en la conciencia del pecado y la confrontación con él— fue una herencia que se transmitió de una generación a otra. Daba a la gente una noción más clara de cómo cultivar las virtudes de la oración fúnebre, cómo desarrollar el lado de Adán II de su naturaleza. Sin ella, hay cierta superficialidad en la cultura moderna, especialmente en la esfera moral.

La falacia central de la vida moderna es creer que los logros en el terreno de Adán I pueden producir satisfacción profunda. Falso. Los deseos de Adán I son infinitos y rebasan lo que se haya conseguido. Sólo Adán II puede experimentar satisfacción profunda. Adán I busca la felicidad, pero Adán II sabe que la felicidad es insuficiente. Las dichas supremas son las dichas morales. En las páginas que siguen, intentaré ofrecer algunos ejemplos de cómo se vivía este tipo de vida. No podemos ni debemos volver al pasado, pero podemos redescubrir esa tradición moral, reaprender ese vocabulario del carácter e incorporarlo a nuestra existencia.

No podrás crear a Adán II con base en un recetario. No existe un programa de siete puntos para eso. Pero podemos sumergirnos en la vida de personas extraordinarias y tratar de entender la sabiduría de su forma de vivir. Espero que puedas extraer lecciones importantes de las páginas que siguen, incluso si son diferentes a las que yo considero como tales. Espero que después de los nueve capítulos siguientes tú y yo emerjamos un poco distintos, y un poco mejores.

2 El ser llamado

Hoy, el área alrededor de Washington Square Park, en el sur de Manhattan, está ocupada por la New York University, departamentos costosos y tiendas de lujo. Pero en 1911 había bellas casas de piedra rojiza en el costado norte del parque y fábricas en sus costados este y sur, que atraían a jóvenes trabajadores inmigrantes, en su mayoría judíos e italianos. Una de esas residencias era propiedad de la esposa de Gordon Norrie, una matrona de sociedad, descendiente de dos firmantes de la Declaración de Independencia de Estados Unidos.

El 25 de marzo de ese año, la señora Norrie acababa de sentarse a tomar el té con un grupo de amigas cuando oyó afuera una conmoción. Una de sus invitadas, Frances Perkins, de entonces treinta y un años de edad, pertenecía a una antigua familia de clase media de Maine, que también podía remontar su linaje a la época de la guerra de independencia. Frances había asistido al Mount Holyoke College y trabajaba en la Consumers' League de Nueva York, que cabildeaba para terminar con el trabajo infantil. Hablaba con la finura propia de su educación —como Margaret Dumont en las viejas películas de los Hermanos Marx, o como la esposa de Thurston Howell III, el personaje de *La isla de Gilligan*—, con aes débiles y alargadas, sin erres y redondeando las vocales: "tom*aahhh*te" en vez de "tomate".

Un mayordomo entró de prisa al salón y anunció que había un incendio cerca de la plaza. Las mujeres salieron corriendo. Alzando ligeramente su falda, Perkins se precipitó hacia donde tenía lugar el suceso. Fue así como llegaron a la Triangle Shirtwaist Factory, afectada por uno de los incendios más famosos en la historia de Estados Unidos. Perkins vio que el octavo, noveno y décimo pisos del edificio estaban en llamas, y que docenas de trabajadoras se apiñaban en torno a las ventanas abiertas. Se sumó a la multitud de horrorizados espectadores en la banqueta.

Algunos de los presentes vieron que desde las ventanas caían lo que creyeron eran rollos de telas. Pensaron que los dueños de la fábrica salvaban sus mejores materiales. Pero mientras los rollos seguían cayendo, los espectadores se dieron cuenta de que no eran rollos en absoluto. Eran personas que se arrojaban a una muerte segura. Perkins recordaría tiempo después: "Empezaron a saltar cuando nosotras llegamos. Habían esperado hasta ese momento, paradas en los alféizares de las ventanas, apretujadas por otras a sus espaldas, sintiendo el fuego y el humo cada vez más cerca".[1]

"Entonces comenzaron a saltar. La ventana estaba abarrotada, y ellas brincaban y se impactaban en la acera", añadió. "Todas murieron, todas las que saltaron murieron. Fue un espectáculo horroroso."[2]

Los bomberos tendieron redes, pero el peso de los cuerpos caídos desde tan alto se las arrebataba de las manos, o las rompía. Una mujer vació aparatosamente su bolsa sobre los espectadores y luego se lanzó al vacío.

Perkins y los demás les gritaban: "¡No salten! ¡Ya vienen a ayudarlas!". Pero no fue así. Las llamas las rostizaban por la espalda. Cuarenta y siete personas terminaron saltando. Antes de arrojarse, una joven pronunció un discurso, gesticulando apasionadamente, pero nadie pudo oírla. Un chico ayudó amablemente a una joven a subir al alféizar. Después hizo que se desprendiera del edificio, separándola como una bailarina de ballet, y la dejó caer. Hizo lo mismo con una segunda y una tercera. Al final, una cuarta mujer se paró en el alféizar, abrazó al joven y compartió con él un largo beso. Luego, él la soltó y la dejó caer también, antes de arrojarse él mismo. Mientras caía se inflaron sus pantalones, y la gente notó que llevaba elegantes zapatos color canela. Un reportero escribió: "Miré su cara antes de que lo cubrieran. Se veía que era un hombre de verdad. Había hecho su mejor esfuerzo".[3]

El incendio comenzó alrededor de las 4:40 de la tarde, cuando alguien en el octavo piso tiró un cigarro o cerillo en uno de los grandes montones de desechos de algodón derivados del proceso de confección. La pila ardió en llamas rápidamente.

Alguien alertó al gerente de la fábrica, Samuel Bernstein, quien de inmediato intentó combatir el fuego con unas cubetas de agua cercanas, pero apenas sirvieron de algo. Los desechos de algodón son muy flamables, más que el papel, y tan sólo en el octavo piso había aproximadamente una tonelada de ellos.[4]

Bernstein echó más agua al fuego, pero para entonces ya no tenía efecto alguno; las llamas se extendían a los moldes de papel de seda que colgaban por sobre las mesas de trabajo, que eran de madera. El gerente ordenó a las trabajadoras arrastrar una manguera de incendios desde un cubo de escalera próximo. Ellas abrieron la válvula, pero carecía de presión. Como sostuvo David von Drehle, un historiador de este incendio, en esos tres primeros minutos Bernstein tomó una decisión fatal. Podría haber dedicado ese tiempo a combatir el fuego, o a evacuar a las casi quinientas trabajadoras. En cambio, quiso hacer frente al fuego inicial, sin ningún efecto. Si se hubiera dedicado a evacuar el edificio, quizá nadie habría muerto ese día.[5]

Cuando al fin apartó la mirada de la pared de fuego, lo que vio lo dejó pasmado. Numerosas empleadas del octavo piso aún se daban tiempo para ir al vestidor a recoger sus abrigos y otras pertenencias. Algunas más buscaban su tarjeta para poder checar su salida.

Finalmente, los dos dueños de la fábrica, en el décimo piso, fueron alertados del incendio, que ya había consumido el octavo piso y se propagaba rápidamente hacia el suyo. Uno de ellos, Isaac Harris, reunió a un grupo de empleadas y calculó que era suicida tratar de bajar en medio del fuego. "¡Subamos al tejado! ¡Vamos al tejado!", bramó. El otro dueño, Max Blanck, quedó paralizado por el miedo. Inmóvil y con una mirada de espanto, sostenía a su hija menor sobre un brazo, y la mano de la mayor sobre el otro.[6] Un oficinista que huía con el libro de pedidos de la empresa decidió deshacerse de él y salvar la vida de su jefe.

La mayoría de las empleadas del octavo piso pudieron salir, pero las del noveno se enteraron de lo sucedido cuando ya casi tenían el fuego encima. Corrieron como aterrados cardúmenes de peces de una salida a otra. Había dos elevadores, pero eran lentos y estaban sobrecargados. No había sistema de extinguidores. Había una escalera de incendios, pero estaba desvencijada y bloqueada. En días normales, las trabajadoras eran registradas a la salida, para impedir robos. La fábrica estaba diseñada para forzarlas a salir por un solo cuello de botella. Algunas puertas estaban cerradas con llave. Mientras el fuego las rodeaba, las trabajadoras se vieron obligadas a tomar decisiones desesperadas de vida o muerte con limitada información en una atmósfera creciente de fuego, humo y terror.

Tres amigas, Ida Nelson, Katie Weiner y Fanny Lansner, se encontraban en el vestidor cuando oyeron los gritos de "¡Fuego!". Nelson decidió correr hacia una de las escaleras. Weiner fue hasta los elevadores y vio uno descender por el pozo; se arrojó al vacío, impactándose contra el techo. Lansner no hizo ninguna de ambas cosas y no consiguió escapar.[7]

Mary Bucelli describió más tarde su participación en la feroz carrera por salir primero: "No sé cuántos empujones y patadas di y recibí. Empujaba a todas las que se me cruzaban", dijo aludiendo sus compañeras. "Mi vida era lo único que me importaba [...]. En un momento así hay gran confusión, y no puedes ver nada. [...] Ves muchas cosas, pero no distingues nada. En medio de la confusión y de tus esfuerzos por salir, no puedes distinguir nada en absoluto."[8]

Joseph Brenman era uno de los pocos hombres en la fábrica. Innumerables mujeres se aglomeraban entre él y los elevadores. Pero eran de baja estatura, y muchas se habían desvanecido. Él las hizo a un lado y se lanzó como bólido hacia el elevador, para ponerse a salvo.

Los bomberos llegaron pronto, pero sus escaleras no alcanzaban el octavo piso. El agua de sus mangueras llegaba apenas a esa altura, justo lo suficiente para rociar la fachada del edificio.

Vergüenza

El horror del incendio de Triangle Shirtwaist traumatizó a la ciudad de Nueva York. Además de estar furiosa contra los dueños de la fábrica, la gente sentía también una gran responsabilidad. En 1909, Rose Schneiderman, una joven inmigrante rusa, había encabezado una huelga en Triangle y otras fábricas para protestar por muchos de los problemas que motivarían el incendio. Las huelguistas fueron hostigadas por guardias de la compañía. La ciudad miró indiferente, como en general lo hacía con los pobres. Tras el incendio, hubo una efusión colectiva de rabia, avivada por la culpa, a causa de la forma en que la gente había seguido con su existencia, cruelmente egoísta y desinteresada de las condiciones y sufrimiento a su alrededor. "En todas partes, la gente estaba muy perturbada", recordaría Frances Perkins. "Era como si todos hubiéramos hecho algo malo. Aquello no debía haber sucedido. Lo lamentábamos enormemente. *Mea culpa! Mea culpa!*"[9]

Se celebró una gran marcha en memoria de las víctimas y luego un mitin masivo, en el que estuvieron presentes los ciudadanos más distinguidos. Perkins estaba en el templete como representante de la Consumers' League cuando Rose Schneiderman electrizó a la multitud: "Yo traicionaría a esos pobres cadáveres quemados si hubiera venido aquí a hablar de solidaridad. ¡Te hemos sometido a juicio, gente del público, y te hemos encontrado deficiente!

"La antigua Inquisición tenía su potro, sus empulgueras y sus instrumentos de tortura con dientes de hierro. Ahora nosotras sabemos qué son esas cosas: los dientes de acero son nuestras necesidades, las empulgueras, las rápidas y potentes máquinas con que debemos trabajar, y el potro los edificios sin vías de escape que nos destruirán tan pronto como empiecen a arder. [...]

"¡Los hemos juzgado, ciudadanos! Los juzgamos ahora que tienen un par de dólares para las dolientes madres, hermanos y hermanas como donativo de caridad. Pero cada vez que los trabajadores hacemos lo único que podemos, que es protestar contra condiciones intolerables, a la dura mano de la ley se le permite aplastarnos [...]. No puedo hablar de solidaridad ante ustedes, reunidos hoy aquí. ¡Se ha derramado demasiada sangre!"[10]

El incendio y sus repercusiones dejaron honda huella en Frances Perkins. Hasta entonces, ella había cabildeado en favor de los derechos de los trabajadores y de los pobres, pero siguiendo una trayectoria convencional, quizás hacia un matrimonio habitual y una vida de obras buenas y refinadas. Sin embargo, después del incendio, lo que era una carrera se volvió una vocación. La indignación moral hizo que Perkins siguiera un curso distinto. Sus deseos y su ego pasaron a segundo plano, y la causa se volvió central en la estructura de su vida. Las sutilezas de su clase se desvanecieron. Se impacientó con la forma en que los progresistas exquisitos pretendían servir a los pobres. Se impacientó con sus remilgos y su deseo de mantenerse puros y por encima de la refriega. Se templó. Se arrojó al mundo turbulento de la política. Ahora estaba dispuesta a emprender acciones moralmente arriesgadas si con eso impedía una catástrofe como la que había aquejado a las mujeres de la fábrica Triangle. Estaba dispuesta a negociar y trabajar con funcionarios corruptos si eso daba resultados. Se entregaría a esta causa el resto de su vida.

Llamada

En la actualidad, durante las graduaciones los oradores exhortan a los estudiantes a seguir su pasión, confiar en sus sentimientos, reflexionar y buscar su propósito en la vida. En la base de estos lugares comunes se considera que, una vez que resuelves cómo conducir tu vida, las respuestas más importantes están en lo más profundo de tu ser. De acuerdo con este razonamiento, cuando eres joven y estás por iniciar tu vida adulta, deberías darte tiempo para descubrirte, definir qué es lo más importante para ti, cuáles son tus prioridades, qué despierta tus pasiones más profundas. Deberías hacerte ciertas preguntas: "¿Cuál es mi propósito en la vida? ¿Qué quiero de mi existencia? ¿Qué es lo que realmente valoro, lo que hago no sólo para complacer o impresionar a quienes me rodean?".

Según esta lógica, la vida puede organizarse como un plan de negocios. Primero haces un inventario de tus dones y pasiones. Luego estableces metas y encuentras algunas medidas para organizar tu progreso hacia ellas. Después trazas una estrategia para cumplir tu propósito, la cual te ayudará a distinguir lo que te dirige hacia tus metas de lo que parece urgente, pero es sólo una distracción. Si desde el principio defines un propósito realista y después ejecutas flexiblemente tu estrategia, tu vida tendrá un propósito. Habrás alcanzado una autodeterminación como la recogida en los versos del poema "Invictus" de William Ernest Henley: "Soy el amo de mi destino / el capitán de mi alma".

Ésa es la forma en que la gente tiende a organizar su vida en esta época de autonomía individual. Se trata de un método que comienza con el yo y termina con el yo, que empieza con la autoindagación y termina con la realización personal. Ésta es una vida determinada por una serie de decisiones individuales. Pero Frances Perkins descubrió su propósito en la vida siguiendo un método muy diferente, común en tiempos pasados. De acuerdo con este método, tú no te preguntas: "¿Qué quiero en la vida?". Te haces otra clase de interrogantes: "¿Qué desea la vida de mí? ¿Qué me exigen hacer mis circunstancias?".

En este esquema de cosas, nosotros no creamos nuestra vida: somos llamados por ella. Las respuestas importantes no están dentro, sino fuera. Esta perspectiva no parte del yo autónomo, sino de las circunstancias concretas en que casualmente estás inserto. Esta perspectiva parte del conocimiento de que el mundo existía mucho antes que tú, y perdurará aun después de ti, así que, en el breve lapso de tu vida, tú has sido puesto por el destino, la historia, el azar, la evolución, o Dios, en un determinado lugar con problemas y necesidades específicos. Tu deber es deducir ciertas cosas: ¿qué necesita este entorno para reconstituirse? ¿Qué debe ser reparado? ¿Qué tareas están aún por hacerse? Como dijo el novelista Frederick Buechner: "¿En qué punto mis talentos y mi íntimo gozo satisfacen las profundas necesidades del mundo?".

Viktor Frankl describió esta suerte de llamado en su famoso libro de 1946 *Man's Search for Meaning*. Frankl era un psiquiatra judío radicado en Viena que en 1942 fue aprehendido por los nazis, quienes lo enviaron a un gueto y luego a una serie de campos de concentración. Su esposa, su madre y su hermano murieron en esos campos. Él pasó casi todo su tiempo tendiendo vías de ferrocarril. Ésa no era la vida que él había planeado para sí. No era su pasión, ni su sueño. No era lo que habría hecho si hubiera podido hacer lo que quería. Pero eso fue lo que los acontecimientos de la vida le asignaron. Y Frankl comprendió entonces que el tipo de persona que él terminaría siendo dependía de la decisión interior que tomara en respuesta a sus circunstancias.

"No importaba lo que esperábamos de la vida", escribió, "sino lo que la vida esperaba de nosotros. Debíamos dejar de preguntarnos por el significado de la vida, y en cambio concebirnos como cuestionados por la vida, cada día y a cada hora."[11] Frankl concluyó que el destino le había puesto enfrente una tarea moral e intelectual. Le había conferido una misión.

Su tarea moral era sufrir a plenitud, ser digno de sus sufrimientos. Él no podía controlar cuánto sufría, o cuándo acabaría en la cámara de gas, o como cadáver a un lado del camino, pero sí podía controlar su reacción interior a sus sufrimientos. Los nazis intentaban deshumanizar y degradar a sus víctimas, ante esto, algunos prisioneros aceptaban esa degradación, o se retraían en sus recuerdos de un pasado feliz. Pero otros se rebelaban contra tales ofensas y fortificaban su integridad. "Uno podía arrancar una victoria de esas experiencias, convertir la vida en un triunfo interior", determinó Frankl. Uno podía rebelarse contra esas ofensas afianzando pequeños actos de dignidad, no necesariamente para cambiar su vida exterior, o siquiera su destino último, sino para fortalecer las vigas y pilares de su estructura interna. Él podía ejercer lo que llamó un "asidero interior", un control riguroso de su estado íntimo, una defensa disciplinada de su integridad.

"Entonces sufrir pasaba a ser una tarea a la que no queríamos darle la espalda", escribió Frankl.[12] Una vez que se dio cuenta de la tarea que los hechos le habían asignado, comprendió el significado y propósito de su vida, y la oportunidad que la guerra le brindaba para cumplir ese propósito. Una vez que comprendió el significado de esos sucesos, la supervivencia se volvió más fácil. Como observó Nietzsche: "Quien tiene un porqué para vivir, puede soportar casi cualquier cómo".

La otra misión de Frankl consistió en tomar las circunstancias en que había sido puesto y convertirlas en una especie de sabiduría que él pudiera transmitir al mundo. Había recibido una gran oportunidad intelectual, la de estudiar a seres humanos en las condiciones más terribles. Además, tenía la oportunidad de compartir sus observaciones con otros presos; supuso que, si sobrevivía, podría pasar el resto de su existencia compartiendo esos conocimientos con el mundo.

Cuando tenía energía mental para ello, hablaba con grupos de prisioneros, a quienes les decía que debían tomar su vida en serio y esforzarse por conservar su control interior. Les decía que elevaran su mente pensando en un ser querido, para preservar, compartir y reforzar el amor de su esposa, hijo, padre, madre o amigo ausente, aun en medio de circunstancias que conspiraban contra ese amor y pese a que, habiendo sido enviado a otro campo, ese ser querido ya hubiese muerto. En medio del polvo, la mugre y los cadáveres, uno podía elevarse aún: "Invoqué al Señor desde mi estrecha cárcel, y él me contestó con la libertad del espacio". Uno podía, escribió Frankl, sentir todavía una pasión intensa por el ser amado y así entender el pleno significado de estas palabras: "Los ángeles se extasían en la contemplación perpetua de una gloria infinita".

Él decía a suicidas en potencia que la vida no dejaba de esperar cosas de ellos, y que en el futuro aún se esperaba algo de ellos. En la oscuridad, luego de que las luces se apagaban, decía a otros prisioneros que alguien los veía —un amigo, su esposa, alguien vivo o muerto, o Dios—, y no quería que lo defraudaran.[13] La vida, concluyó Frank, "significa, en última instancia, asumir la responsabilidad de buscar la respuesta a sus problemas y cumplir las tareas que impone sin cesar al individuo".[14]

Pocas personas son colocadas en circunstancias tan atroces y extremas como ésas, pero todos hemos recibido dones, aptitudes, capacidades, talentos y rasgos que, en estricto sentido, no nos ganamos. Y todos somos puestos en circunstancias que demandan acción, sea que impliquen pobreza, sufrimiento, las necesidades de una familia, o la oportunidad de comunicar un mensaje. Estas circunstancias nos ofrecen la gran oportunidad de justificar nuestros dones.

Tu capacidad para entender tu vocación depende del estado de tus ojos y oídos, de que sean lo bastante sensibles para comprender la misión que te confiere tu contexto. Como dice la Mishná judía: "No estás obligado a concluir la obra, pero tampoco en libertad de negarte a emprenderla".

Vocación

Frankl, como Perkins, tuvo una vocación. Una vocación no es una carrera. Quien elige una carrera busca oportunidades de empleo y márgenes de ascenso. Quien elige una carrera busca algo que le produzca beneficios financieros y psicológicos. Si tu trabajo, o carrera, no te da los resultados que esperas, lo cambias por otro.

Pero una vocación no se elige. Una vocación es un llamado. En estas circunstancias, los individuos suelen sentir que no tienen otra opción. Su vida sería irreconocible si ellos no siguieran esa línea de actividad.

A veces el llamado proviene de la indignación. Frances Perkins presenció el incendio de Triangle, y le indignó que ese desgarramiento en el tejido moral del mundo pudiera durar. Otros son llamados por un acto.

Una mujer toma una guitarra y en ese momento sabe que es guitarrista. No toca la guitarra; ella es guitarrista. Otros más se sienten llamados por un versículo de la Biblia, o un pasaje literario. Una mañana, durante el verano de 1896, Albert Schweitzer tropezó con el pasaje bíblico: "Quien quiera salvar su vida la perderá, y quien pierda su vida en mi nombre la salvará". En ese instante supo que estaba llamado a renunciar a su muy exitosa carrera como experto musical y organista, para dedicarse a la medicina y convertirse en un doctor en la selva.

Una persona con una vocación no se dedica a los derechos civiles ni a curar una enfermedad, ni a escribir una gran novela, ni a dirigir una compañía humanitaria porque esto satisface cierto análisis de costo-beneficio. Tales personas se someten a su vocación por razones más altas y profundas que la utilidad, y se aferran a ella con más fervor si las dificultades se incrementan. Schweitzer escribió: "Quien se proponga hacer el bien, no debe esperar que la gente haga a un lado las piedras de su camino, sino aceptar serenamente su suerte aun si le añaden más. La fuerza que crece ante los obstáculos es la única que puede ganar".[15]

Es importante señalar que la idea de vocación es radicalmente contraria a la lógica imperante en la actualidad. La vocación no consiste en cumplir tus deseos o necesidades, como los economistas modernos esperan que lo hagamos. La vocación no consiste en la búsqueda de la felicidad, si por "felicidad" se entiende estar de buen humor, tener experiencias gratas, o evitar el dolor y la lucha. Una persona con vocación se convierte en un instrumento para la ejecución de la obra que se le ha puesto enfrente. Se ajusta a la tarea implicada. Mientras servía como instrumento en la lucha contra la tiranía soviética, Alexander Solzhenitsyn lo dijo de esta forma: "Me hace más feliz, más seguro, pensar que no tengo que planearlo y controlarlo todo, que sólo soy una espada afilada para golpear a las fuerzas impuras, una espada encantada para herirlas y dispersarlas. ¡Concédeme, Señor, no quebrarme al tiempo que fustigo! ¡No permitas que yo caiga de tu mano!".

Sin embargo, las personas con vocación no acostumbran ser taciturnas. En primer término, habitualmente encuentran alegría en sus actividades. Dorothy L. Sayers, más conocida como autora de misterio, pero también respetada teóloga y erudita, solía hacer una distinción entre servir a la comunidad y servir a la labor. Quienes buscan servir a la comunidad terminan falsificando su trabajo, escribió ella, sea éste escribir una novela u hornear pan, porque no están resueltamente concentrados en su tarea. Pero si tú sirves a la labor —si haces cada tarea a la perfección—, experimentarás la profunda satisfacción de la destreza y acabarás sirviendo a la comunidad mejor de lo que habrías planeado conscientemente. Uno ve esto en las personas que tienen una vocación: cierta expresión de embeleso, un incontenible deseo de ejecutar una danza, o dirigir una organización a la perfección. Sienten la dicha de que sus valores estén en total armonía con su conducta. Experimentan una espléndida certidumbre de acción, que incluso destierra el cansancio de los días más difíciles.

El incendio de la Triangle Shirtwaist Factory no fue el único acontecimiento que determinó el propósito de Frances Perkins en la vida, pero sí uno de los más importantes. Ese horror fue puesto frente a ella. Y, como muchos otros, ella descubrió una resolución más firme en medio de una avalancha de furia justificada. No sólo era que hubieran muerto tantas personas —después de todo, no podían volver a la vida—; también era "la agresión continua al orden común que el incendio terminó por simbolizar". Hay una forma universal en que los individuos deben ser tratados, una forma que respete su dignidad como seres vivos y esa forma había sido violada por su maltrato. Quien experimenta este tipo de indignación, ha descubierto su vocación.

La rigurosa infancia

Perkins nació en Beacon Hill, Boston, el 10 de abril de 1880. Sus antepasados habían llegado a América en la gran migración protestante de mediados del siglo XVII, estableciéndose primero en Massachusetts y después en Maine. Uno de sus ancestros, James Otis, fue un incendiario héroe de la guerra de independencia. Otro, Oliver Otis Howard, se desempeñó como general en la guerra civil, antes de fundar Howard University, la universidad históricamente negra de Washington, D. C. Howard visitó la casa Perkins cuando Frances tenía quince años de edad. Como él había perdido un brazo en la guerra, Frances le sirvió de secretaria.[16]

A través de los siglos, los Perkins habían sido agricultores y fabricantes de ladrillos, principalmente junto al río Damariscotta, al este de Portland, Maine. La madre de Frances pertenecía a la gran familia Bean. Ella y su esposo dieron a su hija una educación yanqui tradicional: parsimoniosa, seria y brutalmente honesta. En las noches, Fred Perkins leía poesía griega y recitaba dramas griegos con los amigos. Comenzó a enseñar a Frances gramática griega cuando ella tenía siete u ocho años. La madre de Frances era intensa, artística y asertiva. Cuando la niña tenía diez años, su madre la llevó a una sombrerería. Los sombreros elegantes de la época eran altos y estrechos, con plumas y listones. Pero Susan Bean Perkins plantó en la cabeza de su hija un sombrero de copa baja, simple y de tres picos. Lo que ella referiría después refleja un tipo de educación muy diferente al que hoy se estila. Mientras ahora tendemos a decirles a los niños que son maravillosos, en aquellos días los padres tendían a enfrentar a sus hijos con sus limitaciones y debilidades. Tendían a confrontarlos con una honestidad que hoy podría parecernos brutal:

> "Entonces, éste es tu sombrero, querida", le dijo su madre. "Siempre deberías llevar uno igual. Tu cara es muy amplia, más ancha entre los pómulos que alta; tu cabeza es más angosta arriba de las sienes que en los pómulos, y cae repentinamente hacia el mentón. Por tanto, tu sombrero debe ser siempre del ancho de tus pómulos. Nunca te pongas uno más angosto, porque te verás ridícula."[17]

En nuestros días, la cultura yanqui de Nueva Inglaterra se ha diluido a causa de la reblandecedora influencia de la cultura global, pero en aquel entonces seguía siendo firme y distintiva. Los yanquis eran reticentes, independientes, igualitarios y emocionalmente recios. A veces, esa dureza se convertía en frialdad. Pero otras, estaba motivada por una mezcla de intenso amor y afecto. Los nativos de Nueva Inglaterra tendían a estar plenamente conscientes de su naturaleza pecaminosa y veneraban a un Dios que mostraba su amor mediante la restricción y la corrección. Trabajaban con empeño. No se quejaban.

Una noche, Perkins, siendo joven todavía, bajó con un nuevo vestido de fiesta. Su padre le dijo que parecía una dama. Ella reflexionaría tiempo después: "Aun si yo hubiera logrado lucir hermosa alguna vez —algo que dudo haber conseguido nunca—, mi padre jamás me lo habría dicho. Habría sido un pecado".[18]

Asimismo, los yanquis combinaban lo que podría llamarse conservadurismo social con liberalismo político. Tradicionales y severos en su vida privada, creían en la compasión pública y la acción del gobierno. Que los individuos tienen la responsabilidad colectiva de preservar el "buen orden". Aun a mediados del siglo XVIII, los niveles de tributación estatal y local de las colonias de Nueva Inglaterra eran el doble de colonias como Pennsylvania y Virginia. Sus habitantes también tenían mucha fe en la educación. En los últimos trescientos cincuenta años, las escuelas de Nueva Inglaterra se han contado entre las mejores de Estados Unidos. Ese estado tiene, hasta la fecha, algunos de los niveles de logros educativos más altos de la nación.[19]

Los padres de Perkins se encargaron de que su hija estudiara, pero ella nunca obtuvo buenas calificaciones. Tenía una facilidad natural para las palabras y en la preparatoria usó esa labia en su favor. Luego partió a Mount Holyoke College, a cuya generación de 1902 perteneció. Las reglas de esa universidad, y de las instituciones de educación superior en general, eran igualmente muy distintas a las actuales. En la actualidad, los estudiantes viven en sus dormitorios más o menos sin supervisión. Se les concede la libertad de llevar su vida privada como les plazca. En aquel entonces se les imponían restricciones, muchas de las cuales ahora parecen absurdas, pero fueron diseñadas para inculcar deferencia, modestia y respeto. He aquí algunas de las reglas que formaban parte del código de deferencia cuando Perkins entró a Holyoke: "Las alumnas de primer año estaban obligadas a mantener respetuoso silencio en presencia de las de segundo. Al cruzarse con una de ellas en el campus, debían inclinarse respetuosamente. Ninguna alumna de primer año debía usar falda o pelo largo antes de los exámenes de semestrales".[20] Perkins sobrevivió a estas restricciones, así como a las novatadas propias de tal estructura de clases, y se volvió una de las estrellas sociales de su generación, de la cual fue elegida presidenta en su último año.

Hoy en día los profesores tienden a indagar las fortalezas intelectuales de sus alumnos para poder cultivarlas. Pero hace un siglo tendían a buscar las debilidades morales de sus estudiantes para corregirlas. Una maestra de latín, Esther van Dieman, diagnosticó la pereza de Perkins; su tendencia a ser demasiado indulgente consigo misma. Van Dieman usó la gramática latina como un instructor militar usaría las marchas forzadas: como una ordalía para cultivar industriosidad. Obligaba a Perkins a trabajar, una hora tras otra, en precisas recitaciones de las declinaciones latinas. Ella rompía a llorar por la frustración y el aburrimiento, pero más tarde expresó apreciación por la disciplina que se le había impuesto: "Por primera vez tomé conciencia del carácter".[21]

Le interesaban la historia y la literatura, pero tropezaba horriblemente en química. No obstante, su maestra de esta materia, Nellie Goldthwaite, insistía en que estudiara esa carrera. La idea era que si ella conseguía ser lo suficientemente tenaz como para especializarse en esa materia, lo sería también para manejar todo lo que la vida le presentara. Goldthwaite instó a Perkins a seguir los cursos más difíciles incluso si eso significaba obtener calificaciones mediocres. Ella aceptó el reto; Goldthwaite se convirtió en su asesora. Años más tarde, Perkins dijo a una estudiante de la publicación trimestral de exalumnas de su escuela: "La mente de los universitarios debe concentrarse en los cursos científicos, que dan entereza al espíritu humano, lo curten y refinan, y hacen de él una herramienta con la que es posible abordar cualquier clase de material".[22]

Mount Holyoke era la clase de escuela que deja una huella permanente en sus alumnas. No entendía su papel, como tienden a hacerlo las universidades modernas, en términos puramente cognitivos, de Adán I. No estaba ahí sólo para enseñar a pensar. No estaba ahí sólo para ayudar a las estudiantes a cuestionar sus suposiciones. En cambio, desempeñaba satisfactoriamente el amplio papel de una universidad: ayudar a las adolescentes a convertirse en adultas. Inculcaba el autocontrol. Ayudaba a sus estudiantes a descubrir nuevas cosas que podrían amar. Tomaba a jóvenes mujeres y encendía en ellas sus pasiones morales, confiriéndoles la noción de que los seres humanos estamos atrapados en una telaraña del bien y el mal, y de que la vida es una lucha épica entre estas grandes fuerzas. Una docena de voces en toda la institución hacían saber a las alumnas que aunque quienes llevan una vida sosa y sin relieve pueden evitar contrariedades, vivir a plenitud implica arrojarse a la lucha; que gran parte de una vida realmente valiosa consiste en pasarla muy difícil, poniendo a prueba el valor moral, enfrentando la oposición y el ridículo, y que quienes persiguen la lucha terminan por ser más felices que quienes persiguen el placer.

Esto les hacía saber que en esa lucha los héroes no son los espíritus dados a la autoexaltación buscando la gloria, sino los héroes de la renunciación, los que aceptan un arduo llamado. La intención era reducir su idealismo de manera permanente, criticando los arranques de compasión y sacrificio autocomplaciente. Se enfatizaba que el servir no es algo que se haga por bondad, sino para pagar la deuda del don de la vida.

Luego se les ofrecían formas concretas de llevar una vida de servicio constante y heroico. A lo largo de décadas, Mount Holyoke envió a cientos de mujeres a labores misionales y de servicio al noroeste de Irán, a Natal, al sur de África y a Maharashtra, al oeste de la India. "Haz lo que nadie quiere hacer; ve donde nadie quiere ir", imploraba a sus alumnas la fundadora de esa institución, Mary Lyon.

En 1901 llegó una nueva presidenta de la escuela, Mary Woolley, una de las primeras mujeres en graduarse en Brown y especialista en estudios bíblicos. Ella escribió para *Harper's Bazaar* un ensayo titulado "Values of College Training for Women", que recoge el tono de alta ambición moral que caracterizaba la vida en esa universidad. "El carácter es el principal objetivo de la educación", declaró Woolley, y continuaba: "Una perspectiva genuina supone aplomo". Hoy, la palabra "aplomo" sugiere cierto atractivo social. Pero en ese tiempo se refería a las profundas cualidades de la constancia y el equilibrio. "La ausencia de estas cualidades suele ser el punto débil de la armadura, y entonces los buenos impulsos, los altos propósitos y la aptitud verdadera no alcanzan su fin." [23]

La educación en Mount Holyoke estaba dominada por la teología y los clásicos, Jerusalén y Atenas. Las estudiantes debían tomar de la religión una ética de compasión e interés, y de los antiguos griegos y romanos cierto estilo de heroísmo, para ser valientes e inquebrantables ante lo peor que el mundo pudiera presentarles. En su ensayo de *Harper's Bazaar*, Woolley citó al filósofo estoico Epicteto: "Vivir en presencia de las grandes verdades y leyes eternas, ser guiado por ideales permanentes, es lo que vuelve paciente a un hombre cuando el mundo lo ignora, y sereno e incólume cuando lo elogia". Perkins y Woolley siguieron siendo amigas hasta la muerte de esta última.

Perkins asistió a la universidad en una época en que el movimiento del evangelio social estaba en su apogeo. En respuesta a la urbanización y la industrialización, los líderes de ese movimiento, entre quienes se contaba Walter Rauschenbusch, rechazaban la religión individualista y privatizada que prevalecía en muchas iglesias refinadas. No basta con curar la naturaleza pecaminosa en cada corazón humano, alegaba Rauschenbusch. También existe un pecado suprapersonal: instituciones y estructuras sociales perversas que engendran opresión y sufrimiento. Los líderes del movimiento del evangelio social retaban a sus oyentes a ponerse a prueba y purificarse trabajando por la reforma social. Decían que la auténtica vida cristiana no es una vida solitaria de oración y arrepentimiento. Es una vida de servicio y sacrificio, que implica solidaridad práctica con los pobres y participación en un gran movimiento que trabaje por restaurar el reino de Dios en la Tierra.

Como presidenta de su generación, Perkins contribuyó a seleccionar el lema de su promoción, "Sigan firmes". El versículo completo que ella leyó a sus compañeras en su última sesión de oración, procede de 1 Corintios. "Por lo tanto, mis queridas hermanas, sigan firmes y constantes, trabajando siempre más y más en la obra del Señor, porque ustedes saben que no es en vano el trabajo que hacen en unión con el Señor."

Holyoke convenció lo mismo a las compañeras de Perkins que a ésta —quien había sido enseñada, a causa de su sexo y estatura, a tenerse en poco— de que podían hacer algo heroico. Pero esto logró su objetivo en forma irónica. No le hizo saber que ella fuera imponente y estuviera calificada para el heroísmo. La obligó a enfrentar sus debilidades naturales. La humilló. La doblegó y después le enseñó a elevarse y salir de sí misma. Perkins llegó a Holyoke dulce y desenvuelta, diminuta y encantadora. Salió de ahí más firme, fortalecida, apasionada por el servicio y visiblemente incompatible con el estrecho mundo burgués en el que había crecido. Cuando su madre fue a su graduación en Mount Holyoke, comentó con tono de consternación: "Ya no reconozco a mi hija Fanny. No entiendo; es una extraña para mí".[24]

Dureza indulgente

Perkins sabía que quería una vida heroica de alguna índole. Después de su graduación buscó empeñosamente un papel específico. Era demasiado inexperta como trabajadora social; los organismos públicos no la contratarían. Dio clases en una exclusiva escuela para niñas en Lake Forest, Illinois, pero no le resultó estimulante. Al final se trasladó a Chicago y se involucró en la Hull House.

Hull House era una institución de servicios sociales cofundada por Jane Addams, la principal reformadora social estadunidense de su tiempo. La idea era brindar a las mujeres una nueva gama de carreras asistenciales, vincular a los ricos con los pobres y recrear la sensación de comunidad destruida por las perturbaciones de la industrialización. Tenía como modelo Toynbee Hall en Londres, donde universitarios ricos organizaban reuniones sociales con pobres de igual modo que las organizaban entre sí.

En Hull House, mujeres ricas vivían entre las clases pobre y obrera, fungiendo como asesoras, asistentes y orientadoras, haciéndose cargo de proyectos para mejorar la vida de esas personas. Ofrecían capacitación laboral, guardería, un banco de ahorro, clases de inglés y hasta cursos de arte.

En la actualidad el servicio comunitario sirve, en ocasiones, de parche para encubrir la inarticulación de la vida interior. No hace mucho, le pregunté a la directora de una prestigiosa preparatoria cómo enseñaban en su institución los temas acerca del carácter a sus estudiantes. Ella contestó indicándome cuántas horas de servicio comunitario realizaban los alumnos. Es decir, cuando le pregunté acerca de algo interno, ella respondió acerca de algo externo. Su conjetura parecía ser que dar clases a niños pobres te convierte automáticamente en una buena persona.

Así es por doquier. Hoy en día muchas personas tienen hondos anhelos morales y altruistas, pero, a falta de un vocabulario moral, suelen transformar preguntas morales en interrogantes de asignación de recursos: "¿Cómo puedo servir al mayor número de personas? ¿Cómo puedo tener impacto?". O, peor todavía: "¿Cómo puedo utilizar mi hermoso ser en beneficio de personas menos favorecidas que yo?".

La atmósfera en Hull House era muy distinta. Sus organizadores tenían una teoría específica sobre cómo forjar el carácter, tanto de quienes servían a los pobres como de estos últimos. Como muchos de sus contemporáneos, Addams dedicó su vida a servir a los necesitados, pese a lo cual desconfiaba de la compasión. Desconfiaba de su vaguedad, de la forma condescendiente en que muchos tendían a irradiar hacia los pobres sentimientos sin ningún efecto práctico. Asimismo, rechazaba el dejo engreído de la emoción, que permitía a los ricos sentirse bien consigo mismos porque hacían servicio comunitario. "La benevolencia es la hermana gemela del orgullo", había escrito Nathaniel Hawthorne. Addams no toleraba pose alguna que colocara al servidor por encima del servido.

Como en toda organización asistencial exitosa, ella quería que sus trabajadoras gozaran de su labor, amaran su servicio. Al mismo tiempo, quería que controlaran sus sentimientos y lucharan incansablemente contra toda sensación de superioridad. En Hull House, las trabajadoras sociales recibían la orden de disminuirse. Recibían la orden de controlar su compasión y ejercer paciencia científica mientras investigaban las necesidades reales de cada individuo. La trabajadora social debía ser una asesora práctica, a la manera del consultor gerencial de hoy: investigar opciones, brindar amistad y consejo, pero no permitir nunca que sus opiniones prevalecieran sobre las decisiones de los beneficiarios. La idea era permitir que los pobres determinaran su propia vida en vez de volverse dependientes de otros.

Addams observó un fenómeno aún frecuente: muchos salen de la universidad llenos de energía, vitalidad, deseos de tener impacto, pero cuando llegan a los treinta ya se han convertido en una cínica y aburrida versión de sí mismos. Sus ambiciones se han contraído. En la escuela, escribió Addams en sus memorias, *Twenty Years at Hull House*, se enseña a los estudiantes a ser abnegados y olvidarse de sí mismos, a poner el bien de la sociedad por encima del de su ego. Pero cuando se gradúan, se les recomienda ver por ellos mismos, establecerse matrimonial y, quizá, profesionalmente. En efecto, a las jóvenes se les pide que repriman su deseo de corregir agravios y aliviar el sufrimiento. "La mujer pierde algo vital a lo que tiene derecho", escribió Addams. "Se le restringe y es infeliz; sus mayores, entretanto, ignoran esta situación y tenemos todos los elementos de la tragedia."[25] Addams concebía a Hull House no sólo como un lugar para ayudar a los pobres; también era un sitio donde los ricos podían consagrarse a una vocación ennoblecedora. "El rendimiento último de este hecho ocurre en la cabeza del hacedor", escribió ella.[26]

Perkins pasaba en Hull House el mayor tiempo posible, permaneciendo primero semanas enteras y luego periodos más largos. Cuando se marchó tenía, en gran medida, una mentalidad científica —era preciso recopilar datos. Sabía cómo sortear el terreno de la pobreza. Y poseía más valor. Su siguiente trabajo tuvo lugar en una organización en Filadelfia fundada por una exalumna de Hull House. Supuestas agencias de empleo atraían a mujeres inmigrantes a casas de huéspedes, donde en ocasiones se les drogaba y eran obligadas a dedicarse a la prostitución. Perkins expuso ciento once de esos sitios, solicitando empleo ella misma y enfrentando a los proxenetas. Luego, en 1909, con algo de experiencia, se sumó a la causa de Florence Kelley en Nueva York, en la National Consumers League. Kelly era una heroína e inspiración para Perkins. "Explosiva, irascible, resuelta, no era una santa delicada", escribiría Perkins más tarde. "Vivía y trabajaba como misionera; ningún sacrificio le parecía demasiado grande, ningún esfuerzo excesivo. Era muy impulsiva y una mujer muy religiosa, aunque la expresión de esto solía ser poco convencional."[27] Mientras estuvo en la National Consumers League, Perkins cabildeó contra el trabajo infantil y otras atrocidades. En Nueva York también convivió con el grupo bohemio de Greenwich Village: Jack Reed, quien tiempo después participaría en la Revolución rusa; Sinclair Lewis, que alguna vez le propuso matrimonio, al menos en forma semiseria, y Robert Moses, quien por entonces formaba parte de la contracultura, pero que más tarde sería el superingeniero dominante en Nueva York.

Reticencia

Perkins se templaba a cada paso —en Mount Holyoke, en Hull House—, pero también se volvía más idealista, más ferviente de su causa. El incendio de Triangle Factory fue el momento en que esos dos procesos dieron un salto definitivo.

La embajadora de Estados Unidos en la Organización de las Naciones Unidas, Samantha Power, observa que algunos individuos se ponen "en riesgo" cuando se involucran en una causa. Es decir, sienten que su reputación e identidad están en juego cuando toman decisiones. Contribuyen a la causa debido, en parte, a lo que esto dice de ellos, y desean que entretanto sus emociones, identidad y orgullo sean validados. Perkins no se puso "en riesgo" tras el incendio. Se fue a trabajar a Albany, para cabildear en la legislatura estatal a favor de leyes para la seguridad de los trabajadores. Dejó atrás los prejuicios de su ambiente social en Nueva York. Dejó atrás el confort de la política progresista. No dudaba en hacer concesiones si eso significaba conseguir progresos. Su mentor, Al Smith, figura ascendente en la política neoyorquina, le dijo que los progresistas refinados en poco tiempo perdían interés sobre cualquier causa. "Si tú quieres impulsar el verdadero cambio", le dijo, "debes trabajar con legisladores sórdidos y rudos políticos de partido. Tienes que ser práctica, subordinar tu pureza personal a la causa." Perkins aprendió que, en un mundo imperfecto, la gente "sucia" suele ser la que ayuda a hacer el mayor bien. En Albany, ella se puso a trabajar muy de cerca con los operadores de la maquinaria política en Tammany Hall, vistos con horror por los finos círculos en los que se había desenvuelto antes.

En Albany, Perkins también aprendió a tratar a hombres mayores. Un día estaba frente a los elevadores del congreso estatal cuando, de pronto, de uno de ellos salió el senador Hugh Frawley, hombre de baja estatura y modales ordinarios, describiendo detalles confidenciales de negociaciones oscuras y quejándose del vergonzoso trabajo que se veía forzado a hacer. Sumido en la autocompasión, gritó: "¡Cada hombre tiene una madre, ya sabes!".

En aquellos tiempos, Perkins llevaba un expediente titulado "Notes on the Male Mind", donde registró este episodio, el cual desempeñaría un importante papel en su educación política: "Aprendí de esto que, en política, los hombres asocian a las mujeres con la maternidad. Conocen y respetan a su madre; noventa y nueve por ciento de ellos lo hace. Es una actitud primitiva y primaria, pero me dije: 'Ésta es la forma en que se hacen las cosas en este lugar. Así que compórtate, vístete y actúa de tal manera que les recuerdes subconscientemente a su madre'".[28]

Perkins tenía entonces treinta y tres años y estaba llena de vida, aunque, ciertamente, no era hermosa. Hasta ese momento había vestido de modo convencional, de acuerdo con la época, pero en adelante se vestiría como una madre. Usaba adustos vestidos negros con blancas corbatas de moño al cuello. Usaba perlas y un tricornio negro, y adoptaba una actitud de matrona. La prensa detectó ese cambio y dio en llamarla "Madre Perkins", por la forma en que encabezaba a sesenta y tantos legisladores. El apodo no fue de su agrado, pero descubrió que el método funcionaba. Reprimió su sexualidad, su feminidad y hasta parte de su identidad con objeto de ganarse la confianza de los hombres mayores que la rodeaban. Hoy ésta sería una táctica cuestionable, pues no se acepta que las mujeres deban reprimirse para tener éxito, pero en la década de 1920 resultaba indispensable.

Entre diversos planes, Perkins promovió ardientemente un proyecto de ley para reducir la semana laboral a cincuenta y cuatro horas. Trató de amistarse con los jefes de la maquinaria para que apoyaran ese proyecto. Ellos hicieron cuanto pudieron por engatusarla y rebasarla, pero ella obtuvo apoyo entre las filas. "Mi hermana era pobre y comenzó a trabajar desde chica", le confió un político de la maquinaria, Big Tim Sullivan. "Yo sentía lástima por las niñas pobres que trabajaban como tú dices que trabajan. Me gustaría hacerles un favor. Me gustaría hacerte un favor a ti."[29]

Cuando por fin ese proyecto de ley fue sometido a votación, los legisladores exentaron a una de las industrias más atroces, pero políticamente influyentes: la de conservas. Durante los meses previos los promotores del proyecto habían insistido en que no podría haber exenciones; todas las industrias, y en especial la de conservas, debían ser contempladas por la ley. En el momento crucial, Perkins se situó en un extremo de la cámara legislativa. En ese instante, tuvo que decidir si aceptar ese imperfecto proyecto de ley o rechazarlo por una cuestión de principios. Sus colegas estaban ruidosamente a favor de rechazarlo. En cambio, ella optó por el "pan a medias". Dijo a los legisladores que su organización apoyaría el proyecto. "Es mi responsabilidad. Lo haré aunque me cuelguen."[30] De hecho, muchos progresistas se indignaron. Pero la inflexible mentora de Perkins, Florence Kelley, apoyó por entero su decisión. En lo sucesivo, Perkins sería conocida como la "chica del pan a medias", en la vida pública o privada, por tratarse de alguien que tomaba para su causa tanto como las circunstancias le permitieran.[31]

En ese tiempo conoció a Paul Wilson, apuesto progresista de buena cuna y cercano asesor del alcalde reformista de Nueva York, John Purroy Mitchel. Wilson se enamoró de ella y la conquistó poco a poco. "Antes de que tú llegaras a mi lado", le escribió ella, "mi vida era solitaria, fría, tosca y aterradora, aunque no se notara [...]. Tú irrumpiste de algún modo en mi corazón, y ya no pude dejarte ir."[32]

El cortejo resultó extraño. Las cartas de Perkins a Wilson son románticas, fervientes y apasionadas. Pero con sus amigos y compañeros de trabajo, ella seguía siendo muy reticente y décadas más tarde negaría haber sentido alguna vez fuertes emociones. Se casaron el 26 de septiembre de 1913, en Grace Church, en el sur de Manhattan. No invitaron a sus amigos, a quienes ni siquiera les avisaron de su boda. Informaron a sus familiares, pero demasiado tarde como para que pudieran asistir. Ella se vistió de novia sola en su departamento en Waverly Place, e incluso es probable que haya ido caminando hasta la iglesia. Los dos testigos fueron personas que en ese momento se encontraban casualmente en el edificio. No hubo banquete ni té.

Años después, al describir su decisión de casarse, Perkins adoptó el tono práctico de quien hace una cita con el dentista. "En mí estaba presente el orgullo propio de Nueva Inglaterra", dijo décadas más tarde. "No ansiaba casarme. A decir verdad, me resistía a hacerlo. Ya no era una niña, sino una adulta. Y no quería casarme. Me gustaba más la vida en soledad."[33] No obstante, la gente le preguntaba sin cesar cuándo buscaría marido, así que ella decidió librarse del asunto, pensando: "Conozco bien a Paul Wilson. Me gusta [...]. Me agradan sus amigos y su compañía, y bien podría casarme y dejar de pensar en eso".

Sus primeros años juntos fueron relativamente felices. Vivían en una hermosa casa en Washington Square, no lejos de donde ella había estado tomando té cuando ocurrió el incendio de Triangle. Wilson trabajaba en la oficina del alcalde. Perkins continuó con su labor social. Su casa se convirtió en un centro de activistas políticos.

Pero las cosas empezaron a deteriorarse pronto. John Mitchel perdió las elecciones. Wilson tuvo una aventura con una dama de sociedad, la cual causó tanto furor que no volvió a mencionarse nunca. Perkins comenzó a sentirse asfixiada en su matrimonio y pidió la separación.

"He cometido errores garrafales", le escribió a Wilson. "Me he convertido en otra persona, menos eficaz en mi trabajo y con una opaca eficiencia espiritual."[34]

Entonces se embarazó, pero el bebé murió poco después de nacido. Perkins sucumbió al dolor, aunque esto tampoco jamás volvió a mencionarse. Asumió después la secretaría ejecutiva de la Maternity Center Association, organización de voluntarias que buscaba reducir las tasas de mortalidad materno-infantil. Tiempo después tuvo una hija, Susanna, llamada así en honor a la esposa del segundo gobernador de la colonia de Plymouth.

Perkins quería tener otro hijo, pero alrededor de 1918, Wilson mostraba señales de enfermedad mental. Parece haber sido maniaco-depresivo. No soportaba ninguna presión. "Todo eran altibajos. A veces estaba deprimido, otras eufórico", diría ella más tarde. A partir de 1918 sólo habría cortos periodos de ajustes a su modo de vida razonablemente confortables. En una de esas fases maniacas, Wilson invirtió los ahorros de toda su vida en un negocio en el que lo perdió todo. En ocasiones, Perkins temía quedarse a solas con él, por su proclividad a repentinos arrebatos de violencia y porque era mucho más fuerte que ella. Gran parte de las décadas siguientes la pasó en manicomios e instituciones psiquiátricas, donde ella lo visitaba los fines de semana. Cuando estaba en casa era incapaz de asumir cualquier responsabilidad. Tenía una enfermera —eufemísticamente hecha pasar por secretaria— que lo cuidaba. "De este modo se convertía en una especie de no-persona", escribió George Martin, uno de los biógrafos de Perkins, "alguien de quien se hablaba, en lugar de hablar con él."[35]

La reticencia de Nueva Inglaterra reapareció en Perkins. Afirmó que la pérdida de su fortuna familiar era un "accidente", y se dio cuenta de que tendría que trabajar para sostener a su familia. Pero dejó en segundo plano tales "accidentes". "No me amargaré pensando en ellos, ni tendré un colapso freudiano."[36] En las décadas siguientes, intentó tapiar su vida privada, ocultarla de la vista pública. En parte, esta actitud se debía a su educación yanqui, pero Perkins también era reticente por filosofía y convicción. Creía que las emociones privadas eran demasiado intrincadas para ser expuestas a la mirada pública; la cultura de exposición que prevalece hoy la habría horrorizado.

Existe una pugna general entre dos disposiciones filosóficas, que la crítica social Rochelle Gurstein llama el bando de la reticencia y el de la exposición. El bando de la reticencia cree que las delicadas emociones del mundo interior son brutalizadas y contaminadas cuando se les exhibe públicamente. El bando de la exposición considera que todo secreto es sospechoso y que la vida marcha mejor cuando todo se pone al descubierto y se comenta. Sin duda, Perkins pertenecía al bando de la reticencia. Estaba con aquellos que creen que todo lo complejo, matizado, contradictorio, paradójico y misterioso en las emociones privadas se reduce a banalidad cuando se hace ostentación de ello y se resume en frases trilladas. Es perjudicial que la gente lleve cosas íntimas ante meros conocidos o totales extraños. Emociones preciosas son sacadas del contexto de la confianza y la intimidad y pisoteadas. Por tanto, la gente debe mantener en privado lo privado. Aunque Perkins creía en el gobierno cuando se trataba de servir a los pobres y proteger a los débiles, mostraba una marcada aversión a él cuando pisoteaba el derecho a la privacidad.

Esta filosofía tenía un costo. Perkins no era estupendamente introspectiva. No sobresalía en la intimidad. No tenía una vida privada demasiado feliz. Es difícil saber qué habría ocurrido si su esposo no hubiera pasado tanto tiempo en instituciones psiquiátricas, pero quizá la vocación pública de ella, de todas formas habría desplazado su energía y capacidad para la intimidad. Ella estaba hecha para la campaña pública. No era buena para dar o recibir amor, ni para mostrarse vulnerable. Aun su afecto por su hija con frecuencia tomaba la forma de una cruzada de elevación moral, que resultaba contraproducente. Frances ejercía un férreo control sobre sí misma y esperaba lo mismo de su hija.

Pero esa hija, Susanna, había heredado el temperamento maniaco de su padre. Desde que tenía dieciséis, cuando Perkins se mudó a Washington para trabajar en el gobierno de Roosevelt, ellas rara vez compartieron un hogar. A lo largo de su vida, Susanna sufrió varios ataques de depresión. Se casó con un hombre que la engañaba de manera flagrante. En la década de 1940, ella era una especie de hippie, veinte años antes de que apareciera este término. Se involucró con varios grupos contraculturales. Desarrolló un obsesivo interés en el escultor rumano Constantin Brancusi. Y se tomó la molestia de escandalizar a la alta sociedad y avergonzar a su madre. Una vez, Perkins la invitó a un evento de sociedad y le rogó que se vistiera correctamente. Ella eligió un extravagante vestido verde y se presentó con el pelo recogido salvajemente, con flores llamativas adornando su cuello y su cabellera.

"He dado paso a la mórbida superstición de que soy la causa del colapso nervioso de otros, de mi esposo y mi hija", confesó Perkins. "[Eso] me asusta y oprime."[37] Susanna nunca fue capaz de trabajar y Frances la mantenía. Aun a los setenta y siete años de edad, cedió su departamento de renta controlada en Nueva York para que Susanna tuviera dónde vivir. Y se vio obligada a aceptar un empleo para poder pagar las cuentas de su hija.

Toda virtud puede presentarse con el vicio que la acompaña. La virtud de la reticencia puede producir el vicio de la indiferencia. Perkins no era emocionalmente vulnerable ante quienes estaban cerca de ella. Su vocación pública jamás compensó por completo su soledad privada.

Deber

El gobernador de Nueva York, Al Smith, fue la primera y principal afición política de Perkins. Era leal, accesible, voluble y tenía don de gentes. Él le procuró su primera gran incursión en el gobierno, como responsable de la Industrial Commission, organismo regulador de las condiciones de trabajo en todo el estado. Este puesto daría a Perkins un generoso salario de ocho mil dólares al año y la pondría justo en el centro de grandes huelgas y disputas industriales. Ella era no sólo la mujer rara en un mundo de hombres; pisaba un terreno eminentemente masculino. Viajaría a ciudades fabriles y se inmiscuiría en controversias enconadas entre vigorosos líderes sindicales y resueltos ejecutivos corporativos. No hay nada petulante en sus recuerdos, en el sentido de que su labor fuera una actividad valiente y temeraria. Para ella, era sencillamente un trabajo por hacer. La palabra "uno" desempeña un papel crucial en las descripciones de su propia vida. A veces empleaba la fórmula "Hice esto", pero más a menudo su lenguaje era arcaico y formal: "Uno hacía esto…".

Hoy en día concebimos el uso de "uno" como ampuloso y acartonado, pero para Perkins era sólo una manera de evitar el pronombre de la primera persona. Era una forma de sugerir que cualquiera con un poco de decencia se habría visto precisada a hacer lo que ella hizo en tales circunstancias.

En las décadas de 1910 y 1920 en Albany, Perkins tuvo ocasión de trabajar también con Franklin Delano Roosevelt (FDR). Él no la impresionó. Lo consideraba superficial y un tanto arrogante. Roosevelt acostumbraba levantar demasiado la cabeza al hablar. Más tarde, cuando fue presidente, ese gesto sugeriría seguridad y franco optimismo. Pero antes, Perkins creía que lo hacía parecer desdeñoso.

Roosevelt desapareció de la vida de ella cuando sufrió el ataque de polio. Cuando él regresó, Perkins sintió que había cambiado. FDR no hablaba casi nunca de su enfermedad, pero Perkins creía que lo había librado "de la actitud levemente arrogante que exhibía tiempo atrás".[38]

Un día, durante la reincorporación de Roosevelt a la política, Perkins, sentada en el templete, lo vio arrastrarse hasta el podio para pronunciar un discurso. Las manos de FDR, que soportaban su peso en el atril, no dejaron de temblar un solo momento. Perkins advirtió que, tras el discurso, alguien tendría que cubrir los torpes movimientos de Roosevelt al bajar tambaleante del estrado. Ella le hizo señas a una mujer, y cuando el discurso concluyó, ambas se acercaron corriendo, aparentemente para felicitarlo, aunque en realidad para encubrir sus movimientos con sus faldas. Al correr de los años, esto se volvió rutina.

Perkins admiraba el modo humilde y agradecido con que Roosevelt aceptaba ayuda. "Entonces me di cuenta de lo que quieren decir los grandes maestros de la religión cuando afirman que la humildad es la mayor de las virtudes", escribiría ella más tarde, "y que si no lo aprendes, Dios te lo enseñará con la humillación. Sólo así un hombre puede ser de verdad grande, y fue en ese amoldarse a la necesidad que Franklin Roosevelt comenzó a adquirir la estatura de humildad e integridad que lo volvería realmente enorme."[39]

Elegido gobernador de Nueva York, Roosevelt ofreció a Perkins el puesto de comisionada industrial. Ella no estaba segura de aceptarlo, dudosa como se sentía de poder realizar con éxito esa tarea. "Creo que el talento que pueda tener para el servicio público radica mucho más en la labor judicial y legislativa que en la administrativa", escribió en una nota a Roosevelt. Cuando le ofreció el puesto, ella le dijo que le daría a él un día para que lo reconsiderara y consultara a otros. "Si alguien desaconseja mi nombramiento o cree que causará problemas con algunos líderes, haga caso omiso de él hoy mismo [...]. No le diré a nadie que usted no mantuvo su palabra." [40]

Roosevelt respondió: "Debo decir que eso es muy decente de su parte, pero no voy a cambiar de opinión". Le complacía nombrar a una mujer en ese alto puesto y la reputación de Perkins como servidora pública era ejemplar. Comenta George Martin, uno de sus biógrafos: "Como administradora, ella era buena y quizá más que eso; como jueza o legisladora, era extraordinaria. Tenía un temperamento judicial y un sólido sentido de la justicia en toda situación. Siempre estaba abierta a nuevas ideas, pese a lo cual jamás pasaba por alto el propósito moral de la ley, el bienestar de la humanidad".[41]

Al ser elegido presidente, Roosevelt pidió a Perkins que fuera su secretaria del Trabajo. Ella se resistió de nuevo. Cuando, durante la transición, circularon rumores de su nombramiento, ella escribió a FDR una carta en la que manifestaba su esperanza de que no fueran ciertos. "Se le cita a usted diciendo que los pronósticos de los diarios sobre puestos en el gabinete son falsos en ochenta por ciento de los casos. Le escribo para decirle que, honestamente, espero que lo publicado sobre mí esté entre ese ochenta por ciento. Ya he tenido mi dosis de cartas gratificantes, etcétera; pero por su bien y el del país, creo que usted debería nombrar a alguien salido directamente de las filas de una agrupación obrera, para dejar firmemente establecido el principio de que los trabajadores se cuentan entre los colaboradores del presidente." [42] También hizo alusión a sus problemas familiares, los cuales podrían distraerla. Roosevelt escribió una breve réplica en un pedazo de papel y se la mandó: "He considerado su consejo, y no estoy de acuerdo".[43]

La abuela de Perkins le había dicho que cuando alguien abre una puerta, siempre hay que atravesarla. Así, ella puso sus condiciones para ser secretaria del Trabajo. Si iba a integrarse al gabinete, FDR tenía que comprometerse a una amplia serie de políticas de seguridad social: seguro masivo de desempleo, un gigantesco programa de obras públicas, leyes de salario mínimo, un programa de seguro social para la vejez y la abolición del trabajo infantil. "Supongo que usted no cesará de fastidiarme con eso", le dijo Roosevelt. Ella confirmó que, en efecto, así sería.

Perkins fue uno de los dos colaboradores cercanos de Roosevelt que lo acompañaron a todo lo largo de su extenso periodo presidencial. Fue una defensora incansable del New Deal. Ocupó una posición central en la creación del sistema de seguridad social. Fue una fuerza importante detrás de muchos de los programas de empleo del New Deal, como el Civilian Conservation Corps, la Federal Works Agency y la Public Works Administration. Por medio de la Fair Labor Standards Act, ella estableció la primera ley de salario mínimo en Estados Unidos, así como la primera ley de tiempo extra. Perkins auspició leyes federales sobre el trabajo infantil y el seguro de desempleo. Durante la segunda guerra mundial, se opuso al llamado a reclutar mujeres, convencida de que, a la larga, ellas se beneficiarían más si ocupaban los puestos abandonados por los hombres.

De igual manera, entendió a Roosevelt como pocos. Tras la muerte de éste, Perkins escribió una obra biográfica, *The Roosevelt I Knew*, que sigue siendo uno de los más sagaces bocetos del carácter de este personaje. Ella escribió que por sobre todas sus decisiones, "estaba su noción de que nada en el juicio humano es definitivo. Uno puede dar osadamente un paso que parece correcto hoy porque, si no da resultado, es posible alterarlo mañana". Era un improvisador, no un planificador. Daba un paso y lo ajustaba, otro y lo ajustaba. De todo esto gradualmente emergía un gran cambio.

Esta mentalidad, continuó ella, crea "un hombre que es más un instrumento que un ingeniero. Los profetas de Israel lo habrían llamado un instrumento del Señor. Los profetas de hoy sólo pudieron explicar una mente de ese tipo en términos de la psicología, sobre la que, por desgracia, saben muy poco".[44]

Perkins ideó una estrategia para tratar a un sujeto tan dado a cambiar de opinión y modificar el rumbo según el asesor con que acabara de reunirse. Antes de entrevistarse con el presidente, ella preparaba un memorándum de una página en que describía las opciones concretas a su alcance. Juntos revisaban ese boceto y él expresaba sus preferencias. Después, Perkins lo obligaba a repetir: "¿Me autoriza a seguir adelante con esto? ¿Está seguro?".

Tras conversar un rato más, ella subrayaba, por segunda ocasión, la decisión del presidente: "¿Está seguro de que quiere el punto número uno? ¿Quiere los puntos dos y tres? ¿Comprende lo que haremos y quiénes se van a oponer?". El propósito de este ejercicio era imprimir en la memoria de Roosevelt una fotografía de la decisión. Luego, ella lo interrogaba por tercera vez, preguntándole explícitamente si recordaba su decisión y comprendía la oposición que enfrentaría. "¿Estamos de acuerdo? ¿Esto sigue pareciéndole lo más correcto?"

FDR no siempre dio la cara por Perkins cuando ella lo necesitaba. Era un político demasiado escurridizo para mantener firme su lealtad. Ella no era popular entre muchos de los miembros del gabinete. Para comenzar, tendía a irritarse en las reuniones. No era popular entre la prensa. Su sentido de la privacidad y su vivo deseo de proteger a su esposo le impedían convivir con reporteros, e incluso bajar la guardia. A su vez, los reporteros eran inclementes con ella.

Al paso de los años, el deber agotó a Perkins. Su fama decayó. En dos oportunidades presentó a Roosevelt su carta de renuncia, y en ambas ocasiones él la rechazó. "No puede irse ahora, Frances. ¡No me haga esto!", rogaba. "No puedo pensar en nadie más en sustitución de usted. No podría acostumbrarme a nadie. ¡No ahora! Quédese y no diga nada. Tiene toda la razón."

En 1939, Frances fue blanco de impugnaciones políticas. El caso giró en torno al estibador australiano Harry Bridges, quien encabezó una huelga general en San Francisco. Sus críticos lo calificaban de comunista y exigían su deportación por actividades subversivas. Cuando la Unión Soviética cayó y sus archivos fueron abiertos, resultó que tenían razón: Bridges era un agente comunista, conocido con el nombre clave de Rossi.[45]

Pero en aquel entonces, eso no estaba tan claro. Las audiencias de deportación operadas por el Departamento del Trabajo no hacían más que prolongarse. En 1937 surgieron evidencias contra Bridges, y en 1938 ese departamento inició trámites para deportarlo. Éstos fueron bloqueados por una decisión judicial, apelada a su vez ante la Suprema Corte. La demora enardeció a los críticos de Bridges, entre los que estaban grupos empresariales y líderes de sindicatos rivales.

Perkins fue la más afectada por esas críticas. ¿Por qué la secretaria del Trabajo protegía a un subversivo? Un congresista la acusó de ser judía rusa y comunista. En enero de 1939, J. Parnell Thomas, de Nueva Jersey, introdujo cargos contra ella. La cobertura de prensa fue brutal. Franklin Roosevelt tuvo la oportunidad de salir en su defensa, pero, temiendo manchar su reputación por asociación, la dejó sola. También la mayoría de sus aliados en el Congreso guardaron silencio. Asimismo, la Federation of Women's Clubs se negó a defenderla. *The New York Times* publicó un editorial ambiguo. Privaba la sensación de que, en efecto, ella era comunista y nadie quería ponerse en la línea de fuego de sus perseguidores. Correspondió a los políticos de Tammany Hall mantener su lealtad para con ella.

La abuela de Perkins le había dicho siempre que, de cara al desastre social, "todos deben actuar como si no pasara nada". Perkins se mantuvo firme. Torpemente formulada, su descripción de ese periodo de todas maneras es reveladora. "Claro que si hubiera llorado, o me hubiera permitido flaquear siquiera, me habría desintegrado", diría. "Así somos los nativos de Nueva Inglaterra. Nos desintegramos si hacemos esas cosas. Todas nuestras cualidades de integridad y nuestra aptitud para tener una mente despejada, y tomar decisiones y emprender actos que están influidos por nuestro sufrimiento o un efecto personal en nosotros mismos, esa integridad se habría desvanecido, y no habría dispuesto de la base interior dentro de la cual puedo ponerme bajo la guía de Dios para hacer lo correcto."[46]

En palabras llanas, Perkins se sabía frágil. Si relajaba el control que ejercía sobre sí, todo podía venirse abajo. Al correr de los años, había hecho frecuentes visitas al All Saints Convent, en Catonsville, Maryland. Pasaba ahí dos o tres días seguidos, participando en sesiones de oración cinco veces diarias, comiendo platos sencillos y ocupándose de los jardines. Pasaba en silencio casi todo el tiempo y cuando las monjas llegaban a asear su cuarto, a veces tenían que rodearla, porque estaba arrodillada en oración. Durante la crisis de su impugnación política, ella visitó ese convento tanto como pudo. "He descubierto que la regla de silencio es una de las cosas más maravillosas del mundo", escribió a una amiga. "Te libra de la tentación del mundo vano, el comentario fresco, la broma, el reto iracundo [...]. Es notable lo que puede hacer por ti."[47]

Asimismo, reflexionó en una distinción que antes no le había parecido importante. Cuando alguien regala zapatos a un hombre pobre, ¿lo hace por él mismo o por Dios? Debería hacerlo por Dios, decidió ella. A menudo el pobre será ingrato y tu ánimo decaerá si dependes, para tu trabajo, de recompensas emocionales inmediatas. Pero si lo haces por Dios, nunca te desalentarás. Una persona con una vocación profunda no depende de constantes reforzamientos positivos. Su labor no tiene por qué rendir cada mes, o cada año. La persona llamada ejecuta una tarea porque ésta es intrínsecamente buena, no porque produzca algo.

El 8 de febrero de 1939, finalmente Perkins pudo hacer frente a sus acusadores. Se presentó ante el House Judiciary Committee, que consideraba la posibilidad de actuar en su contra. Perkins pronunció una larga y detallada relación de los trámites administrativos practicados contra Bridges, las razones de ellos y las restricciones legales que impedían más acción. Las preguntas fluctuaron de escépticas a brutales. Cuando sus adversarios hacían cargos maliciosos en su contra, Perkins les pedía repetir su pregunta, en la creencia de que nadie puede ser insidioso dos veces. Las fotografías de esta audiencia la muestran exhausta y demacrada, aunque impresionó al comité con su detallado conocimiento del caso.

En marzo el comité determinó que había elementos insuficientes para sostener la impugnación política. Fue absuelta, aunque con un informe vago y escueto. Éste generó escasa cobertura de prensa y la reputación de Perkins sufrió un daño permanente. Incapaz de renunciar, se mantuvo en el gobierno seis años más, gestionando principalmente tras bastidores. Se mostró estoica durante todo ese periodo, sin exhibir jamás debilidad pública ni autocompasión. Y cuando salió del gobierno, no optó por escribir sus memorias, en las que habría podido dar su versión de los hechos.

Durante la segunda guerra mundial se desempeñó como mediadora administrativa. Instó a Roosevelt a hacer algo por los judíos en Europa. Le alarmó que la acción federal empezara a infringir la privacidad y las libertades civiles.

Cuando FDR murió, en 1945, ella se vio finalmente liberada del gabinete, aunque el presidente Truman le pidió formar parte de la Civil Service Commission. Y en vez de escribir sus memorias, escribió su libro sobre Roosevelt. Fue un gran éxito, pero contiene pocos componentes autobiográficos.

Perkins no experimentó ninguna alegría privada hasta el fin de su vida. En 1957, un joven economista laboral le pidió que impartiera un curso en Cornell. Este empleo le representaría alrededor de diez mil dólares al año, poco más de lo que había ganado décadas antes como comisionada industrial de Nueva York, pero necesitaba ese dinero para pagar la atención mental de su hija.

Al principio, durante su estancia en Ithaca vivió en hoteles residenciales, pero después se le invitó a ocupar una pequeña recámara en Telluride House, una especie de casa de fraternidad para algunos de los estudiantes más talentosos de Cornell. Esta invitación le fascinó. "¡Me siento como una novia en su noche de bodas!", dijo a sus amigas.[48] Mientras estuvo ahí, bebía bourbon con los chicos y toleraba su música a toda hora.[49] Asistía a las reuniones de los lunes, aunque rara vez intervenía en ellas. A sus compañeros de habitaciones les regaló ejemplares de *El arte de la prudencia*, de Baltasar Gracián, jesuita español del siglo XVII, que en esa obra trató el tema de cómo preservar la integridad individual en las salas del poder. Se hizo muy amiga de Allan Bloom, joven profesor que tiempo después alcanzaría fama como autor de *The Closing of the American Mind*. Algunos jóvenes no podían entender cómo era posible que esa pequeña, encantadora y sencilla anciana hubiera desempeñado un papel histórico tan importante.

Intolerante a los aviones, viajaba sola en autobús, y a veces tenía que hacer cuatro o cinco conexiones para llegar a un sepelio o conferencia. Intentó destruir algunos de sus documentos, para frustrar a futuros biógrafos. Viajaba con una copia de su testamento en la bolsa, para "no causar problemas" si fallecía.[50] Murió sola, en un hospital, el 14 de mayo de 1965, a los ochenta y cinco años. Algunos de los jóvenes de Telluride House cargaron su féretro, como Paul Wolfowitz, quien figuraría en los gobiernos de Reagan y Bush. El ministro leyó el pasaje de "Sean firmes" de 1 Corintios que Perkins misma había recitado al graduarse en Mount Holyoke College más de seis décadas atrás.

Su foto en el anuario de esa universidad deja ver a una joven pequeña, atractiva y contraída. Esa vulnerable expresión no hacía prever que ella sería capaz de soportar tantas penalidades: la enfermedad mental de su esposo y su hija, la ordalía de una mujer solitaria en un mundo hipermasculino, las décadas de batallas políticas y prensa negativa.

Pero también habría sido difícil prever sus muchos logros en medio de tantas dificultades. Enfrentó sus limitaciones —pereza, labia— desde muy joven, armándose de valor para una vida de compromiso absoluto. Suprimió su identidad para poder cabildear a favor de su causa. Asumió cada nuevo reto que se le presentó y permaneció tan firme como su lema. Fue, como escribió Kirstin Downey en el título de su exquisita biografía, "la mujer detrás del New Deal".

Por una parte, Perkins fue una ferviente activista liberal, del tipo con el que hoy estamos familiarizados. Pero combinó ese activismo con tradicionalismo, reticencia, vacilación y una sensibilidad puritana. Audaz en política y economía, era conservadora en moral. Practicaba miles de pequeños actos de autodisciplina para protegerse de la autocomplacencia, la autoexaltación o hasta de la amenaza de impugnación política al final de su vida y de la reflexión acerca de sí misma. Su rectitud y reticencia salpicaron su vida privada y la hicieron mala para las relaciones públicas. Pero le ayudaron a tener una vida con un llamado, al servicio de una vocación.

En más de un sentido, Perkins no eligió su vida. Respondió al llamado de una necesidad. Quien abraza un llamado no sigue una ruta directa a la realización personal. Está dispuesto a renunciar a lo que más quiere, en un afán de olvidarse de sí y sumergirse en la búsqueda de un propósito que lo defina y lo realice. Una vocación así implica, casi siempre, tareas que trascienden una vida. Implica compensar la brevedad de la vida mediante una búsqueda de pertenencia a un compromiso histórico. Como dijo el teólogo Reinhold Niebuhr en 1952:

> Nada que valga la pena hacer puede lograrse en una vida; así, debemos ser salvados por la esperanza. Nada que sea cierto, bello o bueno tiene sentido íntegro en un contexto histórico inmediato; así, debemos ser salvados por la fe. Nada de lo que hagamos, por virtuoso que sea, puede cumplirse en soledad; así, debemos ser salvados por el amor. Ningún acto virtuoso lo es tanto desde el punto de vista de nuestro amigo o enemigo como desde el nuestro. Así, debemos ser salvados por la forma suprema del amor, que es el perdón.[51]

3 Conquista de uno mismo

Ida Stover Eisenhower nació en 1862 en Shenandoah Valley, Virginia, una de once hijos. Su infancia fue más o menos una serie de catástrofes. Cuando era niña, los soldados de la Unión invadieron su casa durante la guerra civil estadunidense, en busca de sus dos hermanos adolescentes. Amenazaron con quemar el granero, saquear el pueblo y los campos circundantes. Su madre murió cuando ella estaba por cumplir cinco años, y su padre falleció cuando ella tenía once.

Los niños fueron repartidos entre parientes lejanos. Ida pasó a ser asistente de cocina de la gran casa donde se le alojó. Horneaba pasteles, galletas y carnes; zurcía calcetines y parchaba prendas. Pero no era una niña triste y lastimosa. Desde siempre tuvo chispa e iniciativa y enfrentaba con arrojo las adversidades. Era una huérfana explotada, pero la gente del pueblo la recordaría como una niña poco femenina, correosa y temeraria, que galopaba a pelo por la aldea en un caballo prestado, del que una vez se cayó, rompiéndose la nariz.

En ese entonces, las mujeres no estudiaban más allá del octavo grado, pero Ida, quien a principios de su adolescencia ya había memorizado 1,365 versículos bíblicos en seis meses, tenía un brío tremendo para superarse, en términos tanto de Adán I como de Adán II. Un día, cuando tenía quince años, la familia con la que vivía se fue de excursión, dejándola sola. Ella empacó sus pertenencias y escapó, caminando hasta Staunton, Virginia. Ahí consiguió un cuarto, un empleo y se inscribió en la preparatoria local. Se graduó, dio clases dos años y a los veintiuno recibió mil dólares como herencia. Usó seiscientos (más de diez mil de ahora) para comprar un piano de ébano, el cual sería por siempre su posesión más preciada. Dedicó el resto a su educación. Tras sumarse a una caravana menonita en dirección al oeste, aunque no era menonita, se instaló con su hermano en la pomposamente llamada Lane University de Lecompton, Kansas. El año en que Ida ingresó había catorce alumnos de primero y las clases se efectuaban en la sala de una residencia.

Ida estudiaba música. Según los informes de sus maestros, no era la alumna más brillante, pero sí la más diligente, y obtenía buenas calificaciones gracias a sus empeñosos esfuerzos. Sus compañeros la tenían por una personalidad alegre, sociable y una naturaleza optimista, así que la eligieron para que pronunciara el discurso de despedida.[1] Asimismo, en Lane conoció a su contrario en temperamento, un sujeto hosco y testarudo llamado David Eisenhower. Inexplicablemente, se enamoraron y permanecerían juntos toda la vida. Sus hijos no recordaban una sola discusión grave entre ellos, pese a que David diera sobrados motivos para tal cosa.

Se casaron en el seno de la Iglesia de los River Brethren, pequeña secta ortodoxa que creía en un atuendo sencillo, la moderación y el pacifismo. Luego de una osada adolescencia, Ida se consagró a una vida estricta, aunque no demasiado. Las mujeres de la secta River Brethren usaban bonetes como parte de su atavío religioso. Un día, Ida y una amiga decidieron que ya no querían usar bonetes. Excluidas de la comunidad, se les obligó a sentarse solas en las bancas de atrás. Finalmente se impusieron y fueron readmitidas sin bonete. Ida era estricta en su fe, pero bromista y humanitaria en la práctica.

David puso una tienda con un socio, Milton Good, cerca de Abilene, Kansas. Cuando quebró, explicó a su familia que Good se había ido con todo el dinero. Fue una mentira para guardar las apariencias, que sus hijos parecieron creer. En realidad, David Eisenhower era un individuo solitario y difícil, y tal vez haya sido él quien decidiera retirarse, o peleó con su socio. Tiempo después se marchó a Texas, dejando a Ida con un bebé en casa y otro en camino. "La decisión de David de dejar la tienda y abandonar a su esposa embarazada resulta incomprensible", escribe el historiador Jean Smith. "No tenía un trabajo que lo esperara ni una profesión de la cual echar mano."[2]

Finalmente encontró trabajo haciendo labores manuales en un depósito de ferrocarriles. Ida lo siguió a Texas y fijó su residencia en una choza junto a las vías, donde nació Dwight. Cuando ella cumplió veintiocho años, habían tocado fondo. Tenían 24.15 dólares en efectivo y pocas pertenencias, salvo el piano en Kansas, y David no contaba con habilidades comerciales.[3]

La familia extensa de los Eisenhower salió a su rescate. Le ofreció trabajo a David en una cremería en Abilene, y él junto con su familia regresaron a Kansas y a la clase media. Ida educó a cinco hijos varones que siempre la venerarían, todos los cuales alcanzarían un éxito notable en la vida. Dwight la llamaría más tarde "la mejor persona que he conocido".[4] En su texto autobiográfico *At Ease*, Ike reveló cuánto la idolatraba, aunque, como siempre, usó para ello una prosa contenida: "Su serenidad, su sonrisa franca, su gentileza con todos y su tolerancia a sus costumbres, pese a una convicción religiosa inflexible y un riguroso patrón de conducta personal, volvían memorable para un desconocido aun una breve visita a Ida Eisenhower. Y para sus hijos, que tuvieron el privilegio de pasar una infancia en su compañía, los recuerdos son indelebles".[5]

En su casa no se bebía, jugaba cartas ni bailaba. No se mostraba mucho amor. El padre de Dwight era callado, sombrío e inflexible, mientras que Ida era cordial y pragmática. Pero estaban sus libros, su tutela y su compromiso con la educación. Dwight se volvió un ávido lector de historia clásica, documentándose sobre las batallas de Maratón y Salamina y acerca de héroes como Pericles y Temístocles. También estaba la vibrante y graciosa personalidad de Ida, y sus máximas, que soltaba en un torrente continuo e imparable: "Dios reparte las cartas y nosotros las jugamos", "Nada o húndete", "Renovarse o morir". La familia rezaba y leía la Biblia a diario, para lo cual los cinco hermanos se turnaban, perdiendo el derecho a continuar si se trababan en una línea. Aunque Dwight dejaría de ser religioso de adulto, estaba imbuido de metafísica bíblica y podía citar versículos con facilidad. Aunque muy devota, Ida creía firmemente que las opiniones religiosas eran un asunto de conciencia personal y no las imponía a nadie.

Durante las campañas presidenciales de Eisenhower, Abilene fue descrita como una pieza idílica del campo estadunidense, a la manera de los cuadros del pintor Norman Rockwell. En realidad era un entorno rudo, cubierto por una capa de un código de respetabilidad y propiedad. Abilene había pasado de ciudad en auge a imperio del fundamentalismo protestante; de sede de burdeles a semillero de profesoras, sin ninguna fase intermedia. La moral victoriana se veía reforzada por un rigor puritano, que un historiador llamó agustinianismo llegado a América.

Más tarde, Ike calcularía que Ida educó inicialmente a sus hijos en una casa de unos setenta y siete metros cuadrados. El ahorro era esencial y la autodisciplina una lección cotidiana. Antes de la medicina moderna, las filosas herramientas y una intensa labor física por realizar propiciaban un mayor riesgo de accidentes, y consecuencias más catastróficas cuando ocurrían. Un año, una plaga de langostas arruinó las cosechas.[6] En su adolescencia, Dwight sufrió una infección en una pierna y se negó a permitir que los médicos se la amputaran, porque esto habría puesto fin a su carrera en el futbol americano. Mientras él perdía y recuperaba el conocimiento, hizo que uno de sus hermanos se acostara en el umbral de su cuarto para impedir que el doctor le cortara la pierna mientras dormía. Una ocasión en que Dwight cuidaba a Earl, su hermano de tres años, dejó abierta una navaja de bolsillo en el alféizar. Earl subió a una silla y, al tratar de tomar la navaja, ésta resbaló entre sus manos y le picó un ojo, que resultó dañado. Esto produjo en Dwight un sentimiento de culpa que le duraría toda la vida.

Alguien debería escribir la historia de cómo la muerte incesante de niños moldeó la cultura y las creencias. Debe de haber creado una sensación generalizada de que el sufrimiento no era algo remoto, de que la vida era frágil y contenía aflicciones insoportables. Tras perder a un hijo, Paul, Ida se convirtió a la secta posteriormente llamada Testigos de Jehová, en busca de una expresión más personal y compasiva de su fe. El propio Eisenhower perdería después a su primogénito, Doud Dwight, conocido en la familia como "Icky", experiencia que ensombreció su mundo para siempre. "Ésa fue la mayor desilusión y el peor desastre de mi vida", escribiría décadas más tarde, "que nunca he podido olvidar del todo. Hoy, cuando pienso en eso, aun ahora mientras escribo sobre ello, la gravedad de nuestra pérdida vuelve a mí con la misma inmediatez y rigor que en ese largo y oscuro día, poco después de la navidad de 1920."[7]

La fragilidad y fiereza de esta vida demandaba cierto nivel de disciplina. Si un mero resbalón podía terminar en desastre debido a la escualidez de la red de protección de la seguridad social; si la muerte, la sequía, la enfermedad o la traición podían apabullar en cualquier momento, el carácter y la disciplina constituían requisitos primordiales. Así era la vida: una condición de peligro subyacente, cubierta por un espíritu de moderación, reticencia, templanza y recelo, todo ello diseñado para minimizar el riesgo. Los miembros de esa cultura desarrollaban una repulsa moral hacia todo lo que pudiera volver más peligrosa la vida, como deudas o procreación fuera del matrimonio. Desarrollaban un serio interés en actividades capaces de afianzar la resiliencia.

Todos los hijos de Ida Eisenhower valorarían la educación, pero la cultura general de aquella época le concedía mucho menos énfasis que la nuestra. De los doscientos niños que ingresaron a primer año, junto con Dwight, en 1897, sólo treinta y uno se graduaron con él en la preparatoria. La academia era poco importante porque se podía conseguir un trabajo decente sin un título. Lo más importante era la estabilidad a largo plazo y el éxito consistía en tener hábitos firmes, capacidad de trabajo, aptitud para detectar y repeler la pereza y la autocomplacencia. En ese entorno, una ética de trabajo disciplinado era más valiosa que una mente brillante.

Una noche de Halloween, cuando tenía diez años, los hermanos mayores de Eisenhower recibieron permiso para salir en pos de regalos a las casas vecinas, actividad más riesgosa en esos días que ahora. Ike quería ir con ellos, pero sus padres le dijeron que era demasiado chico. Suplicó al ver marcharse a sus hermanos y entonces fue presa de una ira incontrolable: se puso rojo y se le erizó el cabello. Llorando y gritando, salió corriendo al jardín principal y se dedicó a darle puñetazos a un manzano, hasta herirse, dejando sus manos desgarradas y ensangrentadas.

Su padre lo sacudió, lo azotó con una vara de nogal y lo mandó a su cama. Una hora después, mientras él seguía sollozando en su almohada, llegó su madre, quien se sentó a mecerse en silencio junto a su lecho. Por fin, ella citó un versículo de la Biblia: "Aquel que conquista su alma es más grande que quien conquista una ciudad".

Ella hizo saber a su hijo que debía cuidarse de la ira y el odio que arden dentro, al tiempo que curaba y vendaba sus heridas. El odio es algo fútil, le dijo, que no hace sino lastimar a quien lo consiente. De todos sus hijos, añadió, él era el más necesitado de aprender a controlar sus pasiones.

Cuando tenía setenta y seis años, Eisenhower escribió: "Siempre he recordado esa conversación como uno de los momentos más valiosos de mi vida. A mi joven mente le pareció que ella había hablado horas enteras, pero supongo que el asunto concluyó en quince o veinte minutos. Al menos, mi madre me hizo reconocer que estaba equivocado, y yo me sentí lo suficientemente en paz con mi conciencia para caer dormido".[8]

Ese concepto —conquistar tu alma— era significativo en la ecología moral en que creció Eisenhower. Se basaba en la idea de que nuestra naturaleza es dual en el fondo. Somos imperfectos, pero también estamos espléndidamente dotados. Tenemos en nuestra naturaleza un lado pecaminoso —egoísta, embustero y capaz del autoengaño—, pero también un lado hecho a imagen de Dios, que busca la trascendencia y la virtud. El drama esencial de la vida es el de forjar nuestro carácter, una serie de hábitos de disciplina profundamente grabados y una disposición establecida a hacer el bien. El cultivo de Adán II era visto como un fundamento necesario para el florecimiento de Adán I.

Pecado

Hoy, la palabra "pecado" ha perdido su poder e imponente intensidad. Se usa más a menudo en el contexto de los postres que engordan. En sus conversaciones diarias la mayoría no habla mucho del pecado individual. Si se habla de la maldad humana, ésta suele residir en las estructuras de la sociedad —desigualdad, opresión, racismo, etcétera—, no en el pecho humano.

En primer lugar hemos abandonado el concepto de pecado porque hemos dejado atrás la visión depravada de la naturaleza humana. En el siglo xviii, y aun en el xix, muchas personas aceptaban la oscura autovaloración expresada por la antigua oración puritana "Sin embargo, yo peco: Padre eterno, eres más bondadoso de lo que cabe imaginar, pero yo soy vil, malvado, ciego y miserable…". Esto es demasiada oscuridad para la mentalidad moderna.

Segundo, en muchos momentos y lugares, la palabra "pecado" se usaba para declarar la guerra al placer, aun a los sanos placeres del sexo y la diversión. El pecado se empleaba como pretexto para vivir sin alegría y bajo censura. "Pecado" era un término invocado para reprimir los placeres del cuerpo, para aterrar a los adolescentes con los peligros de la masturbación.

Además, como dijo H. L. Mencken, la palabra "pecado" era usada de manera abusiva por los santurrones, los gruñones amargados a los que parecía alarmar la posibilidad de que, en algún lado, alguien pudiera divertirse, y ésos eran quienes parecían siempre dispuestos a golpear con una regla los nudillos de alguien, en la suposición de que estaba haciendo mal. Del término "pecado" abusaban quienes ejercían una paternidad de estilo tosco y autoritario, convencidos de que, a fuerza de golpes, debían desterrar de sus hijos la depravación. De él abusaban quienes, por cualquier razón, convertían en fetiche el sufrimiento, quienes creían que sólo a través de la severidad y la automortificación podías volverte bueno y superior.

Lo cierto es que "pecado", lo mismo que "vocación" y "alma", es una de esas palabras de las que es imposible prescindir. Es una de esas palabras —y habrá muchas de ellas en este libro— que deben ser regeneradas y modernizadas.

El pecado es una pieza necesaria de nuestro bagaje mental porque nos recuerda que la vida es un asunto ético. Por más que intentemos reducir todo a una química cerebral determinista, por más que intentemos reducir la conducta a la suerte de instinto gregario que es capturado en grandes cúmulos de información, por más que pugnemos por remplazar el pecado con palabras no morales como "equivocación", "error" o "debilidad", las partes más esenciales de la vida son cuestiones de responsabilidad individual y elección moral: ser valiente o cobarde, honesto o embustero, compasivo o cruel, fiel o desleal. Cuando la cultura moderna intenta sustituir "pecado" por ideas como "error" o "insensibilidad", o de desterrar por completo palabras como "virtud", "carácter", "maldad" y "vicio", la vida no se vuelve por eso menos moral; únicamente hemos difuminado su ineludible base moral con un lenguaje frívolo. Pensamos y hablamos de esas decisiones con menos claridad, y por tanto nos cegamos a los peligros morales de la vida cotidiana.

El pecado también es una pieza necesaria de nuestro bagaje mental porque es colectivo, mientras que el error es individual. Tú cometes un error, pero todos estamos asolados por pecados como el egoísmo y la desconsideración. El pecado forma parte de nuestra naturaleza y se transmite de una generación a otra. Todos somos pecadores. Ser conscientes del pecado es sentir intensa compasión por los que pecan. Es recordar que el apuro del pecado es colectivo, de modo que también las soluciones son generales. Combatimos juntos el pecado, como comunidades y familias, enfrentando nuestros propios pecados mediante el auxilio a los demás para combatir los suyos.

Además, el concepto de pecado resulta necesario porque es radicalmente cierto. Decir que eres un pecador no es decir que tienes una mancha depravada en tu corazón. Es decir que, como el resto de nosotros, tienes una perversidad en tu naturaleza. Queremos hacer una cosa pero terminamos haciendo otra. Queremos lo que deberíamos no querer. Ninguno de nosotros quiere ser duro de corazón, pero a veces lo somos. Nadie quiere autoengañarse, pero racionalizamos todo el tiempo. Nadie quiere ser cruel, pero todos decimos cosas que después lamentamos. Nadie quiere ser un mero espectador y cometer pecados de omisión, pero, en palabras de la poeta Margaret Wilkinson, todos cometemos el pecado de la "gentileza no intentada".

Es un hecho que poseemos almas moteadas. La misma ambición que nos impulsa a crear una compañía es la que nos empuja a ser materialistas y a explotar a los demás. El mismo deseo que produce hijos desemboca en el adulterio. La misma seguridad capaz de conducir a la audacia y la creatividad puede llevar a la veneración de sí mismo y la arrogancia.

El pecado no es algo diabólico. Es sólo nuestra perversa tendencia a estropear las cosas, a favorecer el corto plazo sobre el largo, a degradar lo superior. Cuando se comete una y otra vez, el pecado se vuelve lealtad a un amor inferior.

En otras palabras, el peligro del pecado es que se alimenta de sí mismo. Pequeñas concesiones morales el lunes hacen más probable que cometas otras mayores el martes. Una persona que se miente, pronto no podrá distinguir cuándo lo hace y cuándo no. A otras las consume el pecado de la autocompasión, un delirio por ser víctima propiciatoria que devora todo en torno suyo tanto como la cólera o la codicia.

Es raro que la gente cometa grandes pecados a partir de la nada. Pasa por una serie de puertas. Tiene un problema desmedido con la ira.

Tiene un problema excesivo con el alcohol o las drogas. Tiene un problema exagerado con la compasión. La corrupción engendra corrupción. El pecado es el castigo del pecado.

La última razón de que el pecado sea parte necesaria de nuestro bagaje mental es que, sin él, el método entero de la forja del carácter se viene abajo. Desde tiempos inmemoriales, la gente ha alcanzado la gloria logrando cosas externas, pero ha forjado su carácter luchando contra sus pecados. La gente se vuelve firme, estable y digna de respetarse a sí misma por haber derrotado a sus demonios, o al menos por haber luchado contra ellos. Si se elimina el concepto de pecado, se elimina justo aquello contra lo que una persona buena debe luchar.

La persona implicada en la lucha contra el pecado comprende que cada día está lleno de ocasiones morales. Una vez conocí a un jefe que pedía a cada solicitante de empleo: "Describa un momento en que dijo la verdad y le dolió". En esencia, preguntaba a esos individuos si tenían sus afectos en el orden correcto, si pondrían su amor a la verdad por encima del amor a su carrera.

En lugares como Abilene, Kansas, los grandes pecados, dejados pasar, habrían tenido efectos prácticos y desastrosos. La pereza podía hacer quebrar una granja; la gula y la embriaguez, destruir a una familia; la lujuria, arruinar a una joven; la vanidad, incurrir en gastos y deudas excesivos, y al final la bancarrota.

En lugares así, la gente tenía conciencia no sólo del pecado, sino también de sus diferentes tipos y remedios. Algunos pecados, como la ira y la lujuria, son como bestias salvajes; deben combatirse con hábitos y restricciones. Otros, como la burla y la falta de respeto, son como manchas; sólo pueden eliminarse mediante la absolución, la disculpa, el arrepentimiento, la restitución y la expiación. Otros más, como robar, son como una deuda; únicamente pueden ser rectificados pagando a la sociedad lo que se le debe. Pecados como el adulterio, el soborno y la deslealtad son más como la traición que como el delito; dañan el orden social. La armonía social puede recuperarse sólo recomponiendo poco a poco las relaciones y reconstruyendo la confianza. Los pecados de la arrogancia y el orgullo surgen de un deseo perverso de prestigio y superioridad. El único remedio para ellos es humillarse ante otros.

En otras palabras, en otros tiempos la gente heredaba un vasto vocabulario moral y una amplia serie de herramientas morales, desarrollados a lo largo de siglos y transmitidos de una generación a otra. Ésta era una herencia práctica, como la de aprender a hablar, que la gente podía usar para librar sus propias batallas morales.

Carácter

Ida Eisenhower era alegre y cariñosa, pero se mantenía en guardia contra la reincidencia. Prohibía que en su casa se bailara, jugara cartas y bebiera, porque su juicio de valor sobre el poder del pecado era muy alto. Como el autocontrol es un músculo que se cansa fácilmente, es mucho mejor evitar la tentación que intentar resistirla una vez que surge.

Al educar a sus hijos, Ida les mostró un amor y afecto ilimitados. Les concedió más libertad para meterse en problemas que los actuales padres en general. Pero les exigía cultivar los hábitos de la autorrepresión constante y diminuta.

Hoy en día, cuando decimos que alguien se reprime, tendemos a expresarlo como crítica. Significa que se trata de una persona tensa, rígida o desconocedora de su verdadero ser emocional. Esto se debe a que vivimos en una cultura que promueve la expresión individual. Tendemos a confiar en nuestros impulsos internos y a descreer de las fuerzas externas que pretenden aplastar esos impulsos. Pero en la antigua ecología moral que comentamos, la gente tendía a desconfiar de sus impulsos. Éstos podían restringirse a través del hábito.

En 1877, el psicólogo William James escribió un breve tratado titulado *Habit*. Cuando intentas llevar una vida decente, escribió, quieres hacer de tu sistema nervioso un aliado, no tu enemigo. Quieres grabar tan hondo ciertos hábitos que se vuelvan naturales e instintivos. James escribió que cuando te propones adquirir un hábito —como seguir una dieta o decir siempre la verdad—, deseas lanzar "una iniciativa lo más fuerte y decididamente posible". El principio de un nuevo hábito es un gran acontecimiento en tu vida. Después, "no toleres nunca una excepción" hasta que el hábito haya arraigado con firmeza en tu existencia. Un solo desliz acaba con muchos excelentes actos de autocontrol. Luego, aprovecha cada ocasión para practicar tu hábito. Practica todos los días un ejercicio gratuito de autodisciplina. Sigue reglas arbitrarias. "Esta suerte de ascetismo es como un seguro que un hombre paga por su casa. Ese tributo no le hace ningún bien al momento, y podría no ofrecerle jamás rendimiento alguno. Pero si el fuego llega, el hecho de que haya pagado lo salvará de la ruina."

Lo que Willam James e Ida Eisenhower trataban de inculcar, cada cual a su manera, era constancia. Como ha dicho Anthony T. Kronman, profesor de derecho de Yale, el carácter es "un conjunto de disposiciones establecidas, de sentimientos y deseos habituales".[9] La idea es en gran medida aristotélica. Si actúas bien, terminarás por ser bueno. Cambia tu conducta y habrás reprogramado tu cerebro.

Ida enfatizaba la importancia de practicar pequeños actos de autocontrol: seguir las reglas de etiqueta al sentarse a la mesa, vestir las mejores ropas el domingo para ir a la iglesia, guardar el sabbat después, usar un lenguaje formal al escribir una carta como muestra de respeto y deferencia, comer platos sencillos, evitar el lujo. Si estás en el ejército, mantener en orden tu uniforme y lustrados tus zapatos. Si estás en casa, mantener pulcro todo. Practicar las pequeñas disciplinas externas.

En la cultura de esa época, la gente creía que el trabajo manual era una escuela del carácter. En Abilene, todos, desde dueños de negocios hasta agricultores, hacían trabajo físico a diario, engrasando los ejes de las carretas, paleando carbón, retirando de la estufa los trozos aún sin quemar. Eisenhower creció en una casa sin agua corriente y los deberes domésticos de los chicos empezaban al amanecer —despertar a las cinco para encender la hoguera y cargar agua desde el pozo— y continuaban durante todo el día —llevando un almuerzo caliente a su padre en la cremería, dando de comer a las gallinas, enlatando hasta casi quinientos litros de fruta anualmente, hirviendo la ropa el día de lavado, cultivando maíz para vender con el fin de tener dinero para gastar, cavando zanjas cuando al fin se dispuso de tubería y cableando la casa cuando la electricidad llegó al pueblo. Ike creció en una atmósfera que es casi inversa a la manera en que muchos niños son educados hoy. En el presente los niños son librados de casi todo el trabajo manual que Dwight tenía que hacer, pero están lejos de recibir tanta libertad para vagar por los bosques y el pueblo una vez que cumplen sus deberes. A Dwigth se le asignaba mucho trabajo, pero también se le concedía abundante libertad para deambular por el pueblo.

David Eisenhower, su padre, practicaba esta vida disciplinada en una forma brusca y carente de alegría. Lo definía su puntilloso sentido de la rectitud. Era rígido, frío y estrictamente circunspecto. Su caída en bancarrota desarrolló en él un horror a volver a endeudarse, a resbalar un poco siquiera. Cuando fue gerente de su compañía, obligaba a sus empleados a ahorrar diez por ciento de su salario mensual. Ellos tenían que reportarle qué habían hecho con su diez por ciento, ya fuera depositarlo en el banco o invertirlo en acciones. Él anotaba cada respuesta todos los meses, y si no estaba satisfecho con el reporte, despedía al empleado en cuestión.

Parece no haberse relajado nunca, no haber llevado jamás a sus hijos de caza o a pescar, ni haber jugado demasiado con ellos. "Era un hombre inflexible con un código serio", recordaría uno de sus hijos, Edgar. "La vida para él era un asunto muy grave, y era así como vivía, sobriamente y con la reflexión debida."[10]

Ida, por su parte, tenía siempre una sonrisa en la boca. Siempre estaba dispuesta a ser un poco traviesa, a infringir su sentido de la rectitud, y aun a tomar una copa si la situación lo ameritaba. A diferencia de su esposo, parecía comprender que para forjar el carácter no se puede depender exclusivamente del autocontrol, el hábito, el trabajo y la abnegación. La razón y la voluntad son demasiado débiles para vencer los deseos todo el tiempo. Los individuos son fuertes, pero no autosuficientes. Para someter al pecado, necesitas ayuda de fuera.

El método de Ida para forjar el carácter tenía también un lado amable. Por fortuna, el amor es la ley de nuestra naturaleza. Personas como Ida entienden que el amor es una herramienta para forjar el carácter. La estrategia amable de forja del carácter se basa en la idea de que no siempre podemos oponer resistencia a nuestros deseos, pero podemos cambiarlos y reordenarlos, concentrándonos en nuestros afectos superiores. Concéntrate en el amor a tus hijos. Concéntrate en el amor a tu país. Concéntrate en el amor a los pobres y los oprimidos. Concéntrate en el amor a tu ciudad o alma máter. Sacrificarse por esas cosas es dulce. Se siente bien servir al ser amado. Dar se convierte en obsequiar con gusto, porque ansías ver prosperar y crecer lo que amas.

Muy pronto te comportas mejor. El padre que se concentra en el amor hacia sus hijos los impulsará día tras día, se levantará a medianoche cuando están enfermos, dejará todo cuando estén en crisis. Quien ama desea sacrificio, experimentar la vida como una ofrenda. Una persona motivada por estos sentimientos tenderá a pecar menos.

Ida demostró que es posible ser estricto y amable, disciplinado y cariñoso, estar consciente del pecado y, al mismo tiempo, de la posibilidad del perdón, la caridad y la misericordia. Décadas después, cuando Dwight Eisenhower tomó protesta como presidente, Ida le pidió abrir la Biblia en 2 Crónicas 7, 14: "Y si mi pueblo, el pueblo que lleva mi nombre, se humilla, ora, me busca y deja su mala conducta, yo lo escucharé desde el cielo, perdonaré sus pecados y devolveré la prosperidad a su país". La forma más eficaz de combatir el pecado es viviendo *dulcemente* y amando *afablemente*. Así es como debes hacer tu trabajo, sea prestigioso o no. Tal como otros han señalado, a Dios le gustan los adverbios.

Autocontrol

Dwight parece haber pertenecido a la categoría de quienes creen que la religión es buena para la sociedad, pero que no son religiosos ellos mismos. No hay evidencia de que haya tenido una noción explícita de la gracia de Dios ni pensamientos teológicos sobre la redención. Pero heredó tanto la naturaleza locuaz de su madre como su idea de que la naturaleza debe ser continuamente reprimida y conquistada. Sólo que llevó estas creencias en forma secular.

Era ingobernable de nacimiento. Su infancia sería recordada en Abilene por una serie de peleas épicas. En West Point, era desafiante, rebelde y malcriado. Acumuló una sarta de sanciones por practicar juegos de azar, fumar y ser irrespetuoso. Al graduarse, ocupó el lugar 125, de 164, en disciplina. Una vez fue degradado de sargento a soldado raso por bailar con demasiada euforia en una fiesta. Padeció incontables problemas, a lo largo de su carrera militar y presidencial, a causa del temperamento apenas reprimido que sus padres vieron aquella noche de Halloween. Durante su carrera militar, sus subordinados terminaron por buscar señales que revelaran su próximo furor, como cierto conjunto de expresiones que indicaban una explosión inminente salpicada de maldiciones. Apodado "el Malhumorado Mr. Bang" por un periodista en la segunda guerra mundial, la capacidad de Eisenhower para la ira estaba presente siempre, justo bajo la superficie.[11] "Era como asomarse a un horno Béssemer", recordaría uno de sus asesores, Bryce Harlow. Su médico de guerra, Howard Snyder, notó que "las arterias de las sienes se le retorcían e hinchaban como cuerdas" justo antes de que hiciera explosión. "Sus subordinados temían su capacidad para encolerizarse", escribió su biógrafo Evan Thomas.[12] Su secretario de citas, Tom Stephens, se dio cuenta de que el presidente tendía a vestir de café cuando estaba de mal humor. Al verlo llegar así desde la ventana de su oficina, gritaba al personal como advertencia: "¡Hoy traje café!".[13]

Ike estaba aún más dividido que la mayoría de nosotros. Era un maestro en los improperios del ejército, pero casi nunca los soltaba frente a mujeres. Se retiraba si alguien contaba un chiste obsceno.[14] En West Point se le reprendía por fumar en los pasillos, y al final de la guerra consumía cuatro cajetillas diarias. Pero un día dejó de hacerlo sin más: "Simplemente me di una orden". "La libertad", diría en su informe de gobierno de 1957, "ha sido definida como una oportunidad de autodisciplina."[15]

Su tormento interior podía ser convulsivo. A fines de la segunda guerra, su cuerpo era un manojo de achaques. Pasaba las noches mirando al techo, aquejado por el insomnio y la ansiedad, bebiendo y fumando, torturado por infecciones de garganta, calambres y presión arterial alta. Pero su capacidad para la autorrepresión —que podríamos llamar "hipocresía noble"— también era inmensa. Él no era bueno por naturaleza para ocultar sus emociones; tenía un rostro notoriamente expresivo. Pero a diario asumía una fachada de relajamiento sereno y locuacidad de pueblerino. Se hizo fama de temperamento risueño y jovial. Evan Thomas escribe que Ike explicó a su nieto, David, que su sonrisa "no era producto de una optimista filosofía del bienestar, sino de haber sido derribado en West Point por un entrenador de box. 'Si no eres capaz de sonreír al levantarte de una caída', le dijo, 'jamás batirás a tu adversario'".[16] Él pensaba que era necesario proyectar seguridad para dirigir al ejército y ganar la guerra:

> He resuelto firmemente que mis gestos y palabras en público siempre reflejen la alentadora certeza de la victoria; que he de reservar para mi almohada el pesimismo y abatimiento que alguna vez pueda sentir. Para traducir esta convicción en resultados tangibles, adopté la política de circular entre las filas hasta el límite máximo impuesto por consideraciones físicas. Hacía cuanto podía por tratar a todos, desde un general hasta un soldado raso, con una sonrisa, una palmada en la espalda y un interés explícito en sus problemas.[17]

Eisenhower ideó estratagemas para dejar de lado sus pasiones. Por ejemplo, en sus diarios hacía listas de personas que lo ofendían, como una manera de aislar su enojo con ellas. Cuando sentía una oleada de odio, impedía que se apoderara de él. "La cólera no puede ganar. Ni siquiera puede pensar claramente", anotó en su diario.[18] Otras veces, escribía el nombre de un ofensor en una hoja y después la tiraba a la basura, otra purga simbólica de emoción. Eisenhower no era un hombre auténtico. Era un hombre apasionado que vivía, como su madre, bajo un sistema de restricciones artificiales.

Hombre de organización

Ida envió a Ike de Abilene a West Point el 8 de junio de 1911. Ella era aún una ardiente pacifista, opuesta por entero a la vocación del soldado, pero comentó a su hijo: "Es tu decisión". Vio partir el tren, volvió a casa y se encerró en su cuarto. Sus otros hijos oyeron sus sollozos al otro lado de la puerta. Uno de ellos, Milton, le dijo a Ike más tarde que ésa fue la primera vez que oyó llorar a su madre.[19]

Ike se graduó de West Point en la generación 1915. El principio de su carrera lo pasó a la sombra de la primera guerra. Entrenado para combatir, jamás vio acción en la guerra que supuestamente terminaría con todas las guerras. Ni siquiera salió de Estados Unidos. Dedicó esos años a instruir tropas, entrenar futbolistas y hacer logística. Habiendo presionado cuanto pudo para que se le enviara al frente, en octubre de 1918, cuando tenía veintiocho años, recibió órdenes; se embarcaría hacia Francia el 18 de noviembre. No obstante, la guerra terminó el 11. Fue un duro golpe para él. "Supongo que pasaremos el resto de nuestra vida explicando por qué no participamos en esta guerra", lamentó en una carta a otro oficial. Y después, cosa rara, hizo una promesa extrema: "Juro por Dios que haré algo sensacional para compensar esto".[20]

Este juramento no se volvió realidad de inmediato. Eisenhower fue ascendido a teniente coronel en 1918, en previsión de su inminente despliegue. Pero no se le ascendería de nuevo en veinte años, hasta 1938. El ejército tenía demasiados oficiales que habían sido ascendidos durante la guerra, y no había muchas vacantes en una milicia que en la década de 1920 se contraía y asumía un papel marginal en la vida estadunidense. La carrera de Eisenhower se estancó, mientras las de sus hermanos avanzaban rápidamente. Cuando llegó a los cuarenta, era el menos realizado de los hijos de la familia Eisenhower. Ya era un hombre de edad madura, pero no recibió su primera estrella hasta los cincuenta y uno. Nadie esperaba grandes cosas de él.

Durante los años de entreguerras, Ike se desempeñó como oficial de infantería, entrenador de futbol americano y oficial del estado mayor, asistiendo intermitentemente a la Infantry Tank School, la Command and General Staff School y, finalmente, el War College. En ocasiones, daba rienda suelta a su frustración por el desatino burocrático de su institución, por la forma en que sofocaba sus oportunidades y desperdiciaba sus talentos. Pero en general, su reacción era asombrosamente comedida. Se convirtió en el clásico hombre de organización. De las reglas de conducta de Ida pasó fácilmente al código de conducta militar. Sometía sus deseos en bien del grupo.

En uno de sus textos autobiográficos escribió que al llegar a los treinta ya había aprendido "la lección básica del ejército, de que el lugar correcto de un soldado es donde se lo ordenan sus superiores".[21] Al recibir una misión ordinaria, "no encontré mejor remedio que desahogarme en privado, y acometer después el trabajo en cuestión".[22]

Como oficial del estado mayor —nunca un papel codiciado ni glamuroso—, Eisenhower aprendió a dominar el procedimiento, el proceso, el trabajo en equipo y la organización. Aprendió los secretos de cómo prosperar en la organización. "Cuando voy a un nuevo puesto, busco al hombre más fuerte y capaz de ahí. Olvido mis ideas y hago todo lo que está a mi alcance para difundir que lo que él dice es cierto."[23] Más tarde escribiría en *At Ease*: "Intenta asociarte siempre muy de cerca y aprender lo más posible de quienes saben más que tú, hacen las cosas mejor que tú, ven más claro que tú". Era un fanático tanto de la preparación como de la adaptación: "Los planes no son nada, pero la planeación lo es todo", decía. O bien: "Apóyate en la planeación, pero jamás confíes en los planes".

Adquirió igualmente una perspectiva de sí mismo. Llevaba consigo un breve poema anónimo:

> Toma una cubeta, llénala de agua.
> Mete ahí la mano hasta la muñeca.
> El vacío que resta cuando la has sacado
> es una medida de que se te aprecia. [...]
>
> Este extraño ejemplo tiene moraleja:
> haz un gran esfuerzo siempre que sea dable,
> siéntete orgulloso, pero recuerda:
> ¡no hay hombre indispensable![24]

Mentores

En 1922, Eisenhower recibió la orden de trasladarse a Panamá, donde se integraría a la vigésima brigada de infantería. Dos años en Panamá hicieron un par de cosas por él. Primero, le dieron la oportunidad de un cambio de escenario tras la muerte de su primogénito, Icky. Segundo, le permitieron conocer al general Fox Connor. Como dijo el historiador Jean Edward Smith: "Fox Connor era la modestia personificada: dueño de sí, de voz suave, eminentemente formal y cortés; un general al que le gustaba leer, un estudioso atento de la historia y un agudo juez del talento militar".[25] Connor estaba totalmente desprovisto de teatralidad. De él Ike aprendió la máxima "Siempre toma en serio tu trabajo, nunca a ti mismo".

Fox Connor era el ideal del líder humilde. "Un sentido de la humildad es una cualidad que he visto en todos los líderes que he admirado profundamente", escribiría Eisenhower después. "Estoy convencido de que un líder debe tener humildad suficiente para aceptar la responsabilidad de los errores de sus subordinados, a los que él mismo eligió, y para darles públicamente crédito de sus triunfos." Connor, continuó Ike, "era un oficial práctico, ágil, a gusto en compañía de personas importantes que de cualquier hombre del regimiento. Nunca se daba aires de ninguna especie, y era tan franco y honesto como no he conocido a nadie más. [...] Durante muchos años ha ocupado entre mis afectos un lugar que ningún otro, ni siquiera un familiar, podría obtener."[26]

Connor también revitalizó el amor de Ike por los clásicos, la estrategia militar y los asuntos mundiales. Eisenhower calificó su servicio bajo Connor como "una suerte de escuela de posgrado en asuntos militares y humanidades, combinada con los comentarios y conversaciones de un individuo experimentado en el conocimiento de los hombres y su conducta. [...] Ése fue el [periodo] más interesante y constructivo de mi vida". En una visita a Panamá, Edward Hazlett, su amigo de la infancia, señaló que Eisenhower había "acondicionado la terraza cubierta del segundo piso del cuartel como una suerte de estudio, y ahí, con un mesa de dibujo y textos, pasaba sus momentos libres recreando las campañas de los antiguos maestros".[27]

Al mismo tiempo, Ike se vio particularmente afectado por el adiestramiento de un caballo, *Blackie*. Escribió en sus memorias:

> En mi experiencia con *Blackie* —y antes con reclutas supuestamente incompetentes en Camp Colt— es donde arraiga mi firme convicción de que con demasiada frecuencia damos por perdido a un chico retrasado, un animal torpe o un campo gastado. En gran medida hacemos esto debido a nuestra indisposición a invertir tiempo y esfuerzo en demostrar que estamos equivocados: que un chico difícil puede convertirse en un hombre refinado, un animal puede responder al entrenamiento, un campo puede recuperar su fertilidad.[28]

El general Connor determinó que Eisenhower asistiera a la Command and General Staff School en Fort Leavenworth, Kansas. Ahí se graduaría como el primero en su generación, de 245 oficiales. Al igual que *Blackie*, él no estaba para que se le considerara un caso perdido.

En 1933, tras graduarse en el War College como uno de los oficiales más jóvenes en esa institución, Eisenhower fue nombrado asistente personal del general Douglas MacArthur. Trabajaría con él durante los años siguientes, principalmente en Filipinas, contribuyendo a preparar la independencia de esa nación. MacArthur era el teatral. Ike lo respetaba, pero su presunción le disgustaba. Lo describió como "un aristócrata, siendo que yo pertenezco a la gente del común".[29]

Bajo las órdenes de MacArthur, Eisenhower enfrentó la máxima prueba a su temperamento. Sus pequeñas oficinas estaban juntas, separadas apenas por una reja. "Él me llamaba a su oficina alzando la voz", recordaría Eisenhower.[30] "Era decidido y afable, y tenía un hábito que nunca dejó de sorprenderme: al rememorar o relatar historias, hablaba de sí mismo en tercera persona."[31]

Ike pidió varias veces abandonar su misión en el estado mayor. MacArthur se lo negó, insistiendo en que su trabajo en Filipinas era mucho más importante que cualquier otra cosa que él pudiera hacer como teniente coronel en el ejército.

Pese a su decepción, Eisenhower se mantuvo junto a MacArthur seis años más, operando tras bastidores y asumiendo crecientes labores de planeación.[32] Era invariablemente respetuoso en presencia de su jefe, sin embargo, terminó por detestarlo por su forma de colocarse por encima de la institución. Luego de uno de los actos egomaniacos más memorables de MacArthur, Eisenhower hizo erupción en la privacidad de su diario:

> Pero debo decir que es casi incomprensible que, tras ocho años de trabajar para él, escribiendo cada palabra que publica, guardando sus secretos, impidiendo que quede demasiado en ridículo, tratando de promover sus intereses y manteniéndome al mismo tiempo en segundo plano, él deba de repente volverse en mi contra. Si por él fuera, ocuparía una sala del trono rodeada de expertos en halagos, mientras, en un calabozo en el sótano, desconocido para

> el mundo, un montón de esclavos harían el trabajo que le corresponde a él y producirían las cosas que, para el público, representan los brillantes logros de su mente. Es un idiota; peor todavía, un niño asqueroso.[33]

Eisenhower sirvió leal y humildemente, tratando de meterse en la cabeza de su superior, adoptando como propias sus perspectivas, haciendo su trabajo en forma eficiente y oportuna. Al final, los oficiales a los que sirvió —incluido MacArthur— lo ascendieron. Y al llegar el gran reto de su vida durante la segunda guerra mundial, su capacidad para reprimir sus pasiones le fue de gran utilidad. No recibió la guerra con una sensación de emoción romántica, al modo de su colega de toda la vida, George S. Patton. La vio como otra difícil tarea por asumir. Había aprendido a fijarse menos en el glamur y la emoción del heroísmo de guerra y más en las cosas aburridas y mundanas que resultarían ser la clave de la victoria. Preservar alianzas con personas a las que se podría considerar insufribles. Fabricar suficientes lanchas de desembarco para hacer posibles las invasiones anfibias. Logística.

Eisenhower fue un consumado comandante de guerra. Inhibió su frustración para mantener unida la alianza internacional. Restringió con determinación los prejuicios nacionales, que sentía tan agudamente como cualquiera, para mantener en el mismo equipo a ejércitos dispares. Acreditó victorias a sus subordinados y, en uno de los mensajes no enviados más famosos de la historia, estuvo dispuesto a culparse de los fracasos. Aquél fue el memorándum que iba a dar a conocer si la invasión del Día D fracasaba. "Nuestros desembarcos [...] fallaron [...] y he retirado a las tropas", escribió. "Mi decisión de atacar en ese momento y lugar se basó en la mejor información disponible. Tropas, aire y marina hicieron todo lo que la valentía y la devoción pueden hacer. Cualquier culpa o falta atribuible a este intento es exclusivamente mía."

La vida disciplinada y autorregulada de Eisenhower tiene sus lados oscuros. No era un visionario. No era un pensador creativo. En la guerra no era un gran estratega. Como presidente ignoró a menudo las corrientes históricas emergentes más importantes de su tiempo, desde el movimiento de los derechos civiles hasta la amenaza del macartismo. Nunca fue bueno para las ideas abstractas. Actuó en forma lamentable al no defender al general George C. Marshall de ataques a su patriotismo, para su gran pesar y vergüenza posterior. Y toda esa moderación artificial podía volverlo frío cuando debía ser cordial, implacablemente práctico cuando debía ser romántico y cortés. Al final de la guerra, su conducta para con su amante, Kay Summersby, fue repelente. Ella lo había servido y, presumiblemente, amado durante los años más difíciles de su vida. Él no le dio siquiera el beneficio de una despedida. Un día, ella se encontró con que su nombre había sido eliminado de la lista de viaje de Eisenhower. Sólo recibió una gélida nota escrita a máquina, en papelería oficial del ejército: "Estoy seguro de que entiendes lo mucho que me apena que una asociación tan valiosa para mí tenga que terminar de esta manera, pero es por razones sobre las que no tengo control [...]. Espero que me mandes una nota de vez en cuando; siempre estaré interesado en tu suerte".[34] Ya era tan hábil para reprimir sus emociones que en ese momento fue capaz de reprimir incluso toda traza de compasión, todo rescoldo de gratitud.

En ocasiones, Eisenhower fue consciente de sus deficiencias. Pensando en su héroe, George Washington, dijo: "A menudo he sentido el profundo deseo de que el buen Dios me hubiese dotado de su calidad de visión para las grandes cosas, su fuerza de propósito y su genuina grandeza de mente y espíritu".[35]

Sin embargo, para algunos la vida es la escuela perfecta; enseña justo las lecciones que después habrán de necesitar. Eisenhower no fue nunca un hombre ostentoso, pero dos rasgos definieron su madurez, derivados de su educación y que él cultivó al paso de los años. El primero fue su creación de un segundo yo. Actualmente nos inclinamos a vivir en el marco de un espíritu de autenticidad. Tendemos a creer que el "verdadero yo" es lo más natural y no instruido de nosotros. Es decir, que cada uno tiene cierta forma sincera de ser en el mundo, y que deberíamos ser fieles a ese auténtico ser interior, no sucumbir a las presiones externas. Vivir de modo artificial, con una brecha entre tu naturaleza interior y tu conducta externa, es ser embustero, malicioso y falso.

Eisenhower se ceñía a una filosofía distinta. Este código establecía que el artificio es la naturaleza del hombre. Empezamos con nuestra materia prima, en parte buena, en parte mala, y esta naturaleza tiene que ser pulida, cercada, formada, reprimida, moldeada y con frecuencia restringida, más que exhibida en público. Una personalidad es producto del cultivo. El verdadero yo es lo que has hecho con tu naturaleza, no aquello con lo que ésta comenzó.

Eisenhower no era una persona sincera. Encubría sus pensamientos. Los registraba en su diario y podían ser mordaces. Del senador William Knowland escribió: "En este caso parece no haber respuesta definitiva a la pregunta: '¿Qué tan tonto puedes ser?'".[36] Pero en público usaba un disfraz de afabilidad, optimismo y encanto pueblerino. Como presidente, estaba más que dispuesto a parecer tonto si eso le ayudaba a desempeñar el papel asignado. Estaba dispuesto a parecer cohibido si eso le ayudaba a ocultar sus verdaderos designios. Así como aprendió a reprimir su cólera cuando niño, aprendió también a reprimir sus ambiciones y aptitudes como adulto. Era razonablemente instruido en historia antigua, admirando en especial al astuto líder ateniense Temístocles, pero nunca lo hizo saber. No quería parecer más listo que los demás, o superior al estadunidense promedio. En cambio, cultivó la imagen de hombre encantador, simple e iletrado. Como presidente, supervisaba una detallada reunión sobre un asunto misterioso, emitiendo instrucciones claras y específicas sobre lo que se debía hacer y luego salía a una conferencia de prensa en la que masacraba la lengua inglesa en su intento por disfrazar sus designios. O simplemente fingía que el asunto lo rebasaba por completo: "Esto es demasiado complicado para un bobo como yo".[37] Estaba dispuesto a parecer más tonto de lo que era. (Por eso sabemos que no era neoyorquino.)

La sencillez de Ike era estratégica. Después de su muerte, su vicepresidente, Richard Nixon, recordó: "[Ike] era un hombre mucho más complejo y tortuoso de lo que la gente creía, y en el mejor sentido de esas palabras. No se limitaba a una sola idea; siempre aplicaba a un problema dos, tres o cuatro líneas de razonamiento [...]. Tenía una mente muy ágil".[38] Su habilidad para el póker fue célebre. "La amplia sonrisa de Ike, abierta como el cielo de Kansas", escribe Evan Thomas, "escondía una profunda reserva. Era honorable, pero ocasionalmente impenetrable, grato por fuera pero irascible por dentro."[39]

Una vez, antes de una conferencia con reporteros, su secretario de prensa, Jim Hagerty, lo puso al tanto de una situación crecientemente delicada en el estrecho de Formosa. Ike sonrió y dijo: "No te preocupes,

Jim; si surge esta pregunta, los confundiré". Como era de esperar, la pregunta fue formulada, por el periodista Joseph Harsch. Eisenhower respondió de buena gana:

> De la guerra sé sólo dos cosas: que el factor más variable en ella es la naturaleza humana en su manifestación diaria, pero que el único factor que no cambia en ella es la naturaleza humana. Y lo otro es que cada guerra va a sorprenderte en la forma en que ocurrió y se desarrolló. [...] Creo, entonces, que todo se reduce a esperar, y ése es el tipo de decisión piadosa que un presidente puede enfrentar algún día.[40]

Tras la conferencia, escribió Thomas, "Eisenhower bromeó diciendo que sin duda aquello les había ocasionado un ataque a los traductores rusos y chinos tratando de explicar a sus jefes lo que él había querido decir".[41]

La doble naturaleza de Ike podía dificultarle a la gente conocerlo. "No te envidio por tratar de comprender a papá", dijo John Eisenhower al biógrafo Evan Thomas. "Yo mismo no lo entiendo." Tras su muerte, se le preguntó a su viuda, Mamie, si realmente lo había conocido. "No estoy segura de ello", contestó.[42] Pero la autorrepresión ayudó a Eisenhower a controlar sus deseos naturales y cumplir las tareas a él asignadas tanto por sus superiores militares como por la historia. Parecía simple y directo, pero su sencillez era una obra de arte.

Moderación

Su rasgo final, que perfeccionó en la madurez, fue la moderación.

La moderación es una virtud mal entendida. Cabe empezar diciendo qué no es. Moderación no es buscar el punto medio entre dos polos opuestos y plantarte ahí en forma oportunista. Moderación tampoco es una ecuanimidad insípida. No es tener una disposición comedida sin pasiones rivales, ni ideas en competencia.

Por el contrario, la moderación se basa en la certeza de que el conflicto es inevitable. Si crees que el mundo puede encajar limpiamente, entonces no tienes necesidad de ser moderado. Si crees que todas tus cualidades pueden combinarse de modo armónico, no es necesario que te contengas; puedes proceder de manera libre hacia tu realización y desarrollo personal. Si crees que todos los valores morales apuntan en la misma dirección, o que todas las metas políticas se pueden cumplir al mismo tiempo siguiendo en línea recta un solo curso, tampoco necesitas ser moderado. Puedes seguir la dirección más rápida a la verdad.

La moderación se basa en la idea de que las cosas no encajan con facilidad. La política tiende a ser una competencia entre intereses legítimos, pero opuestos. Tal vez la filosofía es una tensión entre verdades a medias en competencia. Una personalidad tiende a ser un campo de batalla de rasgos valiosos, pero incompatibles. Como dijo Harry Clor en su brillante libro *On Moderation*: "La división fundamental del alma o psique está en la raíz de nuestra necesidad de moderación". Eisenhower, por ejemplo, estaba animado por la pasión y restringido por el autocontrol. Ninguno de estos impulsos era enteramente inútil, y ninguno del todo benigno. Su justa cólera podía propulsarlo en ocasiones hacia la justicia, pero también cegarlo. Su autocontrol le permitía servir y cumplir con su deber, pero podía volverlo insensible.

El moderado posee capacidades opuestas al enésimo grado. Puede partir de una intensidad alta en ambos extremos, ferviente tanto en su capacidad para la ira como en su deseo de orden, tanto apolíneo en el trabajo como dionisiaco en el juego, tanto fuerte en la fe como muy escéptico, tanto Adán I como Adán II.

El moderado puede comenzar con estas divisiones y tendencias rivales, pero para tener una vida coherente debe buscar una serie de equilibrios y proporciones. Busca siempre una serie de acuerdos temporales, propios de una situación específica, que le ayuden a equilibrar el deseo de seguridad con el deseo de riesgo, el llamado a la libertad con la necesidad de restricción. El moderado sabe que no hay una resolución última de estas tensiones. Asuntos importantes no pueden zanjarse tomando en cuenta sólo un principio o punto de vista. Gobernar es como navegar en una tormenta: debes cargar tu peso a un lado cuando la embarcación se inclina a estribor y al lado contrario cuando se inclina a babor; tienes que ajustarte una y otra vez a las circunstancias para mantener la estabilidad y la ecuanimidad.

Eisenhower comprendió esto de manera intuitiva. En una carta a Swede (Edward Hazlett), su amigo de la infancia, durante su segundo periodo presidencial, caviló: "Quizá yo soy algo así como un barco que, sacudido y golpeado por el viento y las olas, sigue a flote y, pese a frecuentes bordadas y virajes, logra permanecer generalmente en el curso trazado y continúa haciendo progresos, por lentos y penosos que sean".[43]

Como observa Clor, el moderado sabe que no puede tenerlo todo. Hay tensiones entre bienes rivales y debes aceptar que nunca tendrás una vida pura y perfecta, dedicada a una verdad o valor. El moderado tiene aspiraciones limitadas acerca de qué se puede alcanzar en la vida pública. Las paradojas de cualquier situación no permiten una resolución limpia y última. Ensanchas la libertad a riesgo de alentar el libertinaje. Contienes el libertinaje a riesgo de limitar la libertad. No hay salida para este tipo de disyuntiva.

El moderado sólo puede esperar poseer un carácter regulado, dar un paso atrás para abarcar perspectivas opuestas y apreciar los méritos de cada una. Comprende que las culturas políticas son tradiciones de conflicto. Hay tensiones interminables que oponen la igualdad al logro, la centralización a la descentralización, el orden y la comunidad a la libertad y el individualismo. El moderado no intenta resolver esas discusiones. No hay soluciones definitivas. El moderado sólo puede esperar alcanzar un equilibrio congruente con las necesidades imperantes. No cree que haya soluciones políticas correctas en todo momento (esto parece obvio, pero es una regla regularmente desobedecida por ideólogos de cualquier nación). El moderado no admira esquemas abstractos, sino que sabe sobre la necesidad de legislar conforme a la naturaleza humana, y en el medio que le tocó en suerte.

El moderado sólo puede esperar ser lo bastante disciplinado para combinar en una sola alma, como dijo Max Weber, lo mismo una pasión ardiente que un frío sentido de la proporción. Aspira a ser apasionado en sus fines, pero intencionado en los medios para alcanzarlos. El mejor moderado ha sido bendecido con un alma ardiente y el carácter adecuado para domeñarla. El mejor moderado duda del fanatismo porque duda de sí. Desconfía de la pasión intensa y la simplicidad audaz porque sabe que, en política, el fondo más bajo es más pronunciado que la punta más alta; que el daño que causan los líderes cuando hacen mal las cosas es mayor que los beneficios que producen cuando las hacen bien. Por tanto, la cautela es la actitud apropiada, y la conciencia de los límites el fundamento de la sabiduría.

Para muchos entonces y después, Eisenhower fue un bobo insulso con una gran pasión por las novelas del Oeste. Su estrella ha ascendido entre los historiadores a medida que su agitación interior se ha apreciado mejor. Y al final de su presidencia, pronunció un discurso que hoy sigue siendo un perfecto ejemplo de moderación en la práctica.

Ese discurso tuvo lugar en un momento decisivo para la política y aun la moral pública estadunidenses. El 20 de enero de 1961, John F. Kennedy pronunció un discurso de toma de posesión que señaló un cambio cultural. Este discurso tuvo como propósito indicar una nueva dirección en la marcha de la historia. Una generación y una era llegaban a su fin, y otra generación, como dijo Kennedy, "empezaba de nuevo". Habría un "nuevo cometido" y "un nuevo mundo de la ley". Las posibilidades, argumentó, eran ilimitadas. "El hombre tiene en sus mortales manos el poder de abolir todas las formas de pobreza humana", declaró. Hizo un llamado a la acción desinhibida. "Pagaremos el precio que sea, echaremos sobre nuestros hombros toda carga, enfrentaremos cualquier aprieto." Llamó a sus oyentes no sólo a tolerar problemas, sino también a ponerles fin: "Exploremos juntos las estrellas, conquistemos los desiertos, erradiquemos las enfermedades". Era el discurso de un hombre seguro de sí mismo. Inspiró a millones en el mundo entero y fijó el tono y norma de la retórica política subsecuente.

Sin embargo, tres días antes, Eisenhower había dado un discurso que representó la visión de un mundo en retirada. Mientras Kennedy enfatizó posibilidades irrestrictas, Eisenhower advirtió contra la soberbia. Mientras Kennedy celebró el valor, Eisenhower celebró la prudencia. Mientras Kennedy exhortó a la nación a arriesgarse, Eisenhower llamó al equilibrio.

La palabra "equilibrio" se repite a lo largo de su texto; una necesidad de equilibrar prioridades en disputa, "equilibrio entre la economía privada y la economía pública, equilibrio entre el costo y las ventajas esperadas, equilibrio entre lo claramente necesario y lo confortablemente deseable, equilibrio entre nuestros requerimientos esenciales como nación y los deberes impuestos por la nación al individuo; equilibrio entre las acciones del momento y el bienestar nacional del futuro. El buen juicio busca equilibrio y progreso; su falta enfrenta finalmente desequilibrio y frustración".

Eisenhower previno al país contra la creencia en remedios rápidos. Los estadunidenses, dijo, no deben creer nunca que "una acción costosa y espectacular pueda ser la milagrosa solución a todas las dificultades presentes". Previno contra la flaqueza humana, en particular la tentación de la miopía y el egoísmo. Pidió a sus compatriotas "evitar el impulso a vivir sólo para hoy, derrochando para nuestro confort y comodidad los preciosos recursos de mañana". Haciéndose eco del espíritu de ahorro de su infancia, recordó a la nación que no es posible "hipotecar los bienes materiales de nuestros nietos sin arriesgar la pérdida de su herencia política y espiritual".

Cobró fama su advertencia contra la excesiva concentración del poder y la forma en que un poder desmedido podía llevar a la ruina nacional. Primero advirtió contra el complejo industrial-militar, "una industria armamentista permanente de vastas proporciones". Asimismo advirtió contra "una elite científico-tecnológica", una poderosa red de expertos financiados por el gobierno que podían verse tentados a arrebatar el poder a la ciudadanía. Como los fundadores de la nación, él basó su política en la desconfianza de lo que la gente podía hacer con un poder desmesurado. Comunicó la impresión de que, las más de las veces, los líderes tienen más que ganar siendo guardianes de lo que han heredado que siendo destructores de lo que hay y creadores de algo nuevo.

Éste era el discurso de un hombre que había sido educado para controlar sus ímpetus, y que más tarde fue aleccionado por la vida. El discurso de un hombre que había visto de qué son capaces los seres humanos, que había sentido en carne propia que el hombre es un problema para sí mismo. Era el discurso de un hombre que solía decir a sus asesores: "Cometamos lentamente nuestros errores", porque era mejor proceder poco a poco a una decisión que precipitarse sobre cualquier cosa antes de tiempo. Ésta es la lección que su madre y su educación le habían dado décadas atrás. La suya fue una vida organizada no en torno a la autoexpresión, sino a la automoderación.

4 Lucha

La noche del 18 de abril de 1906, cuando tenía ocho años de edad, Dorothy Day vivía en Oakland, California.

Como de costumbre, había dicho sus oraciones al acostarse. Ella era la única persona religiosa en su familia y se había vuelto, como más tarde escribiría, "repugnante y orgullosamente devota".[1] Décadas después escribió en su diario que siempre había tenido la sensación de que había un mundo espiritual inmanente.

El suelo empezó a sacudirse. Cuando el estruendo se inició, el padre de Dorothy irrumpió en la recámara que ella compartía con sus hermanos, le arrebató a dos de ellos y salió disparado a la puerta principal. Su madre tomó a su vez de sus brazos a su hermana menor. Al parecer, sus padres supusieron que ella podía cuidarse sola. La abandonaron en su cama de latón, mientras ésta rodaba de un lado a otro sobre el piso encerado. La noche del temblor de San Francisco, Dorothy sintió que Dios la visitaba. "La tierra se hizo un mar que mecía nuestra casa en forma tumultuosa", recordaría tiempo después.[2] Ella podía oír el agua del tinaco en el techo agitarse sobre su cabeza. Esas sensaciones "se relacionaban con mi idea de Dios como una fuerza enorme, un Dios aterrador e impersonal, una mano que se tendía para sujetarme, a mí, su hija, y no con amor".[3]

Cuando el movimiento se detuvo, la casa era un desastre. Había platos rotos por todo el suelo, junto con libros, candelabros y partes del techo y la chimenea. También la ciudad estaba en ruinas, reducida temporalmente a pobreza y necesidad. Pero en los días posteriores, los residentes del área de la bahía se unieron. "Mientras duró la crisis, surgió amor entre las personas", escribiría Dorothy en sus memorias décadas más tarde. "Era como si hubieran sido unidas por una solidaridad cristiana. Esto hace pensar que, si quisieran, los seres humanos podrían cuidarse unos a otros en momentos de tensión, con amor y piedad, sin juzgarse."

Como ha dicho el escritor Paul Elie, "toda una vida se prefigura en ese episodio": la crisis, la sensación de la cercanía de Dios, la conciencia de la pobreza, la sensación de soledad y abandono, pero también la noción de que la soledad puede ser llenada por el amor y la comunidad, en especial mediante la solidaridad con los necesitados.[4]

Day había nacido provista de una naturaleza apasionada, idealista. Como Dorothea, la heroína de *Middlemarch*, una de las novelas de George Eliot, su naturaleza le exigía llevar una vida ideal. Ella era incapaz de satisfacerse con la mera felicidad, estar de buen humor, disfrutar de los placeres normales que procuran la amistad y los logros. Como refirió Eliot, "su llama quemaba muy rápido ese combustible ligero; alimentada desde su interior, se elevaba en pos de una satisfacción imposible de limitar, un objeto que no justificara nunca la fatiga, que conciliara la desesperación con la extasiada conciencia de una vida más allá del ser". Day precisaba de heroísmo espiritual, de un propósito trascendente por el que se pudiera sacrificar.

La cruzada de los niños

El padre de Dorothy era periodista, pero la imprenta se quemó durante el temblor y él perdió su empleo. Las posesiones de la familia quedaron en ruinas. Day experimentó el humillante descenso de los suyos a la pobreza. Su padre los llevó a Chicago, donde procedió a escribir una novela que no publicó nunca. Hombre distante y desconfiado, prohibía a sus hijos salir de casa o invitar amigos sin su permiso. Day recordaría cenas dominicales caracterizadas por un lóbrego silencio, salvo por el ruido que producían todos al masticar. Su madre hacía cuanto podía, pero sufrió cuatro abortos. Una noche cayó presa de la histeria y rompió todos los platos. Al día siguiente había vuelto a la normalidad. "Perdí los estribos", explicó a sus hijos.

En Chicago, Day notó que su familia era mucho menos cariñosa que las demás. "Nunca nos tomábamos de la mano. Siempre estábamos solos y retraídos, a diferencia de los italianos, polacos, judíos y otros amigos que yo tenía, quienes eran libres y espontáneos en sus afectos." Ella iba a la iglesia y cantaba himnos con las familias vecinas. En las noches se ponía de rodillas e infligía su piedad a su hermana: "Solía abrumarla con mis largos rezos. Me hincaba hasta que las rodillas me dolían y me ponía fría y rígida. Ella me pedía que subiera a la cama y le contara un cuento". Un día tuvo una conversación con su mejor amiga, Mary Harrington, sobre un santo. Más tarde, al escribir sus memorias, no recordaría de qué santo habían hablado, pero sí "mi sensación de exaltado entusiasmo y cómo mi corazón casi ardía por el deseo de participar en tan alta empresa. Un versículo de los Salmos me viene a menudo a la mente: 'Ensancha, Señor, mi corazón, para que puedas entrar en él'. [...] Me sentí invadida por un afán natural, por un reconocimiento estremecedor de las posibilidades de la aventura espiritual".[5]

En aquellos días, los padres no creían necesario entretener a sus hijos. Day recordaba haber pasado horas felices en la playa con sus amigas, pescando anguilas en los arroyos, huyendo a una cabaña abandonada a la orilla de un pantano, inventando un mundo de fantasía e imaginando que vivían ahí para siempre. También recordaba largos días de aburrimiento intolerable, en especial durante las vacaciones de verano. Intentaba disipar el tedio haciendo labores domésticas y leyendo. Leía a Charles Dickens, Edgar Allan Poe y *La imitación de Cristo* de Tomás de Kempis, entre otros libros.

Con la adolescencia llegó la fascinación por el sexo. De inmediato, Day supo que éste le emocionaba, pero le habían enseñado que era malo y peligroso. Una tarde, cuando tenía quince años, estaba en un parque con su hermano, aún un bebé. El clima era perfecto. El mundo estaba lleno de vida y sin duda había chicos en torno suyo. En una carta que escribió entonces a su mejor amiga, describe una "sensación estrujante y perversa en mi corazón". En el pasaje siguiente, se queja con mojigatería: "Es malo pensar tanto en el amor humano. Todos esos sentimientos y ansias que nos llegan son deseos sexuales. Supongo que somos propensas a tenerlos en esta edad, pero creo que son impuros. Eso es sensual, y Dios es espiritual".

En sus estupendas memorias, *The Long Loneliness*, ella reproduce largos pasajes de esa carta. A sus quince años, continuaba: "¡Qué débil soy! Mi orgullo me impide escribir esto, y ponerlo en papel me hace ruborizar, pero todo ese amor regresa a mí. Es un deseo de la carne y sé que si no renuncio a todo pecado, no ganaré el reino de los cielos".

Esta carta contiene el ensimismamiento y mecánica santurronería que es de esperar en una adolescente precoz. Day entiende el concepto básico de su religión, pero no la humanidad y la gracia. Sin embargo, también hay una ardua ambición espiritual en operación. "Tal vez si me alejara más de los libros, esta inquietud pasaría. Estoy leyendo a Dostoievski." Decide combatir sus deseos: "Sólo después de una dura y enconada lucha contra el pecado y sólo después de que lo hemos vencido, experimentamos alegría y paz [...]. ¡Tengo tanto que hacer para vencer mis pecados! Me esfuerzo siempre, siempre estoy en guardia, pidiendo una y otra vez superar todas las sensaciones físicas para poder ser puramente espiritual".

Al reflexionar en ese texto de sus memorias, publicadas cuando ya era mayor de cincuenta, Day confesó que "estaba lleno de pompa, vanidad y piedad. Yo escribía de lo que más me importaba, el conflicto de la carne y el espíritu, pero lo hacía con afectación y queriendo sentirme escritora".[6] No obstante, esa carta exhibe algunas de las características que finalmente harían de ella una de las más inspiradoras figuras religiosas y activistas sociales del siglo xx: su ansia de ser pura, su capacidad para la autocrítica extrema, su deseo de consagrarse a algo elevado, su tendencia a fijarse en las penalidades y a no disfrutar de los placeres simples a su alcance, su convicción de que, por más que fallara y por más que luchara, en definitiva Dios la redimiría de sus flaquezas.

Bohemia

Day fue uno de los tres estudiantes de su preparatoria en obtener una beca universitaria, gracias a su excelencia en latín y griego. Asistió a la University of Illinois, donde lavaba y planchaba para poder pagarse un cuarto y alimentos, y donde fue una alumna indiferente. Terminó dedicándose a actividades que esperaba la conducirían a una vida épica. Se unió al club de escritores, en el que fue aceptada gracias a un ensayo donde describía la experiencia de no comer en tres días. Se afilió también al Partido Socialista, rompió con la religión y hacía cuanto podía para ofender a los fieles.

Decidió que el encanto de la juventud había quedado atrás; era momento de estar en guerra contra la sociedad.

A los dieciocho, luego de un par de años en Illinois, llegó a la conclusión de que la vida universitaria era insatisfactoria. Se mudó a Nueva York, para convertirse en escritora. Vagó por la ciudad durante meses, desesperadamente sola: "En esa gran ciudad de siete millones de habitantes, no encontré un solo amigo; no tenía trabajo, estaba aislada de la gente de mi edad. El silencio en medio del estrépito de la urbe me oprimía. Mi propio silencio, la sensación de que no tenía con quien hablar, me abrumaba hasta obstruir mi garganta; el corazón me pesaba de ideas sin verbalizar; quería desahogar mi soledad en lágrimas".[7]

Durante este periodo solitario, le indignó la pobreza que vio en Nueva York, su olor, diferente al que había percibido en Chicago. "Todos debemos pasar por algo análogo a una conversión", escribiría más tarde, "conversión a una idea, un pensamiento, un deseo, un sueño, una visión; sin visión, la gente perece. En mi adolescencia leí *The Jungle* de Upton Sinclair y *The Road* de Jack London, y en mí surgió una conversión hacia los pobres, un amor y deseo de estar siempre con los desheredados y los que sufren, los trabajadores del mundo. Me convertí a la idea de la misión mesiánica del proletariado". Rusia estaba entonces muy presente en la cabeza de la gente. Escritores rusos definían la imaginación espiritual. La Revolución rusa inflamaba la visión del futuro de los jóvenes radicales. La mejor amiga de Dorothy en la universidad, Rayna Simons, se fue a vivir a Moscú para formar parte de ese futuro y meses después murió ahí, aquejada por una enfermedad. En 1917, Day asistió a un mitin para celebrar la Revolución rusa. Tuvo una sensación de exaltación; la victoria de las masas estaba al alcance de la mano.

Al fin consiguió trabajo en un periódico radical, *The Call*, por cinco dólares a la semana. Ahí cubrió el descontento obrero y la vida de los trabajadores fabriles. Un día entrevistaba a León Trotsky y al siguiente a un mayordomo de millonarios. La vida en el periódico era intensa. Day se dejaba llevar por los acontecimientos, sin reflexionar en ellos, sólo permitiendo que la arrastraran a su paso.

Aunque más activista que esteta, se relacionó con un grupo de bohemios: el crítico Malcolm Cowley, el poeta Allen Tate y el novelista

John Dos Passos. Entabló una honda amistad con el escritor radical Michael Gold. Caminaban horas enteras a orillas del East River, hablando gozosamente de sus lecturas y sus sueños. Ocasionalmente, Gold entonaba de pronto una canción alegre, en hebreo o yiddish. En ese entonces Dorothy mantuvo una relación cercana, aunque aparentemente platónica, con el dramaturgo Eugene O'Neill, quien compartía sus obsesiones con la soledad, la religión y la muerte. Jim Forest, biógrafo de Day, escribe que a veces ella acostaba a O'Neill, borracho, tembloroso y aterrado, y lo abrazaba hasta que se dormía. Él le pidió tener relaciones sexuales, pero ella se negó.

Day protestaba a nombre de las clases obreras, pero los dramas más vitales de su existencia seguían sucediendo en su interior. Se había vuelto una lectora más ávida aún, en especial de Tolstói y Dostoievski.

Hoy es difícil entender que en ese entonces la gente se tomara tan en serio la lectura de novelas, o al menos eso ocurría con Day y otros, quienes leían obras importantes como si fuesen una fuente de sabiduría. Creían que los grandes artistas tenían conocimientos que podían transmitirse como si se tratara de una revelación, con objeto de moldear la propia vida según las almas heroicas y profundas que se encontraban en los libros. Day leía como si su vida dependiera de ello.

Ahora pocas personas ven a los artistas como oráculos y a las novelas como una forma de revelación. Las ciencias cognitivas han remplazado a la literatura como medio para intentar entender la propia mente. Pero Day se sintió "conmovida hasta lo más hondo de mi ser" por Dostoievski. "La escena de *Crimen y castigo* en la que la joven prostituta lee el Nuevo Testamento a Raskolnikov, sintiendo su pecado más profundamente que el suyo; ese cuento, 'El buen ladrón'; aquellos pasajes de *Los hermanos Karamazov*; la conversión de Mitya en la cárcel, la leyenda misma del gran inquisidor, todo esto me ayudó a seguir adelante." En especial le atrajo la escena en la que "el padre Zosima explica entusiasmado que el amor a Dios resulta en amor a nuestros hermanos. La historia de su conversión al amor es muy emotiva, y ese libro, con su imagen de la religión, tuvo mucho que ver en mi vida posterior."[8]

No sólo leía novelas rusas; parecía vivirlas. Bebía mucho y era asidua a bares. Cowley escribió que los gánsteres la adoraban porque podía dejarlos tirados de borrachos, aunque esto es difícil de creer, dada la extrema delgadez de Dorothy. Su escandalosa vida no estaba exenta de tragedias. Un amigo suyo, Louis Holladay, tomó una sobredosis de heroína y murió en sus brazos.[9] En sus memorias, ella describe sus mudanzas de un departamento rancio y sin ventilación a otro, pero hasta ella misma, autocrítica como era, deja fuera parte del desastre. Deja fuera su promiscuidad, llamándola "un periodo de búsqueda" y refiriéndose vagamente a "la tristeza del pecado; la indecible lobreguez del pecado".[10]

En la primavera de 1918 se ofreció como enfermera voluntaria en el King's County Hospital, cuando una epidemia mortal de influenza arrasó con la ciudad y el mundo. (Más de cincuenta millones de personas murieron por esa causa entre marzo de 1918 y junio de 1920.)[11] Empezaba a trabajar a las seis de la mañana y cumplía jornadas de doce horas, cambiando sábanas, vaciando bacines, administrando inyecciones, enemas y duchas. El hospital funcionaba como una unidad militar. Cuando la jefa de enfermeras entraba al pabellón, las enfermeras jóvenes debían adoptar la posición de firmes. "Me gustaba el orden de esa vida y la disciplina. En contraste, la vida que había llevado antes parecía desordenada y fútil", recordaría. "Por ejemplo, ese año en el hospital me hizo darme cuenta de que una de las cosas más difíciles del mundo es organizarnos y disciplinarnos."[12]

En el hospital conoció al periodista Lionel Moise, con quien tuvo una relación física tumultuosa. "Eres fuerte", le escribió ella, lasciva. "Me enamoré de ti porque eres fuerte." Se embarazó. Él le pidió que abortara y ella lo hizo (algo que también olvidó referir en sus memorias). Una noche, cuando Moise la dejó, ella abrió la llave del gas de la calefacción de su departamento e intentó suicidarse. Un vecino la encontró a tiempo.

Day dice en sus memorias que dejó su empleo en el hospital porque la había vuelto insensible al sufrimiento y no le dejaba tiempo para escribir. Aparte, olvidó mencionar que había aceptado casarse con Berkeley Tobey, acaudalado hombre del noroeste que le doblaba la edad. Viajaron juntos por Europa y ella lo dejó cuando regresaron. En sus memorias describe esto como un viaje en solitario, avergonzada de haber utilizado a Tobey para irse por Europa. "No quería escribir de cosas que me avergonzaban", diría después al periodista Dwight MacDonald. "Sentía que lo había utilizado y estaba compungida."[13]

Fue arrestada dos veces, experiencias cruciales, primero en 1917, a los veinte años, y luego en 1922, a los veinticinco. La primera vez fue a causa de su activismo político. Defensora de los derechos de las mujeres, se le detuvo por participar en una protesta sufragista frente a la Casa Blanca y, con el resto de los manifestantes, fue sentenciada a treinta días de cárcel. Los presos iniciaron una huelga de hambre, pero ella, sentada ahí roída por la necesidad de alimento, cayó pronto en una profunda depresión; pasó de sentir solidaridad con los huelguistas a creer que todo era absurdo y erróneo. "Perdí conciencia de toda causa. No tenía la menor idea de que yo fuera una radical. Sólo sentía oscuridad y desolación a mi alrededor. [...] Me invadió una sensación horrible de la inutilidad de aquel esfuerzo humano, la irremediable desgracia del hombre, la victoria del poder. [...] El mal triunfaba. Yo era una criatura mezquina, llena de autoengaño, presunción, irreal, falsa y merecidamente desdeñada y castigada."[14]

En la cárcel pidió una Biblia, que leyó atentamente. Otros presos le contaban de las celdas de confinamiento solitario donde se encerraba a prisioneros seis meses seguidos. "Jamás conseguiría recuperarme de esa herida, el espantoso conocimiento que había obtenido de lo que los hombres eran capaces de hacer en su trato entre sí."[15]

Adoptaba una posición contra la injusticia, pero lo hacía sin un marco trascendente. Todo indica que ya desde entonces, aunque de manera inconsciente, pensaba que, sin fe, el activismo fracasaría.

En términos emocionales su segundo encarcelamiento fue aún más devastador. Había ido a quedarse con una amiga drogadicta a su departamento en Skid Row, en un edificio que servía lo mismo de burdel que de residencia para miembros del sindicato radical IWW. La policía allanó el lugar, en busca de subversivos. Los agentes supusieron que Day y su amiga eran prostitutas; las obligaron a salir semivestidas a la calle antes de llevarlas a prisión.

Aunque había sido víctima de la histeria roja de la época, Day creyó serlo también de su imprudencia y falta de integridad. Tomó ese arresto como una denuncia de su vida disipada. "No creo que nunca más, no importa de qué se me acuse, podría sufrir más de lo que lo hice entonces por la vergüenza, el arrepentimiento y el desprecio por mí misma. No sólo porque había sido detenida, descubierta, fichada y públicamente humillada, sino también porque sabía que lo merecía."[16]

Éstos fueron episodios de pronunciado autoanálisis y autocrítica. Años después, al rememorarlos, Day adoptó una visión sombría de su desordenada vida. Interpretó ésta como una forma de orgullo, un intento por definir lo que era bueno y malo para ella, sin referencia a nada más allá. "La vida de la carne me llamaba como una vida buena y sana, independientemente de las leyes de los hombres, que, rebelde como era, sentía que estaban hechas para reprimir a otros. El fuerte podía hacer su propia ley, vivir su vida; de hecho, estaba más allá del bien y del mal. ¿Qué era bueno y qué malo? Es fácil sofocar la conciencia por un tiempo. La carne satisfecha tiene su propia ley."

Sin embargo, no sólo estaba perdida en un mundo de caprichos superficiales, amoríos tumultuosos, satisfacción carnal y egoísmo. Su autocrítica extrema manaba de una honda ansia espiritual. Usó la palabra "soledad" para describir esa ansia. Para muchos de nosotros esta palabra trae a la mente la idea de aislamiento. En efecto, ella estaba realmente aislada y, además, sufría por ello. Pero también usó el término "soledad" para describir su aislamiento espiritual. Tenía el presentimiento de que había una causa, entidad o actividad trascendente y que ella no descansaría hasta encontrarla. Era incapaz de vivir superficialmente —en busca de placeres, éxito, servicio incluso—; necesitaba un compromiso profundo y total con algo sagrado.

Parto

Day había pasado su veintena recorriendo diferentes vías, buscando una vocación. Intentó la política. Tomó parte en marchas y protestas, pero no le satisficieron. A diferencia de Frances Perkins, no estaba hecha para la política, con sus concesiones, interés propio, matices de gris y manos sucias. Precisaba de una vía que implicara la entrega interior, la renuncia al yo, el compromiso con algo puro. Reflexionó con autocrítica y preocupación acerca de su activismo inicial. "No sé qué tan sincera era yo en mi amor a los pobres y mi deseo de servir [...]. Quería participar en huelgas, ir a la cárcel, escribir, influir en los demás y así dejar huella en el mundo. ¡Cuánta ambición y egoísmo había en todo eso!"[17]

Tomó entonces la ruta literaria. Escribió una novela sobre su bulliciosa vida, titulada *The Eleventh Virgin*, que fue aceptada por una editorial en Nueva York y sus derechos vendidos por cinco mil dólares a un estudio de Hollywood.[18] Pero este tipo de literatura tampoco sació su anhelo y su libro acabaría por avergonzarla; llegó a querer comprar todos los ejemplares en existencia.

Pensó que el amor romántico podría satisfacer su anhelo. Se enamoró de Forster Batterham, con quien vivió, sin casarse, en una casa en Staten Island que ella compró con lo que había ganado por su novela. En *The Long Loneliness* describe románticamente a Forster como anarquista, de ascendencia inglesa y biólogo. La verdad era más prosaica: hacía medidores en una fábrica, había crecido en Carolina del Norte y asistido a Georgia Tech y le interesaba la política radical.[19] Pero su amor por él era real. Lo amaba por sus convicciones, su obstinado apego a ellas, su amor a la naturaleza. Pese a sus evidentes desacuerdos en cosas fundamentales, ella continuó pidiéndole que se casaran. Seguía siendo una mujer apasionada y sexual; su apetito por él también era real. "Mi deseo por ti es una emoción dolorosa en lugar de placentera", le escribió en una carta dada a conocer después de su muerte. "Es un ansia insaciable que me hace quererte más que nada en el mundo. Y que me hace sentir que no podré existir hasta volver a verte." El 21 de septiembre de 1925, durante una de sus separaciones, ella le escribió: "Me hice un hermoso camisón, provocativo y exótico, y varias pantaletas que estoy segura que te van a interesar. Pienso mucho en ti, sueño contigo todas las noches y si mis sueños pudieran afectarte a distancia, estoy segura de que te mantendrían despierto".

Cuando se lee sobre la solitaria vida de Day y Batterham en Staten Island, leyendo, conversando y haciendo el amor, se tiene la impresión de que, como muchas otras jóvenes parejas que acaban de enamorarse, también ellos intentaban formar lo que Sheldon Vanauken llamó una "barrera radiante", un jardín amurallado, lejos del mundo, en el que su amor pudiera ser puro. Al final, el anhelo de Day no pudo ser contenido por la barrera radiante. Viviendo con Batterham, dando largos paseos con él por la playa, ella no dejaba de sentir el deseo de algo más. Entre otras cosas, quería un hijo. Sentía que su casa estaba vacía sin él. En 1925, a los veintiocho años, le emocionó saber que estaba embarazada. Batterham no compartió ese sentimiento. Presunto radical, hombre moderno, no creía en traer más seres humanos al mundo. Y, ciertamente, no creía en la institución burguesa del matrimonio, de modo que jamás consentiría en casarse con ella.

Mientras estaba embarazada, a Day se le ocurrió que la mayoría de las descripciones del parto habían sido escritas por hombres. Se propuso rectificar esto. Poco después de dar a luz, escribió un ensayo sobre su experiencia, que apareció en *New Masses*. En él describía vívidamente la lucha física del alumbramiento:

> Temblores y fuego se extendieron por todo mi cuerpo. Mi espíritu era un campo de batalla en el que miles morían en forma horrible. Entre la avalancha y rugido del cataclismo que me rodeaba, oía el murmullo del médico y contestaba al murmullo de la enfermera en mi mente. En medio de una blanca llamarada de gratitud, supe que el éter se avecinaba.

Cuando llegó su hija Tamar, ella se sintió sobrecogida de agradecimiento: "Si hubiera escrito el más grande de los libros, compuesto la más grande de las sinfonías, pintado el cuadro más hermoso, o tallado la más exquisita figura, no me habría podido sentir una creadora tan exaltada como me sentí cuando depositaron en mis brazos a mi hija". Sintió la necesidad de alguien a quien pudiera dar las gracias. "Ninguna criatura humana habría sido capaz de recibir o contener tan vasta inundación de amor y alegría como yo sentía a menudo tras el nacimiento de mi hija. Junto con eso llegó la necesidad de venerar, de adorar."[20]

Pero ¿a quién dar gracias? ¿A quién venerar? Una sensación de la realidad e inmanencia de Dios se apoderaba de ella, particularmente durante sus largos paseos, cuando se descubría rezando. Le costaba trabajo orar de rodillas, pero, mientras caminaba, palabras de gratitud, alabanza y obediencia parecían brotar por sí solas. Un paseo que comenzaba en desdicha podía terminar en exultación.

Ella no respondía la pregunta de si Dios existe. Simplemente tomaba nota de una presencia más allá de sí misma. Se rendía a la creencia de que, sin que medie en ello la voluntad propia, hay algo significativo que da forma a la vida. Si la vida de un individuo radical era de afirmación y acción, un deseo de dirigir la historia, ella se convertiría a una vida de obediencia. Dios estaba a cargo. Como diría más tarde ella misma, terminó por ver que "veneración, adoración, acción de gracias, súplica: éstos eran los actos más nobles de que eran capaces los hombres en esta vida".[21] El nacimiento de su hija inició su transformación de persona disipada a centrada, de bohemia infeliz a mujer que había descubierto su llamado.

Day no tenía ninguna salida obvia para su fe. No pertenecía a ninguna Iglesia. No se sentía a gusto con la teología ni las doctrinas religiosas tradicionales. Pero se sentía perseguida por Dios. "¿Cómo puede no haber Dios", preguntaba a Forster, "cuando hay tantas cosas hermosas?"

Dirigió su atención a la Iglesia católica. Lo que le atrajo de ella no fue su historia, ni la autoridad papal, ni siquiera su postura política y social. Day no sabía nada de la teología católica, sólo que esa Iglesia era una fuerza atrasada y políticamente reaccionaria. Fue la gente, no la teología. Fueron los inmigrantes católicos a los que Day cubría y servía: su pobreza, su dignidad, su espíritu comunitario y su generosidad con los desposeídos y marginados. Sus amigos le dijeron que no necesitaba una institución religiosa para rendir culto a Dios y, ciertamente, no una colectividad tan retrógrada como la católica, pero la experiencia de Day como radical le había enseñado a asociarse lo más estrechamente posible con quienes sufrían, a unirse en su camino, lo que significaba incorporarse a su Iglesia.

Observó que el catolicismo organizaba la vida de muchas familias pobres. Se había ganado su lealtad. Ellas llegaban en tropel a sus templos los domingos y días festivos, así como en momentos de dicha y aflicción. De igual forma, la fe católica daba estructura a la vida de Day, y ella esperaba que también la diera a la de su hija. "Todos ansiamos el orden, y en el libro de Job se describe el infierno como un lugar donde no hay orden. Yo sentía que la 'pertenencia' a la Iglesia traería orden a su vida [de Tamar], que sentía que faltaba en la mía."[22]

La fe adulta de Day fue más cordial y alegre que la que había experimentado en su adolescencia. Le atraía en particular santa Teresa de Ávila, la mística y monja española del siglo xvi cuyas experiencias tanto se asemejaban a las suyas: su infancia sumamente espiritual, el terror ante su naturaleza pecaminosa, los ocasionales momentos que podrían describirse como de éxtasis sexual en presencia de Dios, la intensa ambición de reformar instituciones humanas y servir a los pobres.

Teresa llevó una vida de renunciación. Dormía bajo una sola manta de lana. Su convento carecía de calefacción, salvo por una estufa en un cuarto. Pasaba los días en oración y penitencia. Pero también tenía un espíritu irreverente. A Day le encantaba que se hubiera presentado con un vestido de un vivo color rojo el día que entró al convento. Y que un día hubiera escandalizado a las demás monjas sacando unas castañuelas y poniéndose a bailar. Cuando ella era la madre superiora y las monjas se ponían melancólicas, hacía que se les sirviera carne de res. Decía que la vida es como "una noche pasada en una hostería incómoda", así que era válido hacer todo lo posible para volverla más agradable.

Day se hacía católica, pero no convivía con ningún católico practicante. Sin embargo, halló una monja en la calle y le pidió instrucción. A ésta le impresionó su ignorancia de la doctrina católica y la reprendió por eso, pero le dio la bienvenida. Ella empezó a asistir a ceremonias semanales, aun si no tenía ganas. Se preguntaba: "¿Prefiero la iglesia o mi voluntad?". Decidía que, aunque había descubierto que era más placentero pasar las mañanas de los domingos leyendo los periódicos, prefería la iglesia a su voluntad.

Finalmente, el camino hacia Dios significó romper con Forster. Él era científico, escéptico y empírico. Apostaba su vida al universo material, aferrándose tan firmemente a su creencia como Day a la suya de un universo de creación divina.

Su separación fue tardada y requirió muchos enfrentamientos. Un día mientras comían, Forster hizo las preguntas que se hacían muchos de los amigos radicales de Day: ¿había perdido el juicio? ¿Quién la empujaba a una institución tan arcaica y atrasada como la Iglesia? ¿Quién era la persona secreta en su vida que la corrompía de esa manera?

A Day le asombró la fuerza y pasión que él ponía en esas preguntas. Por fin, contestó tranquilamente: "Es Jesús. Supongo que es Jesucristo quien me empuja hacia los católicos".[23]

Forster se puso blanco y guardó silencio. No se movió. Sólo la observó. Ella preguntó si podían hablar más sobre religión. Él no respondió, ni asintió, ni negó con la cabeza. Puso los puños apretados sobre la mesa, en un gesto que le recordó a Day la forma en que los escolares actuaban cuando querían hacer creer a sus maestros que eran buenos. Permaneció así unos segundos y luego dio varios golpes sobre la mesa, haciendo tintinear vasos y platos. Day temió que él perdiera el control y le propinara un par de puñetazos. Pero no lo hizo. Se puso de pie, le dijo que estaba loca, dio una vuelta a la mesa y se marchó.[24]

Estas escenas no pusieron fin a su mutuo amor y deseo. Day le seguía pidiendo que se casaran, para que Tamar tuviera un padre de verdad. Pese a que, de hecho, ya había renunciado a él en favor de la Iglesia, le escribió: "Sueño contigo todas las noches, que estoy acostada entre tus brazos y siento tus besos y es una tortura para mí, aunque dulce también. Te amo más que a nada en el mundo, pero no puedo evitar mi sentir religioso, que me atormenta si no lo considero cierto".[25]

Paradójicamente, su amor por Forster la abrió a la fe. Rompió su caparazón y expuso a otros amores las regiones más suaves y vulnerables de su corazón. Le aportó un modelo. Como dijo ella misma: "Fue gracias a un amor completo, tanto físico como espiritual, que acabé conociendo a Dios".[26] Ésta es una comprensión más madura que su tendencia como adolescente a dividir el mundo en carne y espíritu.

Conversión

El proceso de conversión fue triste y sombrío. Siendo como era, ella no hizo sino complicárselo. Se criticaba a cada momento, dudando de sus motivos y sus prácticas. Estaba dividida entre su antiguo radicalismo y la devoción a la Iglesia que su nueva vida requería. Un día, de camino al correo, la invadió el desdén por su fe. "¡Aquí estás, satisfecha hasta el estupor. Eres meramente biológica. Como una vaca. La oración es para ti como el opio del pueblo." Siguió repitiendo esta frase en su cabeza: "El opio del pueblo". Pero, razonó mientras continuaba su camino, no oraba para escapar del dolor. Oraba porque era feliz, porque quería dar gracias a Dios por su felicidad.[27]

Hizo bautizar a Tamar en julio de 1927. Después hubo una fiesta, a la que Forster llevó unas langostas que él mismo había pescado. Pero más tarde discutió con ella, diciéndole de nuevo que todo aquello eran supercherías y se fue.

Day se unió oficialmente a la Iglesia el 28 de diciembre de 1927. Ese momento no le dio consuelo. "No experimenté ninguna sensación de paz, ni de alegría, ni convicción de que hacía lo correcto. Sólo fue algo que debía hacer, una tarea por cumplir."[28] Mientras practicaba los sacramentos, el bautismo, la penitencia, la sagrada eucaristía, se sintió hipócrita. Hizo los movimientos, poniéndose de rodillas, fríamente. Temía que alguien pudiera verla. Temía estar traicionando a los pobres y pasándose al lado perdedor de la historia, a una institución alineada con la propiedad, el poder y las elites. "¿Estás segura de ti?", se preguntaba. "¿Qué clase de afectación es ésta? ¿Qué acto es éste que realizas?"

Autocrítica como siempre, siguió cuestionándose durante los meses y años subsecuentes, preguntándose si su fe era lo bastante práctica o profunda: "¡Qué limitado, qué raquítico había sido mi trabajo desde que era católica!, pensaba yo. ¡Qué egocéntrico, que anquilosado, qué falto de sentido comunitario! Mi verano de lectura y oración en silencio, mi ensimismamiento, parecían pecaminosos mientras veía a mis hermanos en su lucha, no a favor de sí mismos sino de los demás".[29]

Al elegir la religión, ella eligió un camino arduo. Suele decirse que la religión vuelve más fácil la vida, brinda la consoladora presencia de un padre amoroso que todo lo sabe. Ésa no fue en absoluto la forma en que Day la experimentó. La vivió como un difícil conflicto consigo misma, la suerte de conflicto que Joseph Soloveitchik describió en una famosa nota al calce de su libro *Halakhic Man*. He aquí una versión abreviada de esa nota:

> Esta ideología popular sostiene que la experiencia religiosa es serena y perfectamente ordenada, fina y gentil; una corriente encantada para almas llenas de rencor y de aguas quietas para espíritus atormentados. La persona "que regresa cansada del campo" (Génesis 25: 29), del campo de batalla y las campañas de la vida, del dominio secular, lleno de dudas y temores, contradicciones y refutaciones, se prende de la religión como un bebé de su madre, en cuyo regazo halla "un refugio para su cabeza, el nido de sus abandonados rezos",

> donde se le consuela de sus decepciones y tribulaciones. La ideología roussoniana imprimió su huella en el movimiento romántico, desde el principio de su desarrollo hasta sus últimas (¡trágicas!) manifestaciones en la conciencia del hombre contemporáneo. Por tanto, los representantes de las comunidades religiosas tienden a retratar a la religión con abundancia de colores deslumbrantes, como una Arcadia poética, un reino simple, salutífero y tranquilo. Esta ideología es intrínsecamente falsa y engañosa. Tal conciencia religiosa en la experiencia del hombre, la cual es más profunda y elevada, la cual penetra en las profundidades mismas y asciende a las propias alturas, no es tan simple y confortable.
>
> Por el contrario, es excepcionalmente compleja, estricta y tortuosa. Donde hallas su complejidad, ahí encuentras su grandeza. La conciencia del *Homo religiosis* lanza acusaciones amargas contra sí misma y al instante se llena de arrepentimiento, juzga sus deseos y anhelos con severidad extrema y, al mismo tiempo, se sumerge en ellos, pone en entredicho sus atributos, se debate contra ellos, pero también se les somete. Está en una condición de crisis espiritual, de ascensión y caída psíquicas, de contradicciones surgidas de la afirmación y la negación, el sacrificio y el aprecio de uno mismo. Al principio, la religión no es un refugio de gracia y misericordia para el abatido y el desesperado, una corriente encantada para espíritus alicaídos, sino un torrente clamoroso y violento de conciencia del hombre, con todas sus crisis, remordimientos y tormentos.

En su trayecto religioso, Day conoció pronto a tres mujeres enamoradas que no se acostaban con los hombres con quienes querían casarse, aunque era obvio que lo deseaban. Examinó su autonegación y empezó a sentir que “el catolicismo era algo rico, real y fascinante [...]. Yo las veía enfrentarse con problemas morales, con sus principios y esto las ennoblecía a mis ojos”.[30]

Iba a misa todos los días, lo que implicaba levantarse al amanecer. Rezaba durante el día conforme a los ritmos monásticos. A diario dedicaba tiempo a las disciplinas religiosas, leyendo las escrituras, rezando el rosario. Ayunaba e iba a confesarse.

Estos rituales bien podían volverse rutina, como tocar escalas para un músico, pero Day descubrió que la rutina le resultaba necesaria, aun si era aburrida: "Sin los sacramentos de la Iglesia, principalmente la eucaristía, la cena del Señor, como le llaman, estoy segura de que yo no habría podido continuar [...]. Siempre me acerco a ella por necesidad, o con alegría y gratitud. Luego de treinta y ocho años de comulgar casi todos los días, uno puede confesar una rutina, pero es como la rutina de comer a diario".[31]

Estas rutinas proporcionaban a su vida un centro espiritual. De la fragmentación de su existencia previa pasó a la integración.

Vivir el evangelio

Day iniciaba su treintena. La Gran Depresión golpeaba con toda su fuerza. En 1933 puso en marcha el periódico *The Catholic Worker*, para movilizar al proletariado y aplicar la doctrina social católica a la meta de crear una sociedad que facilitara a la gente ser buena. Aquél no era sólo un periódico; también era un movimiento con sede en maltrechas oficinas, en el sur de Manhattan, en las que todos trabajaban gratis. En tres años, *The Catholic Worker* alcanzó una circulación de ciento cincuenta mil ejemplares, con distribución en quinientas parroquias de todo el país.[32]

El periódico organizaba un comedor de beneficencia, en el que cada mañana se atendía hasta a mil quinientas personas. También patrocinaba una serie de albergues para indigentes, proporcionando cerca de cincuenta mil noches de alojamiento entre 1935 y 1938. Asimismo, Day y sus colegas organizaron e inspiraron a más de treinta albergues en todo Estados Unidos e Inglaterra. Finalmente abrieron e inspiraron comunas agrarias, de California a Michigan y Nueva Jersey. Organizaban marchas y eventos. En parte, ésos eran esfuerzos de creación de comunidad, para aliviar la soledad que distingue a la existencia humana.

Para Day la separación era pecado: separación de Dios, separación entre unos y otros. La unidad era santidad: la fusión entre personas y espíritus. *The Catholic Worker* fundió muchas cosas. Era un periódico, pero también una organización asistencial de activistas. Era una publicación religiosa, pero también abogaba por el cambio económico. Tenía que ver con la vida interior, pero también con el radicalismo político. Ponía en contacto a pobres y ricos. Unía teología y economía, preocupaciones materiales y espirituales, cuerpo y alma.

Day insistía en ser radical, en llegar a la raíz de los problemas sociales. El periódico era católico, pero ella abrazaba una filosofía personalista, una afirmación de la dignidad de cada individuo, creado a imagen de Dios. Siendo personalista, desconfiaba de la grandeza, fuera el gran gobierno o las grandes corporaciones. Incluso desconfiaba de la gran filantropía. Exhortaba sin cesar a sus compañeros a "ser pequeños": a emprender su trabajo en el lugar donde vivían, con las modestas pero concretas necesidades a su alrededor. A contribuir a aliviar la tensión en su trabajo, alimentar a quien estaba justo frente a ellos. El personalismo sostiene que cada individuo tiene la obligación de vivir con sencillez, ver por las necesidades de sus hermanos y hermanas, compartir su felicidad y su tristeza. El personalista pone todo su ser en servir a otra persona. Esto sólo puede lograrse mediante el contacto íntimo en comunidades pequeñas.

Day pasó el resto de su vida, hasta su muerte el 29 de noviembre de 1980, como trabajadora católica, laborando en el periódico, sirviendo sopa y pan a los pobres y enfermos mentales. Escribió once libros y más de un millar de artículos. La función de servicio era prosaica. Esto tuvo lugar antes de las computadoras y las fotocopiadoras. Cada mes, el personal tenía que teclear decenas de miles de etiquetas para enviar el periódico a los suscriptores. Los propios reporteros vendían el diario en la calle. Day sentía que no bastaba con cuidar de los pobres; "se debe vivir con ellos, compartir su sufrimiento. Renunciar a la privacidad, a las comodidades mentales y espirituales tanto como físicas".[33] No se limitaba a visitar los refugios y albergues desde la comodidad de su hogar. Vivía en ellos, con las personas a las que servía.

El trabajo era interminable, sirviendo sopa y café sin parar, recaudando fondos, escribiendo artículos para el periódico. "Desayuno una rebanada gruesa de pan seco", escribió Day en su diario, "y un poco de pésimo café. Dicto una docena de cartas. Estoy ofuscada. Demasiado débil para subir las escaleras. Me he prescrito este día en cama, pero sigo pensando que es mi espíritu el que está mal. Estoy rodeada por un desorden repelente, ruido, personas y no tengo espíritu de soledad interior ni pobreza."[34]

A veces creemos que los santos, o quienes viven como tales, son etéreos, que habitan un espacio espiritual superior. Pero muy a menudo viven en forma aún menos etérea que el resto de nosotros. Están más plenamente presentes en esta tierra, más sumergidos en el fango, en los problemas prácticos de quienes los rodean. Day y sus colegas dormían en cuartos fríos. Vestían ropa regalada. No recibían salario. La mayor parte del tiempo, Day no ocupaba su mente con teología, sino en cómo evitar esta o aquella crisis financiera, o cómo conseguir que tal persona recibiera determinado tratamiento.

En una entrada de diario de 1934 describió sus actividades de un día normal, una combinación de sagrado y profano: se levantó, fue a misa, hizo el desayuno para el personal, contestó cartas, hizo cuentas, leyó algo y escribió un mensaje inspirador para que fuera mimeografiado y distribuido. Luego llegó un socorrista a buscar un traje de confirmación para una niña de doce años, más tarde un converso para compartir sus escritos religiosos, después un fascista para despotricar contra los residentes, luego un estudiante de arte con dibujos de santa Catalina de Siena, y así sucesivamente.

Esa atmósfera era similar a la que Albert Schweitzer, el médico misionero alemán, describió en relación con su hospital en la selva africana. En él no contrataba a idealistas ni a personas ufanas de cuánto daban al mundo. Ciertamente no contrataba a personas que se proponían "hacer algo especial". Quería individuos que realizaran actos de servicio con la sensata actitud de hacer simplemente lo que debían. "Sólo quien siente preferencia por lo común, no por algo extraordinario, y que no piensa en el heroísmo sino sólo en un deber emprendido con moderado entusiasmo, puede ser el pionero espiritual que el mundo necesita."[35]

Day no era una criatura naturalmente social. Tenía personalidad de escritora, un tanto absorta y, a menudo, deseosa de soledad. Pero se obligaba a estar con la gente, casi todos los días, cada día. Muchos de aquellos a quienes servía padecían enfermedades mentales, o sufrían de alcoholismo. Las peleas eran constantes. Los huéspedes podían ser rudos, desagradables y malhablados. Pero ella se forzaba en sentarse a la mesa y concentrarse en la persona específica frente a sí. Esa persona podía estar ebria y ser incoherente, pero ella se sentaba a su lado, respetuosa y atenta.

Llevaba consigo libretas y usaba sus ratos libres para escribir, entradas de diario para sí y una incesante retahíla de artículos, ensayos e informes para otros. Los pecados de los demás le daban ocasión para reflexionar en los suyos, más grandes. Como escribió en su diario: "La embriaguez y todos los pecados que se desprenden de ella son tan obviamente feos y monstruosos, y significan tal infelicidad para el pobre pecador, que es muy importante que no lo juzguemos ni condenemos. A ojos de Dios, los sutiles pecados ocultos han de ser mucho peores. Debemos hacer un gran acto de voluntad para amar más y más, para convivir con amor. Esto nos debería servir para ver el horror de nuestros pecados, y para verdaderamente arrepentirnos y repudiarlos".[36]

Prevenía contra el orgullo espiritual, contra la sensación de superioridad moral que podía derivarse de realizar buenas obras. "A veces tengo que hacer alto", escribió. "Me descubro corriendo de una persona a otra: tazones de sopa y más tazones de sopa, platos de pan y más platos de pan, y la gratitud de los hambrientos se convierte entonces en bulla para mis oídos. El hambre de mis orejas puede ser más intensa que la estomacal de otro, la dicha de escuchar esas expresiones de gratitud."[37] Creía que el pecado del orgullo estaba a la vuelta de la esquina y había muchas esquinas incluso en una casa de caridad. Servir a los demás es vivir bajo una inmensa tentación.

Sufrimiento

De joven, Day siguió el modo de Dostoievski: su vida estaba llena de alcohol y desorden, aun mientras era perseguida por Dios. Pero, como señala Paul Elie, por dentro ella no era dostoievskiana, sino tolstoiana. No era un animal atrapado compelido a sufrir por las circunstancias; ella decidía ardientemente sufrir. En cada paso en el camino, cuando la mayoría habría buscado confort y simplicidad —lo que los economistas llaman interés propio, o los psicólogos felicidad—, ella optaba por una ruta distinta, buscando incomodidad y dificultad para satisfacer su anhelo de santidad. No sólo decidió trabajar en una institución no lucrativa para tener gran impacto; también quería vivir conforme a los evangelios, aun si eso significaba sacrificio y sufrimiento.

Cuando la mayoría piensa en el futuro, imagina formas en que podría ser más feliz. Pero nótese este fenómeno: cuando la gente recuerda los sucesos cruciales que la formaron, no suele hablar de felicidad. Generalmente las ordalías son las que le parecen más significativas. La mayoría busca la felicidad, pero se sabe formada por el sufrimiento.

Day era inusual, quizás hasta perversa, en tanto que a veces parecía buscar el sufrimiento como un camino a la profundidad. Probablemente observó, como todos, que las personas que llamamos profundas han soportado casi siempre una o varias etapas de sufrimiento. Pero ella parecía buscar esas etapas y evitar algunos de los placeres normales de la vida, que le habrían producido una felicidad simple y terrena. Solía buscar ocasiones de heroísmo moral, de servir a otros en actos de privación duradera.

Para la mayoría de nosotros no hay nada intrínsecamente noble en el sufrimiento. Así como a veces el fracaso es sólo fracaso (y no tu camino para convertirte en el nuevo Steve Jobs), el sufrimiento a veces es destructivo, algo de lo cual se debe salir, o para lo cual se tiene que ser medicado lo más pronto posible. Cuando no está ligado con una meta más allá de él mismo, el sufrimiento contrae o aniquila a la gente. Cuando no se le entiende como una pieza de un proceso mayor, conduce a la duda, el nihilismo y la desesperación. Pero hay quienes son capaces de asociar su sufrimiento con un designio más grande. Lo viven en solidaridad con todos los demás que sufren y ello los ennoblece. No es el sufrimiento en sí el que hace toda la diferencia, sino la forma en que se le experimenta. Piensa en la manera en que Franklin Roosevelt se volvió más profundo y empático tras verse atacado por la polio. A menudo, el sufrimiento físico o social puede dar a la gente una perspectiva ajena, una conciencia sintonizada con lo que otros tienen que soportar.

La primera maravilla del sufrimiento es que te arrastra más hondo dentro de ti. El teólogo Paul Tillich escribió que quienes sufren son llevados más allá de las ocupaciones rutinarias de la vida y descubren que no son lo que creían. El dolor que implica componer una gran pieza musical, o perder a un ser querido, los lleva más allá del que creían el fondo de su alma, revelando una cavidad bajo ella, la cual también atraviesan, revelando otra cavidad más y así sucesivamente. La persona afligida desciende a un terreno desconocido.

El sufrimiento da acceso a antiguas fuentes de dolor que permanecían ocultas. Expone experiencias terribles y reprimidas, errores vergonzosos cometidos en el pasado. Espolea a algunos a examinar penosa y detenidamente el sótano de su alma. Pero también brinda la placentera sensación de aproximación a la verdad. El placer en el sufrimiento está en que sientes que llegas más allá de lo superficial y te acercas a lo fundamental. Esto produce lo que los psicólogos modernos llaman un "realismo depresivo", la capacidad de ver las cosas tal como son. Derriba las racionalizaciones consoladoras y relatos fáciles que solemos contarnos a nosotros mismos para simplificarnos las cosas.

Sufrir también concede a la gente una sensación más precisa de sus limitaciones, de lo que puede controlar y lo que no. Cuando es arrojada a esas zonas profundas, a un autoanálisis solitario, se ve obligada a enfrentar el hecho de que no puede determinar lo que sucede ahí.

El sufrimiento, como el amor, destruye la ilusión del dominio de sí. Quienes sufren no pueden convencerse de dejar de hacerlo, de no extrañar más al difunto o al ausente. Y aun si la calma anuncia su regreso, cuando el dolor se aligera no queda claro de dónde procede ese alivio. De igual manera, el proceso de la curación se experimenta como parte de un proceso natural, o divino, fuera del control individual. A quienes vivimos en esta cultura del empeño, en este mundo de Adán I, en el que todo se obtiene mediante el esfuerzo, la tenacidad y el control, el sufrimiento nos enseña dependencia. Nos enseña que la vida es impredecible y que los intentos de control absoluto del meritócrata son mera ilusión.

Curiosamente, el sufrimiento también enseña gratitud. En condiciones normales, el amor que recibimos nos parece motivo de autosatisfacción ("Merezco ser amado"), pero cuando sufrimos nos damos cuenta de cuán inmerecido es ese amor y que, en realidad, debería ser motivo de gratitud. En momentos de orgullo nos negamos a sentirnos en deuda con los demás, pero en momentos de humildad sabemos que no merecemos el afecto e importancia que se nos concede.

Quienes se ven en estas circunstancias también se sienten arrebatados por la providencia.

Abraham Lincoln sufrió depresión toda su vida y luego el dolor de dirigir una guerra civil, de la que emergió con la sensación de que la

Providencia había tomado el control de su vida, de que era un modesto instrumento en una tarea trascendental.

Es entonces cuando los individuos en dificultades comienzan a sentir un llamado. No son amos de la situación, pero tampoco están indefensos. No pueden determinar el curso de su pena, pero pueden reaccionar a ella. A menudo sienten la inmensa responsabilidad moral de reaccionar bien. Al empezar a sufrir, podrían preguntarse: "¿Por qué yo?", o "¿Por qué este mal?". Pero pronto se dan cuenta de que la pregunta apropiada es: "¿Qué debo hacer si me toca sufrir, si soy víctima del mal?".

Quienes buscan la respuesta adecuada a su ordalía se sienten en un nivel más profundo que el de la felicidad personal. No dicen: "Estoy padeciendo demasiado por haber perdido a mi hijo. Debo tratar de equilibrar mi cuenta hedonista yendo a fiestas y divirtiéndome".

La respuesta correcta a este tipo de dolor no es el placer. Es la santidad. Pero no concibo esta palabra en su acepción puramente religiosa. La entiendo en el sentido de ver la pena como parte de una narrativa moral y de intentar redimir algo malo convirtiéndolo en algo sagrado, un acto de servicio sacrificial que nos coloque en un estado de armonía con la comunidad y con demandas morales eternas. Los padres que han perdido a un hijo tienden cimientos; su hijo toca la vida de personas a las que no conocen. Sufrir nos recuerda nuestra finitud, pero, al mismo tiempo, nos empuja a ver la vida en el marco de muy amplias relaciones, que es donde reside la santidad.

Recuperarse del sufrimiento no es como recuperarse de una dolencia. Muchos no salen de él curados, sino diferentes. Rebasan la lógica de la utilidad individual y se comportan de manera paradójica. En vez de rehusarse a los compromisos del afecto que suelen llevar al sufrimiento, se arrojan más de modo más a ellos. Pese a experimentar peores y más lacerantes consecuencias, algunos duplican su vulnerabilidad y se vuelven accesibles al amor curativo. Se entregan más honda y agradecidamente a su arte, sus seres queridos y sus compromisos.

De este modo, el sufrimiento se vuelve un don magnífico, muy diferente a ese otro don, la felicidad, ésta definida de manera convencional. Ésta da placer, pero aquél cultiva el carácter.

Servicio

Al paso de décadas, se extendió la noticia del ejemplo de Dorothy Day. Ella ha inspirado a generaciones de jóvenes católicos porque no era una mera defensora de la doctrina social de la Iglesia, sino un ejemplo vivo y concreto. En parte, la doctrina social de la Iglesia se basa en la idea de que toda vida posee igual dignidad, de que el alma de un drogadicto desamparado es tan valiosa como la de la persona más loable y realizada. Se basa en la convicción de que Dios tiene un amor especial por los pobres. Como se dice en Isaías: "La auténtica veneración consiste en trabajar por la justicia y cuidar de los pobres y oprimidos". Esta enseñanza enfatiza que somos una familia humana. Así pues, los siervos de Dios son llamados a vivir en solidaridad entre sí, en comunidad. Day formó su organización en torno a estos principios.

The Long Loneliness se publicó en 1952. Obtuvo buenas ventas y desde entonces se ha reimpreso varias veces. A medida que la obra de Day cobraba fama, sus albergues atraían a múltiples admiradores, lo que asimismo entrañaba retos espirituales peculiares. "Me cansé de oír decir que lo que hacemos es maravilloso. Muchas veces no es tan maravilloso como parece. Estamos exhaustos o irritables y al oír un comentario grosero de alguien en la fila, nos sentimos a punto de estallar, en medio de una práctica agotadora."[38] Aun así, temía que tanto su grey como ella misma se vieran corrompidas por esa admiración. También la hacía sentir solitaria.

Rodeada de personas casi todo el tiempo, Day solía estar lejos de sus seres queridos. Su familia se había distanciado de ella, desconcertada por su catolicismo. Luego de Forster, nunca amó a otro hombre y permaneció célibe el resto de su vida. "Pasaron años antes de que despertara sin el anhelo de una cara apretada contra mi pecho, un brazo alrededor de mi hombro. La sensación de pérdida estaba ahí. Era un precio que había tenido que pagar."[39] No está claro por qué sentía que debía pagar ese precio, soportar esa soledad y castidad, pero lo hacía.

Vivir en los albergues, hacer largas giras de conferencias, significaba estar lejos incluso de su hija, Tamar. "Tardé horas en dormirme", escribió en su diario en 1940. "De noche extraño terrible y pesarosamente a Tamar, aunque no durante el día. Mis noches son siempre tristeza y desolación y parece que tan pronto como me acuesto, me sumerjo en la amargura y el dolor. Durante el día otra vez soy lo bastante fuerte para hacer un acto de amor y fe y seguir adelante, con paz y alegría."[40]

Ella era una madre soltera a la cabeza de un movimiento social diverso y exigente. Viajaba mucho, al tiempo que una sucesión de personas se hacían cargo de Tamar. Solía sentir que había fracasado como madre. Tamar creció dentro de la familia de Catholic Worker, y más tarde ingresó a un internado. A los dieciséis años se enamoró de un voluntario de *The Catholic Worker*, David Hennessy. Dorothy le dijo que era demasiado joven para casarse; le ordenó no escribir a David durante un año y devolver sus cartas sin abrirlas. Y escribió a éste instándolo a que dejara a su hija en paz, aunque él devolvió sus cartas sin leerlas.

La pareja perseveró, casándose por fin, con la aprobación de Dorothy, cuando Tamar tenía dieciocho, el 19 de abril de 1944. Se mudaron a una granja en Easton, Pennsylvania, donde Tamar dio a luz al primero de nueve nietos que obsequiaría a su madre. Su matrimonio duró hasta fines de 1961, cuando se divorciaron. David pasaba largos periodos de desempleo y batallaba con una enfermedad mental. Tamar se instaló cerca de una granja de Catholic Worker, en Staten Island. La gente la describía como una persona gentil y hospitalaria, aunque sin la impulsividad e inquietud espiritual de su madre. Ella aceptaba a las personas tal como eran y las amaba incondicionalmente. Murió en 2008, a los ochenta y dos años de edad, en New Hampshire. Aunque se involucró intensamente con el movimiento Social Worker, pasó breves pero preciosos momentos con su madre.

Impacto

Dividida entre exigencias y vocaciones rivales, Day fue incansable durante gran parte de su vida adulta. A veces pensaba en dejar el periódico. "No dejo de pensar en el mundo mientras estoy en *Catholic Worker* (cw). El mundo sufre y agoniza; yo no sufro ni agonizo en cw. Escribo y hablo de eso."[41] También pensaba en volverse invisible, conseguir trabajo como sirvienta en un hospital, buscar un cuarto para vivir en otra parte, preferiblemente junto a una iglesia: "En la soledad de la ciudad, viviendo y trabajando con los pobres, para aprender a rezar, trabajar, sufrir y callar". Al final, decidió quedarse. Formó varias comunidades en torno al periódico, los albergues, las comunas rurales. Estas comunidades le proporcionaban familia y alegría.

"Escribir", señaló en un artículo de 1950, "es un acto comunitario. Es una carta, es confortante, consolador, útil; ofrecer consejo y pedir el ajeno. Es parte de nuestra asociación humana de unos con otros. Una expresión de nuestro amor e interés mutuo."[42]

Volvía a ese tema una y otra vez, luchando con su ser dividido: su naturaleza solitaria y su deseo de compañía. "La única respuesta en esta vida, a la soledad que todos estamos obligados a sentir, es la comunidad", escribió. "Vivir juntos, trabajar juntos, compartir juntos, amar a Dios y amar a nuestro hermano, y vivir cerca de él en comunidad para que podamos mostrar nuestro amor por el Señor."[43] Al final de *The Long Loneliness* ella clama, en una de sus grandes efusiones de gratitud:

> Me vi, mujer estéril, madre dichosa de muchos hijos. No siempre es fácil ser dichosa y tener en mente el deber de deleitar. Lo más significativo de *The Catholic Worker* es la pobreza, dicen algunos. Lo más significativo de *The Catholic Worker* es la comunidad, dicen otros. Ya no estamos solos. Pero la última palabra es el amor. Éste ha sido a veces, en palabras del padre Zosima, árido y aterrador, y nuestra fe en él ha sido probada por el fuego.
>
> No podemos amar a Dios si no nos amamos unos a otros y para amarnos debemos conocernos. Lo conocemos a él al partir el pan y nos conocemos entre nosotros al partir el pan, y ya no estamos solos. El cielo es un banquete y la vida es un banquete también —aun con un mendrugo—, donde hay compañía.[44]

En principio podría parecer que Day hacía el tipo de servicio comunitario que hoy se invita a realizar a los jóvenes: servir sopa, ofrecer abrigo. Pero lo cierto es que su vida descansaba en cimientos muy diferentes y apuntaba a direcciones muy distintas a las de tantos bienhechores de hoy.

El movimiento Catholic Worker tenía como finalidad aliviar el sufrimiento de los pobres, pero ése no era su principal propósito ni precepto organizador. La idea principal era brindar un modelo de cómo sería el mundo si los cristianos llevaran la vida que los evangelios mandan. No era sólo ayudar a los pobres, sino también abordar el abatimiento propio. "Me acuesto en la noche en medio del mal olor de cuerpos sin bañarse. Falta de privacidad", escribió Day en su diario. "Pero Cristo nació en un [pesebre], y un establo tiene que estar sucio y pestilente. Si la santa madre pudo soportarlo, yo por qué no."[45]

Como ha escrito el periodista Yishai Schwartz, para Day "cada acción significativa sólo alcanza sentido pleno gracias a su relación con lo divino". Cada vez que ella buscaba una prenda para alguien, era un acto de oración. Le sublevaba "la idea de dar caridad", lo cual denigra y ofende a los pobres. Para ella, cada acto de servicio era un gesto destinado a los pobres y a Dios, y la satisfacción de una necesidad interna. Sentía que era preciso, escribe Schwartz, "interiorizar la pobreza como una virtud privada", abrazarla como una forma de alcanzar comunión con otros y estar más cerca de Dios. Separar el servicio a la comunidad de la oración habría sido separarlo de su propósito de transformar la vida.

La soledad, el sufrimiento y el dolor que soportó Dorothy Day tienen un efecto aleccionador en quien lee sus diarios. ¿Realmente Dios llama a padecer tantas penalidades? ¿Acaso no renunció ella a demasiados de los placeres simples que el mundo ofrece? En cierto sentido, así fue. Pero en otro, ésta es una impresión falsa, derivada de una dependencia excesiva de sus diarios y textos. Como en el caso de muchos otros, el ánimo de Day era más oscuro en sus diarios que en su vida cotidiana. No escribía cuando estaba contenta; participaba en las actividades que la hacían feliz. Escribía cuando reflexionaba en algo y usaba sus diarios para contemplar las fuentes de su dolor.

Sus diarios dan la impresión de alguien atormentado, mientras que los relatos orales dan la idea de una persona constantemente rodeada de niños, amigos, admiración y una comunidad muy unida. Como dijo una admiradora, Mary Lathrop: "Dorothy tenía una enorme capacidad para la amistad íntima. En verdad extraordinaria. Cada amistad era única y ella tenía muchas; muchas de ellas personas que la amaban y a las que ella amaba".[46]

Otros recordarían su gran amor a la música y las cosas sensuales del mundo. Como dijo Kathleen Jordan: "Hay que considerar la profunda noción de belleza de Dorothy [...]. Yo la interrumpía durante la hora de la ópera [cuando ella escuchaba la Metropolitan Opera por la radio]. Entraba y la veía casi en éxtasis. Esto me enseñó mucho sobre lo que para ella significaba la oración apropiada. [...] Solía afirmar: 'Recuerden lo que dijo Dostoievski: que la belleza salvará al mundo'. Lo veíamos en ella. No separaba lo natural de lo sobrenatural".[47]

Nanette

En 1960 habían pasado ya más de tres décadas desde que Day dejó a Forster Batterham. Casi todos esos años él los pasó en compañía de una mujer inocente y encantadora llamada Nanette. Cuando a ésta se le declaró un cáncer, Forster recurrió a Dorothy para que la atendiera. Desde luego, Day aceptó sin reservas. Durante varios meses dedicó gran parte de su día a la enferma en Staten Island. "Nanette la está pasando muy mal", contó en su diario, "no sólo por la presión, sino también por el dolor. Ahí tendida, hoy lloró lastimosamente. ¡Es tan poco lo que uno puede hacer, salvo estar presente y no decir nada! Le dije lo difícil que era consolarla, que uno sólo podía guardar silencio ante el sufrimiento, y ella replicó amargamente: 'Sí, el silencio de la muerte'. Le dije que rezaría un rosario."[48]

Day hacía lo que la gente sensible hace cuando otros pasan por una situación traumática. En ciertos momentos se nos llama a consolar a personas que no soportan una situación de esa especie. Muchos no sabemos cómo reaccionar en esas condiciones, pero otros sí. Para comenzar, se limitan a hacer acto de presencia. Brindan un ministerio de presencia. Luego, no comparan. Las personas sensibles comprenden que la ordalía de cada persona es única y no debe ser comparada con la de nadie más. Después, hacen cosas prácticas: preparar los alimentos, limpiar el cuarto, lavar las toallas. Por último, no pretenden minimizar lo que sucede. No intentan tranquilizar con sentimientos falsos, melosos. No dicen que el dolor será para bien. No buscan perspectivas consoladoras. Hacen lo que hacen las almas prudentes de cara a la tragedia y el trauma: practicar un activismo pasivo. No se afanan en tratar de resolver algo que no tiene solución. La persona sensible otorga al sufriente la dignidad de su proceso.

Le permite definir el significado de lo que pasa. Deja transcurrir noches de dolor y oscuridad, siendo práctica, humanitaria, sencilla y directa.

Forster, por su parte, se comportó terriblemente durante esa ordalía. No se cansaba de huir, dejando a Nanette con Dorothy y los demás cuidadores. "Forster en estado de abatimiento", escribió Day en su diario, "negándose obstinadamente a pasar tiempo con Nanette. Ella, triste todo el día; se le hinchan mucho las piernas, también el estómago. En la noche lloró porque estaba perdiendo el juicio y no dejó de gritar."[49]

Day sufría con Nanette y combatía su enojo con Forster. "Me impacientan tanto él y su constante huir de ella, su autocompasión y sus lágrimas que no soporto; debo luchar para superarlo. Tanto miedo a la enfermedad y la muerte."

El 7 de enero de 1960, Nanette pidió ser bautizada. Murió al día siguiente. Day recordaría sus últimas horas: "Esta mañana, a las 8:45, murió Nanette, luego de una agonía de dos días. La cruz no es tan dura como esto, dijo. La gente en campos de concentración sufría así, dijo, mostrando sus brazos. Murió tranquilamente después de una ligera hemorragia. Tenía una leve sonrisa, serena y pacífica".

Apoteosis

Al llegar el radicalismo de fines de la década de 1960, Day participó en el movimiento por la paz y en muchas de las demás actividades políticas de la época, pero en su enfoque fundamental de la vida no podía haber sido más diferente a esos radicales. Ellos predicaban la liberación, la libertad y la autonomía. Ella, la obediencia, la servidumbre y el abandono. Carecía de paciencia para la celebración de la sexualidad explícita y la moral laxa. Se mostró ofendida cuando unos jóvenes quisieron usar un vaso de papel para servir el vino sacramental. Estaba a destiempo del espíritu de la contracultura y se quejaba de todos los jóvenes rebeldes: "Toda esta rebelión me hace anhelar la obediencia, me da hambre y sed de ella".

En 1969 escribió una entrada en su diario en la que discrepaba de quienes querían formar una comunidad fuera de las permanentes disciplinas de la Iglesia. Siempre había estado al tanto de los defectos de la Iglesia católica, pero también entendía la necesidad de estructura. Los radicales a su alrededor sólo veían los defectos y querían desecharlo todo. "Es como los adolescentes que acaban de descubrir que sus padres son falibles; se asustan tanto que quieren destruir las instituciones del hogar y vivir en 'comunidad' [...]. Les dicen 'jóvenes adultos', pero me parece que son adolescentes tardíos, con todo el romanticismo que esto implica."

Tantos años de confrontar disfunciones genuinas en los albergues habían vuelto realista a Day. "No aguanto a los románticos", dijo en una entrevista. "Prefiero a un religioso realista." Gran parte del activismo que veía en torno suyo era demasiado fácil y autoindulgente. Ella había pagado un alto precio por hacer servicio comunitario y practicar su fe: su ruptura con Forster, el distanciamiento de su familia. "Para mí, Cristo no fue comprado con treinta monedas de plata, sino con la sangre de mi corazón. No se compra barato en este mercado."

A su alrededor, la gente celebraba la naturaleza y al hombre natural, pero ella creía que el hombre natural era corrupto, y que sólo se salvaría reprimiendo sus impulsos naturales. "Debemos ser podados para crecer", escribió, "y las cortadas lastiman al hombre natural. Pero si esta corrupción es para provocar incorrupción, para que uno *se convierta en Cristo*, el hombre nuevo, es inevitable que haya dolor de uno u otro tipo. ¡Y qué maravilla que, pese al aburrimiento y el letargo, uno crezca realmente en la vida espiritual!"

A fines de los años sesenta la palabra "contracultura" se usó mucho, pero Day vivía de acuerdo con una verdadera contracultura, una que era contraria no sólo a los valores de la cultura dominante del momento —el comercialismo, el culto al éxito—, sino también a los valores de la contracultura de Woodstock, que los medios tendían a celebrar: el antinomianismo, la extrema atención al individuo liberado y a "hacer lo tuyo". A primera vista, la contracultura de Woodstock parecía rebelarse contra los valores dominantes, pero, como lo demostrarían las décadas siguientes, fue sólo una versión complementaria de la cultura del Gran Yo. Tanto el capitalismo como Woodstock estaban asociados con la liberación del yo, la expresión del yo. En la sociedad comercial te expresabas comprando y haciendo un "estilo de vida". En la cultura de Woodstock te expresabas librándote de restricciones y celebrándote. La cultura burguesa del comercio pudo fusionarse con la cultura bohemia de la década de 1960 porque ambas favorecían la liberación individual, alentaban a la gente a medir su vida por la forma en que podía alcanzar la autogratificación.

En contraste, la vida de Day estaba asociada con la rendición del yo y, en última instancia, con trascender al yo. Hacia el final de su existencia, ella apareció en ocasiones en programas de televisión en los que dejó ver su extrema sencillez y donde se mostraba absolutamente dueña de sí. En *The Long Loneliness* y sus demás textos practicó una especie de confesión pública, que desde entonces ha atraído a la gente. Era franca respecto a su vida interior, en contraste con Frances Perkins y Dwight Eisenhower. Day era todo, menos reticente. Sin embargo, la premisa en la que se basaba su confesión no era la mera revelación individual. Era la idea de que, a la larga, todos tenemos los mismos problemas. Como escribe Yishai Schwartz: "Las confesiones buscan revelar verdades universales a través de ejemplos específicos. Mediante la introspección y la interacción con el sacerdote, el penitente usa sus experiencias para trascender su vida. De esta manera, la conversión es un acto moral privado con un propósito moral público. Porque al reflexionar en decisiones privadas, comprendemos mejor los problemas y luchas de la humanidad, ella misma compuesta por miles de millones de individuos que forcejean con sus decisiones". Asimismo, las confesiones de Day eran teológicas. Sus intentos por entenderse y entender a la humanidad eran realmente esfuerzos por comprender a Dios.

Es un hecho que ella jamás alcanzó por completo la tranquilidad espiritual y la autosatisfacción. El día que murió dejó una tarjeta en la última página de su diario, con una oración de penitencia de san Efraín el Sirio que comienza: "¡Oh, Señor y amo de mi existencia! Líbrame del espíritu de la pereza, la pusilanimidad, el ansia de poder y las palabras vanas. Concede a tu siervo el espíritu de castidad, humildad, paciencia y amor".

Sin embargo, en el curso de su vida, Dorothy Day edificó una estable estructura interior. Su obra en beneficio de los demás le rindió cierta estabilidad a ella misma, ausente en sus primeros años. Y al final hubo gratitud. Para la inscripción en su lápida eligió sólo las palabras DEO GRATIAS. Hacia el final de su vida conoció a Robert Coles, psiquiatra infantil de Harvard que se convirtió en su amigo y confidente. "Terminará pronto", le dijo ella. Y luego describió el momento en que trató de hacer una síntesis literaria de su vida. Había escrito todos esos años y era natural que quisiera redactar sus memorias. Un día se sentó a componer algo así. Contó a Coles lo que ocurrió entonces:

> Intento recordar; intento recordar esta vida que el Señor me dio. El otro día escribí las palabras "una vida recordada", e iba a tratar de hacer un resumen para mí misma, escribir lo más importante, pero no pude. No podía dejar de pensar en Nuestro Señor y en su visita hace tantos siglos, ¡y me dije lo afortunada que había sido de tenerlo en mi mente tanto tiempo de mi vida!

Escribió Coles: "Oí que le temblaba la voz, y pronto sus ojos se humedecieron un tanto, aunque en seguida se puso a hablar de su gran amor por Tolstói, como si por eso hubiera cambiado de tema".[50] Ese momento representa una apoteosis pacífica, un momento en el que, después de todo el trabajo, todo el sacrificio, todos los esfuerzos por escribir y cambiar el mundo, la tormenta amaina al fin y una gran serenidad se impone. Adán I yace antes que Adán II. La soledad termina. Y en la culminación de esa vida de lucha y autocrítica, hubo gratitud.

5 Dominio de sí

George Catlett Marshall nació en 1880 y creció en Uniontown, Pennsylvania. Uniontown era una pequeña ciudad carbonera, con una población de alrededor de tres mil quinientos habitantes, que justo entonces se estaba transformando por efecto de la industrialización. El padre de Marshall era un exitoso hombre de negocios —con treinta y cinco años de edad cuando George nació— que se había establecido en aquella ciudad como una figura de cierta relevancia. Estaba orgulloso de su antigua familia sureña. Incluso John Marshall, magistrado de la Suprema Corte, era su pariente lejano. Asimismo, el padre era algo rígido y reservado, sobre todo en el hogar, donde desempeñaba el papel de señor de la casa.

Sin embargo, en su madurez vendió su negocio de carbón e invirtió en un proyecto inmobiliario en torno a las Luray Caverns de Virginia, que pronto quebró. Perdió entonces toda la riqueza que había tardado veinte años en reunir. Se retiró del mundo, dedicando su tiempo a la genealogía familiar. La familia inició su caída. Tiempo después, George Marshall recordaría sus viajes a la cocina de un hotel, donde él y sus hermanos iban a pedir las sobras que servían de comida a los perros, junto con el guiso ocasional. Era "penoso y humillante", diría entonces, "un punto negro en mi infancia".[1]

Marshall no era un niño brillante y animado. Cuando tenía nueve años, su padre lo inscribió en la escuela pública local. Su colocación se determinó por medio de una entrevista con el director del plantel, el profesor Lee Smith, quien le hizo una serie de sencillas preguntas para medir su inteligencia y preparación, las cuales Marshall no pudo contestar. Mientras su padre miraba, él carraspeaba, tarareaba, tartamudeaba y se retorcía.

Más tarde, tras haber dirigido al ejército estadunidense en la segunda guerra mundial, haber sido secretario de Estado y ganado el premio Nobel de la Paz, Marshall seguiría recordando ese episodio terrible, cuando le había fallado públicamente a su padre. Este último, referiría Marshall, "sufrió mucho" por esa vergüenza.[2]

El chico se rezagó en la escuela. Desarrolló terror a todo tipo de presentaciones en público, un miedo intenso a que los demás estudiantes se rieran de él y una penosa timidez que provocó inevitablemente más fracasos y humillaciones. "No me gustaba la escuela", recordaría después. "La verdad es que ni siquiera fui un mal estudiante; no fui un estudiante en absoluto y mi expediente académico resultó un caso triste."[3] Se volvió travieso y conflictivo. La misma noche en que su hermana Marie lo llamó "el burro de la clase", ella encontró una rana en su cama. Cuando en su casa se recibía a visitantes que a él no le agradaban, arrojaba bombas de agua desde el techo, sobre cabezas incautas. Pero también era inventivo; puso un pequeño negocio que consistía en transportar a grupos de niñas de un lado a otro de un arroyo en una balsa que él mismo había armado.[4]

Al terminar su educación primaria, Marshall quiso seguir a Stuart, su hermano mayor, y su favorito, al Virginia Military Institute (VMI). Luego recordaría, en una entrevista con su biógrafo Forrest Pogue, la cruel reacción de su hermano:

> Cuando pedí ir al VMI, alcancé a oír que Stuart hablaba con mi madre, a la que intentó convencer de que no me permitiera ir al instituto, porque, según él, deshonraría a la familia. Esto me causó mayor impresión que todos los instructores, la presión de mis padres y cualquier otra cosa. En ese momento decidí que haría a mi hermano tragarse sus palabras. A la larga, lo excedería en méritos, por primera vez en mi vida, y fue entonces cuando realmente aprendí mi lección. Mi ansia de triunfar fue resultado de oír esa conversación, que tuvo un efecto psicológico en mi carrera.[5]

Éste es un rasgo común en las personas modestas que alcanzan extraordinario éxito. No es que sean particularmente brillantes o talentosas. El promedio en la universidad de un futuro millonario es de B, o menos. Pero en un momento crucial de su vida, alguien dijo que era demasiado tonto para algo y él se propuso demostrar a ese bastardo que estaba equivocado.

Marshall no careció del todo de afecto y apoyo dentro de su familia. Aunque su padre siempre se sintió decepcionado de él, era causa de regocijo para su madre, quien le brindaba amor y apoyo incondicional. Ella vendió lo último que le quedaba a la familia para que él pudiera ingresar a la universidad, incluido el lote en Uniontown donde esperaba construir una casa.[6] Por las humillaciones que había sufrido en casa y en la escuela, Marshall sabía que su progreso en la vida no sería obra de su talento natural, sino de su obstinación para avanzar y autodisciplina. Cuando llegó al vmi (en el que parece haber sido aceptado sin tener que presentar examen de admisión), encontró una manera de vivir y un patrón de disciplina que eran justo de su agrado.

Arribó al vmi en 1897, y al instante le atrajeron sus tradiciones sureñas. El vmi tenía una cultura moral que recogía antiguas tradiciones: una devoción caballeresca por el servicio y la cortesía, un compromiso estoico con el autocontrol emocional y una dedicación clásica al honor. Esa escuela vivía obsesionada con recuerdos de la caballerosidad del sur: el general Stonewall Jackson, líder de la guerra civil y exprofesor del instituto; los doscientos cuarenta y un cadetes, algunos de ellos de apenas quince años de edad, que marcharon el 15 de mayo de 1864 a repeler una fuerza de la Unión en la Battle of New Market, y el fantasma del héroe confederado Robert E. Lee, un ideal de lo que un hombre debía ser.

El vmi le transmitió a Marshall un sentido de veneración, la capacidad imaginativa de mantener en la mente a un héroe al cual imitar en todas las formas y que sirviera de norma con la cual compararse. No hace mucho, hubo un amplio movimiento para desacreditar a los héroes. Aun hoy, la palabra “irreverente” suele usarse como elogio. Pero en el mundo juvenil de Marshall se hacía un gran esfuerzo por cultivar la capacidad de venerar. La obra de Plutarco se basa en la premisa de que la historia de los ilustres puede elevar las ambiciones de los vivos. Tomás de Aquino alegó que, para llevar una vida buena, era necesario fijarse en los modelos propios más que en uno mismo, emulando lo más posible sus acciones. El filósofo Alfred North Whitehead argumentó: “La educación moral es imposible sin la visión habitual de la grandeza”. Richard Winn Livingstone escribió en 1943: "Suele creerse que el fracaso moral se debe a la debilidad de carácter, cuando a menudo se debe más bien a un ideal inadecuado. Detectamos en otros y, ocasionalmente, en nosotros, el deseo de valor, de industria, de persistencia que conduce a la derrota. Pero no advertimos una debilidad más sutil y desastrosa: la de que nuestros estándares están equivocados, que nunca hemos sabido qué es bueno".[7]

Al cultivar el hábito de la veneración —a héroes antiguos, a los viejos, a líderes aún en vida—, los maestros no sólo ofrecen el conocimiento de la grandeza, también tratan de desarrollar el talento de la admiración. La conducta apropiada no se reduce a saber qué es lo correcto, también consiste en estar motivado para hacer lo correcto, tener una emoción que impulse a hacer cosas buenas.

Antes los días escolares estaban llenos de relatos —a veces falsos o idealizados— sobre grandes modelos de la historia: Pericles, Augusto, Judas Macabeo, George Washington, Juana de Arco, Dolley Madison. James Davison Hunter escribió que el carácter no requiere una fe religiosa. "Pero requiere convicción en una verdad sagrada, duradera, como una presencia dotada de autoridad en la conciencia y la vida, reforzada por hábitos institucionalizados en una comunidad moral. Por consiguiente, el carácter resiste la conveniencia, desafía la adquisición apresurada. Sin duda, a esto se debe que Søren Kierkegaard haya dicho que el carácter está 'grabado', inscrito en lo profundo."[8]

El VMI era una institución académicamente mediocre y Marshall no fue un buen alumno. Pero esa escuela tenía héroes que consideraba sagrados. Y ciertamente enseñaba los hábitos de la autodisciplina institucionalizada. A todo lo largo de su vida adulta, Marshall exhibió un firme deseo de ser intachable en todo. Contra el consejo actual, no se preocupaba por "cosas pequeñas".

El VMI también enseñaba renunciación, la capacidad para prescindir de pequeños placeres con el fin de disfrutar de los grandes. Era un lugar al que, en su mayoría, jóvenes privilegiados iban a templarse, a renunciar a lujos de los que podían disfrutar en casa y a adquirir la reciedumbre que necesitarían para ser dignos en la lucha por la vida. Marshall aceptó esa cultura ascética y sus rigores. A los estudiantes de primer año se les obligaba a pasar la noche dejando abiertas de par en par las grandes ventanas de su dormitorio, así que en el invierno bien podían despertar cubiertos de nieve.

En la semana previa a su arribo al instituto, Marshall contrajo fiebre tifoidea y tuvo que presentarse una semana después que los demás cadetes. Si la experiencia de los alumnos de primero ya era de suyo difícil, la enfermiza palidez y acento norteño de Marshall le atrajeron la indeseable atención de sus condiscípulos mayores. Fue llamado "Rata yanqui" y "Chato", por su apariencia de nariz relativamente respingada. El "Rata" Marshall llenaba sus días con labores desagradables, como la limpieza de escusados. Al recordar ese periodo, dijo que nunca se le ocurrió rebelarse y que dicho trato tampoco le molestaba. "Creo que yo era frente a ello más filosófico que muchos otros jóvenes. Eso formaba parte del conjunto y lo único que se podía hacer era aceptarlo lo mejor posible."[9]

En el marco de un ritual de novatada al que se le sometió en su periodo de "Rata", se obligó a Marshall a acuclillarse desnudo sobre una bayoneta enterrada en el suelo. Esta ordalía recibía el nombre de "Sentarse en el infinito" y era un rito de iniciación. Ante la mirada de numerosos alumnos de cursos superiores, Marshall se esmeró en no desplomarse en el sitio, pero al final no aguantó y cayó. Mas como cayó de lado, emergió con una herida profunda pero curable en el glúteo derecho. Esa novatada brutal era contraria a las reglas, incluso para los estándares de la época y sus compañeros lo llevaron corriendo al centro médico, temiendo lo que pudiera decir. Pero él no reportó a sus torturadores, lo que de inmediato le ganó la estimación del grupo, a causa de su absoluto silencio. Uno de sus excompañeros diría después: "Cuando el episodio terminó, a nadie le importaba ya el acento de Marshall. Él podría haber hablado en chino y lo habríamos aceptado. Era uno de los nuestros".[10]

Aunque Marshall tampoco destacó académicamente en el VMI, sobresalió en instrucción militar, destreza, organización, precisión, autocontrol y liderazgo. Dominaba la estética de la disciplina, teniendo la postura correcta, el porte erguido, el saludo vigoroso, la mirada al frente, la ropa bien planchada y el modo de mover el cuerpo, que era la manifestación exterior de autocontrol interno. En un partido de futbol americano en su primero o segundo año, se rompió un ligamento del brazo derecho, pero se negó a reportar su lesión al médico; sanaría sola (en el curso de los dos años siguientes).[11] Un día en la vida de un cadete del VMI estaba marcado por una sucesión de saludos a sus superiores y como Marshall no podía levantar el brazo derecho arriba del codo sin dolor, ésos debieron ser dos años de gran malestar.

Esta formalidad ceremoniosa no está de moda hoy. Ahora nos comportamos de manera más natural y relajada. Nos preocupa parecer artificiales. Pero quienes vivían en el mundo militar de Marshall tendían a creer que los grandes individuos se hacían, no nacían, y que se hacían por medio del adiestramiento. El cambio ocurre de fuera hacia dentro. Una persona termina por autorregularse gracias a la instrucción física, se vuelve cortés expresando cortesía. Desarrolla valor resistiéndose al miedo. Y se vuelve seria controlando sus expresiones faciales. El acto precede a la virtud.

El propósito de todo esto era separar la emoción instantánea de la acción, reducir el poder de los sentimientos temporales. Una persona podía sentir miedo, pero no actuaba movida por él. Podía desear golosinas, pero era capaz de reprimir su deseo de comerlas. El ideal estoico sostiene que hay que recelar de una emoción más que confiar en ella. La emoción estorba la acción, así que debes desconfiar del deseo. Desconfía de la ira, e incluso de la tristeza y el dolor. Considera estas cosas como se podría considerar al fuego: útiles cuando se les controla con rigor, pero una fuerza devastadora cuando no se le pone freno.

Los individuos que respondían a este patrón trataban de controlar sus emociones con los constantes cortafuegos del decoro. De ahí todos esos estrictos modales victorianos. Vigilaban su expresión emocional para ser menos vulnerables; de ahí la manera formal y elaborada de dirigirse entre ellos. Los individuos que respondían a este patrón —y Marshall fue uno de ellos toda su vida— eran deliberadamente austeros y antidramáticos. Marshall desdeñaba la teatralidad de un Napoleón o un Hitler, e incluso los alardes histriónicos de dos generales con quienes trabajaría, Douglas MacArthur y George S. Patton.

"Por medios no siempre sutiles", escribió uno de sus biógrafos, "el hombre cuya entereza estaba a punto de templarse pasó del control al autocontrol, hasta imponerse en definitiva, por deseo propio, restricciones que difícilmente habría tolerado en un principio."[12]

Marshall no era gracioso ni intenso o reflexivo en el terreno emocional. Se negaba a llevar un diario porque creía que ese ejercicio podía inducirlo a concentrarse demasiado en él mismo y su reputación, o en cómo lo verían otros en el futuro. Llevar un diario, dijo en 1942 al biógrafo de Robert E. Lee, Douglas Southall Freeman, podía causar, de manera inconsciente, "autoengaño o vacilación al tomar decisiones", cuando en la guerra él debía concentrarse objetivamente en el "tema de la victoria".[13] Marshall no escribió jamás su autobiografía. En una ocasión, *The Saturday Evening Post* le ofreció más de un millón de dólares por contar su historia, pero él los rechazó. No quería avergonzarse ni agraviar a ningún otro general.[14]

La instrucción en el VMI enseñó a Marshall a ejercer un poder controlado. La idea era que el poder exagera las inclinaciones naturales, volviendo más ruda a una persona ruda y más controladora a una controladora. Entre más alto llegas en la vida, menos personas hay que te hagan comentarios honestos, o restrinjan tus rasgos desagradables. Así, resulta preferible adquirir a temprana edad los hábitos de la moderación, incluida la emocional. "Lo que aprendí en el VMI fue autocontrol y disciplina, lo que me daría una base sólida", recordaría más tarde.

En su último año en el VMI, Marshall fue nombrado primer capitán, el rango más alto en ese instituto. Terminó sus cuatro años ahí sin una sola sanción. Entretanto, desarrolló la austera presencia de mando que marcaría para siempre su personalidad. Destacó en todo lo que suponía firmeza y fue el líder indiscutido de su generación.

Una carta de recomendación de John Wise, presidente del VMI, elogiaba sus logros con el tono peculiar de esa escuela: Marshall era "uno de los mejores cañones salidos en muchos años de esta armería".[15]

A una edad asombrosamente temprana, Marshall se había formado el tipo de mente ordenada que hombres y mujeres en la milicia suelen admirar. "Así pues, aquel individuo, quienquiera que sea", escribió Cicerón en *Conversaciones en Túsculo*, "cuya mente se apacigua en la coherencia y el control de sí, que halla contento en él mismo, que no se desintegra en la adversidad ni se desmorona ante el temor, que no se deja consumir por una necesidad imperiosa ni se disuelve en la emoción desenfrenada y fútil; ese individuo es el sabio que buscamos y ese individuo es feliz."

El servicio

Siempre hay un momento interesante en la vida de las personas exitosas en el que aprenden a trabajar. En el caso Marshall, éste ocurrió en el VMI.

Para obtener un nombramiento en el ejército estadunidense, necesitaba apoyo político. Fue a Washington y se presentó en la Casa Blanca, sin cita. Llegó trabajosamente al segundo piso, donde uno de los ujieres le indicó que era imposible que irrumpiera en la Oficina Oval para ver al presidente. Pero él se infiltró en medio de un grupo numeroso y, al retirarse éste, expuso su caso al presidente McKinley. No está claro si éste intervino o no, pero en 1901 Marshall recibió permiso de presentar el examen de admisión en el ejército, y en 1902 consiguió su comisión.

Como Eisenhower, Marshall floreció tarde. Trabajaba con profesionalismo, servía a otros, pero no ascendió en forma espectacular. Era un asistente tan valioso que, a veces, sus superiores le impedían asumir un puesto de mando. "La aptitud especial del teniente coronel Marshall son las labores propias del estado mayor", escribió un general. "Dudo que en esto, ya sea en la enseñanza o en la práctica, hoy tenga parangón en el ejército."[16] Se distinguía a tal punto en el aburrido e invisible trabajo de la vida militar, especialmente en la logística, que no se le promovía al combate. A sus treinta y nueve años, al cabo de su servicio en la primera guerra mundial, seguía siendo un teniente coronel, rebasado por hombres más jóvenes que él, pero que habían ejercido mando en combate. Marshall sufría enormemente con cada desilusión.

Sin embargo, poco a poco adquiría habilidades. Durante su instrucción de posgrado en Fort Leavenworth, se volvió autodidacta, compensando así su lamentable expediente académico. Se le arrastró a Filipinas, por el sur y medio oeste de Estados Unidos, donde se desempeñó como oficial de ingeniería, oficial de pertrechos, intendente de guarnición, oficial comisario de guarnición y otras posiciones poco destacadas en el estado mayor. Pasaba cada día al compás de sus cotidianas tareas y logros menores. No obstante, su atención al detalle y su resistencia le serían después de gran utilidad. Como observaría más tarde, "el líder de veras grande vence todas las dificultades, y las campañas así como las batallas no son otra cosa que una larga serie de dificultades por superar".[17]

Sublimó su ego: "Mientras menos concuerdes con las políticas de tus superiores, más energía deberás empeñar en su cumplimiento". Sus biógrafos han escudriñado su vida y el rasgo más llamativo es lo que no encuentran en ella: un momento de fracaso moral evidente. Marshall tomó gran cantidad de malas decisiones, pero en ningún momento cometió adulterio, traicionó a sus amigos, dijo una mentira mayúscula, o se falló a sí mismo o a otros.

Aunque los ascensos no llegaban, empezó a desarrollar una reputación de legendario maestro de la organización y la administración. Ése no era el lado glamuroso de la vida militar. En 1912 organizó maniobras que incluyeron a diecisiete mil oficiales y soldados en Estados Unidos. En 1914, durante un ejercicio de instrucción en Filipinas, comandó una fuerza invasora de cuatro mil ochocientos hombres para superar tácticamente y derrotar a la fuerza defensora.

En la primera guerra mundial sirvió como asistente del jefe del estado mayor de la American Expeditionary Force (AEF) de la primera división en Francia. Nunca antes una división del ejército estadunidense había sido desplegada en Europa y, contra lo que suele creerse, en esa guerra Marshall vio más acción y esquivó más disparos, proyectiles y ataques con gas que muchos otros compatriotas. Su tarea era mantener informado al cuartel general de la AEF sobre provisiones, posición y moral de los hombres en el frente. Pasaba gran parte de su tiempo en o cerca del frente en Francia, entrando y saliendo de las trincheras, inspeccionando a los soldados y tomando nota de sus necesidades más apremiantes.

Tan pronto como regresaba al cuartel, se reportaba con su jefe y se ponía a diagramar la logística para el siguiente movimiento masivo de hombres hacia o desde el frente. En una operación, organizó el desplazamiento de seiscientos mil soldados y novecientas mil toneladas de pertrechos desde un sector a otra parte del frente. Ése fue el problema logístico más complicado de la guerra y el desempeño de Marshall resultó legendario, ganándose el pasajero apodo de Mago.

En octubre de 1917, la unidad de Marshall recibió la visita del general John "Blackjack" Pershing, principal comandante estadunidense en aquella guerra. Pershing hizo trizas a esa unidad por su mala instrucción y desempeño; reprendió al comandante al mando, superior inmediato de

Marshall, general William Sibert, y a su jefe de estado mayor, quienes habían llegado apenas dos días antes. Marshall, entonces capitán, decidió que era momento de lo que llamó un "juego de sacrificio". Dio un paso al frente e intentó explicar la situación al general. Pershing, airado, lo calló y se retiró. Marshall hizo entonces algo que podría haberle costado su carrera: puso una mano en el brazo de Pershing para impedir su marcha. Refutó con vehemencia al viejo, abrumándolo con un torrente de datos sobre los fracasos de su propio cuartel, relativos a malos suministros, colocación errónea de tropas, falta de transporte motorizado y muchos otros obstáculos que no podían pasarse por alto.

Hubo un largo silencio y todos se quedaron atónitos por la insolencia de Marshall. Pershing lo miró atentamente y respondió a la defensiva:

—Bueno, usted tiene que considerar los problemas que tenemos.

Marshall repuso:

—Sí, general, pero también nosotros los tenemos todos los días, y muchos por día, y cada uno debe estar resuelto para la noche.

Pershing no dijo nada y se fue, muy enojado. Los colegas de Marshall le dieron las gracias, pero diciéndole que su carrera había concluido. Por el contrario, Pershing no olvidaría a aquel joven y lo contrató, convirtiéndose en su mentor más importante.

Sorprendido, Marshall recibió una carta en la que se le ordenaba incorporarse al estado mayor, en sus cuarteles en Chaumont. Aunque suspiraba por un ascenso que lo pusiera al mando de soldados en acción, de inmediato hizo sus maletas y se despidió de colegas con los que había convivido más de un año. En medio de informes de guerra, escribió una inusitada descripción sentimental de su partida:

> Era difícil guardar la compostura frente a hombres con los que había estado tan íntimamente asociado en Francia durante más de un año. Se nos había hecho prisioneros; nuestras pruebas y tribulaciones nos habían hermanado. Aún puedo verlos ahora, reunidos en la amplia entrada de aquella residencia rural. Las bromas amigables y despedidas afectuosas mientras yo subía al Cadillac dejaron en mi mente una profunda impresión; mientras me alejaba, apenas si me atreví a preguntarme cuándo y dónde nos veríamos de nuevo.[18]

Seis días más tarde, la primera división se sumó al magno contraataque que causaría el repliegue del ejército alemán; no obstante, en menos de setenta y dos horas la mayoría de los soldados que había participado, cada oficial superior, comandante de batallón y los cuatro tenientes de la primera división se contaban entre las bajas, muertos o heridos.

En 1918, en Francia, Marshall estuvo a punto de ser ascendido a general brigadier. La guerra terminó y tardaría dieciocho largos años en obtener su primera estrella. Volvió a casa, donde pasó cinco años bajo las órdenes de Pershing en Washington, haciendo trabajo de oficina. Sirvió a sus superiores, pero recibió pocos ascensos. A lo largo de este periodo, trabajó en su oficio y sirvió a su institución, el ejército estadunidense.

Instituciones

En la actualidad es raro encontrar a alguien con una mentalidad institucional. Vivimos en una época de ansiedad respecto a las instituciones, en la que la gente tiende a desconfiar de las organizaciones grandes. En parte, esto se debe a que las hemos visto fracasar, y también a que, en la era del Gran Yo, ponemos primero al individuo. Tendemos a valorar la libertad de ir a donde queramos, de llevar nuestra vida como deseemos y no someter nunca nuestra identidad a una burocracia u organización. Solemos suponer que nuestro propósito es llevar una vida personal lo más sustanciosa y plena posible, pasando de una organización a otra, que se ajuste mejor a nuestras necesidades. El significado radica en esos actos de autocreación, en lo que hacemos y a lo que contribuimos, en nuestras decisiones interminables.

Nadie quiere ser un hombre de organización. Nos agradan los iniciadores, los transgresores y los rebeldes. Se concede menos prestigio a quienes tienden a la reforma y reparación perpetua de las instituciones. A los jóvenes se les enseña a pensar que los grandes problemas pueden resolverse con un enjambre de pequeñas ONG y emprendedores sociales interconectados. Las grandes organizaciones jerárquicas son dinosaurios.

Esta mentalidad ha contribuido a la descomposición institucional. Como dijo la editora Tina Brown, si a todos se les dice que deben tener ideas originales, es de esperar que las convencionales empiecen a deteriorarse.

Quienes poseen una mentalidad institucional, como Marshall, piensan de manera distinta, originada en una conciencia histórica diferente. En esta mentalidad, la realidad primaria es la sociedad, la que consta de un conjunto de instituciones con muchos años de existencia y que abarcan generaciones. Una persona no nace en un desierto y con un expediente social en blanco. Nace en medio de una colección de instituciones permanentes, que incluyen al ejército, el sacerdocio, los campos de la ciencia o cualquier profesión, como agricultor, constructor, policía o maestro.

La vida no es como atravesar un desierto. Es comprometerse con algunas de las instituciones implantadas antes de que tú nacieras y que seguirán ahí después de que te mueras. Es aceptar los dones recibidos de los antepasados, asumiendo la responsabilidad de preservar y mejorar una institución, para después transmitirla mejorada a la generación siguiente.

Cada institución implica ciertas reglas, obligaciones y normas de excelencia. El periodismo impone hábitos que ayudan a los reporteros a guardar distancia mental de las personas a las que cubren. Los científicos tienen ciertos métodos que usan para proponer y verificar conocimientos paso a paso. Los maestros tratan igual a todos sus alumnos e invierten horas extra en su desarrollo. En el trance de subordinarnos a las instituciones que tenemos, nos volvemos lo que somos. Las costumbres de las instituciones estructuran el alma, facilitándole ser buena. Guían afablemente la conducta a lo largo de ciertas líneas, probadas por el tiempo. Practicando las costumbres de una institución, no estamos solos; somos admitidos en una comunidad que trasciende en el tiempo.

Con esta sensación de gran alcance, el institucionalista tiene una profunda reverencia por quienes llegaron antes que él, y por las reglas que ha adoptado temporalmente. Las reglas de una profesión o institución no son sugerencias prácticas de cómo hacer mejor algo; están entrelazadas con la identidad de quienes las practican. La relación de un maestro con el oficio docente, la de un atleta con su deporte, el compromiso de un doctor con la medicina no son decisiones individuales a las que se pueda renunciar con facilidad cuando las pérdidas psíquicas exceden los beneficios anímicos. Son compromisos que determinan y definen una vida. Lo mismo que la búsqueda de una vocación, son compromisos con algo que trasciende una vida.

La función social de una persona define lo que ella es. El compromiso entre una persona y una institución guarda semejanza con un pacto. Es una herencia por transmitir y una deuda por pagar.

Las tareas técnicas de, digamos, un carpintero han sido dotadas de un significado profundo que trasciende la tarea en cuestión. Hay largos periodos en los que tú aportas a tus instituciones más de lo que obtienes de ellas, pero el servicio a la institución te proporciona una serie de compromisos satisfactorios y un lugar seguro en el mundo. Te brinda un medio para someter tu ego, para calmar sus ansiedades e incesantes demandas.

Marshall ajustó su vida a las necesidades de su organización. Muy pocos despertaron en el siglo pasado tanta veneración como él, incluso entre personas que lo conocían bien. Muy pocos, de igual forma, se sintieron realmente a gusto a su lado, incluido Eisenhower. El costo de su perfecta abnegación y autocontrol fue la distancia. Mientras estaba uniformado, jamás se soltó el pelo ni dio acceso a la gente a la intimidad de su alma. Mantenía la compostura en toda circunstancia.

Amor y muerte

Tenía vida privada. Ésta estaba radicalmente separada de su papel público. Hoy llevamos trabajo a casa, contestamos correos electrónicos de la oficina en nuestro teléfono personal. Pero para Marshall, ésas eran esferas aparte, con emociones y patrones de conducta diferentes. El hogar era un refugio en un mundo despiadado. Su vida doméstica giraba en torno a Lily, su esposa.

George Marshall cortejó a Elizabeth Carter Coles, conocida por sus amigas como Lily, durante su último año en el MVI. Daban largos paseos en carruajes y por las noches él se arriesgaba a la expulsión escabulléndose para estar con ella. George era seis años menor, además, algunos compañeros más grandes y graduados del MVI —entre ellos su hermano mayor, Stuart— ya habían intentado conquistarla. Lily era una impresionante belleza morena y la beldad reinante en Lexington. "Yo estaba muy enamorado", recordaría él, y fue para siempre.[19]

Se casaron poco después de que él se graduó, en 1902. Marshall se sintió muy afortunado de haberla conquistado, gratitud que llevó siempre consigo. Su actitud hacia ella podría describirse como de constante solicitud. Poco después de su matrimonio, él descubrió que ella padecía de la tiroides, lo que debilitaba en alto grado su corazón. Tendría que ser tratada como semiinválida toda su vida. No podían arriesgarse a tener hijos; existía la posibilidad de muerte súbita por esfuerzo extremo. Sin embargo, la devoción y gratitud de Marshall hacia su esposa no hacían más que profundizarse.

A él le complacía estar a su servicio, procurándole pequeñas sorpresas, cumplidos y comodidades, concediendo siempre gran atención hasta en los menores detalles. Jamás le permitía ir por la canasta de bordado que había olvidado arriba. Hacía el papel de caballero al servicio de su dama. A veces, Lily veía esto con una mueca burlona; era más fuerte y capaz de lo que él creía, pero a Marshall le daba sumo placer atenderla.

En 1927, cuando tenía cincuenta y tres años, la afección cardiaca de Lily se agravó. Fue llevada al Walter Reed Hospital. El 22 de agosto se le sometió a una operación. Su recuperación fue lenta pero estable. Marshall estaba en su elemento, haciéndose cargo de cada una de sus necesidades y ella parecía restablecerse. El 15 de septiembre le dijeron que podría volver a casa al día siguiente. Se sentó para enviarle una nota a su madre; escribió la palabra "George", se desplomó y falleció. Los médicos dijeron que la emoción de volver a casa provocó que se le subiera la presión arterial.

En ese entonces Marshall daba clases en el War College de Washington. Un guardia interrumpió su clase y le dijo que le hablaban por teléfono. Fueron a una pequeña oficina en la que Marshall tomó la llamada, escuchó unos momentos y apoyó luego la cabeza en sus brazos sobre el escritorio. El guardia preguntó si podía ayudarle en algo. Marshall respondió con serena formalidad: "No, señor Throckmorton. Me llamaron para avisarme que mi esposa, quien me alcanzaría hoy aquí, acaba de fallecer".

La formalidad de la enunciación, la pausa para recordar el nombre del guardia (él no era bueno para los nombres), dan clara idea del autocontrol emocional de Marshall, de su autodisciplina en todo momento.

La muerte de su esposa le afectó mucho. Llenó su casa con fotografías de ella, para que lo viera desde casi cualquier perspectiva en cada habitación. Lily había sido no sólo su dulce esposa, sino también su confidente, al parecer la única. Sólo ella había tenido el privilegio de ver la carga que pesaba sobre sus hombros, y de ayudarlo a sostenerla. Súbita y brutalmente, él estaba solo y a la deriva.

El general Pershing, quien había perdido a su esposa y tres hijas, le escribió una nota de condolencia. Marshall contestó que extrañaba mucho a Lily: "Veintiséis años de la más íntima camaradería, algo que no había experimentado nunca desde niño, me dejan perdido en mis mejores esfuerzos por ajustarme a las futuras perspectivas de la vida. Si yo hubiera tenido una vida de tabernas u otras intimidades con hombres fuera de la diversión atlética, o si una campaña u otro deber apremiante demandara un esfuerzo concentrado de mi parte, creo que podría sobrellevar mejor esto. Pero buscaré la manera de hacerlo".[20]

La muerte de Lily lo cambió. Antes taciturno, se dulcificó, volviéndose conversador, como si esto pudiera ayudarle a convencer a quienes lo visitaban de quedarse a su lado, para llenar así sus horas solitarias. Al paso de los años, sus cartas se hicieron más reflexivas, más explícitamente compasivas. Pese a su compromiso con el servicio y a varios periodos en que el deber lo consumía, nunca fue adicto al trabajo. Cuidando de no perjudicar su salud, dejaba de trabajar ya avanzada la tarde, para practicar la jardinería, montar a lomo de caballo o dar un paseo. Cada vez que podía, alentaba, y hasta ordenaba, a su personal a hacer lo mismo.

Privacidad

Marshall era un hombre privado. Es decir, hacía una marcada distinción, a diferencia de muchos en la actualidad, entre las esferas privada y pública, entre sus íntimos y los demás. Podía ser ingenioso y contar largas y divertidas historias al círculo íntimo de su confianza y afecto, pero, en general, su actitud con la gente estaba determinada por la cortesía y cierto encanto reservado. Era muy raro que llamara a alguien por su nombre.

Este código de privacidad se diferencia del de la era de Facebook e Instagram. Tal código, que Marshall compartía con Frances Perkins, se basa en la noción de que esa zona de intimidad debe ser invadida sólo gradualmente, tras una larga confianza y reciprocidad. El contenido del mundo privado no debiera compartirse instantáneamente en línea, o en una conversación; no se debería tuitear.

La fina actitud social de Marshall coincidía con su cortés composición interna. El filósofo francés André Comte-Sponville aduce que la cortesía es el prerrequisito de las grandes virtudes: "La moral es como la cortesía del alma, una etiqueta de la vida interior, un código de obligaciones".[21] Es una serie de prácticas que te vuelven considerado con los demás.

Marshall era considerado a toda prueba, pero su formalidad le dificultaba hacer amigos. Reprobaba tajantemente los chismes, veía con malos ojos los chistes subidos de tono y jamás disfrutó de las locuaces relaciones con hombres en las que Ike se especializaba.

Su primer biógrafo, William Frye, escribió:

> Marshall era una de esas personas controladas y disciplinadas que encuentran tantos incentivos y recompensas en el fondo de ellas mismas que no requieren motivación ni aplauso de otros. Estas personas están terriblemente solas, sin la liberación que la mayoría encuentra compartiendo con holgura su mente y corazón con muchos otros. Pese a su autosuficiencia, están incompletas; si tienen suerte, se complementan con uno o dos individuos más. Pero usualmente sólo dos: la amante a la que abren su corazón, el amigo a quien confían su mente.[22]

Reformador

Marshall encontró al fin un respiro para su dolor en una misión que consumiría sus energías. Al cabo de ese año, se le pidió dirigir el programa de la Infantry School en Fort Benning, Georgia. Él era conservador en sus modales, pero no un tradicionalista cuando se trataba de las operaciones. Luchó toda su vida contra lo que juzgaba el asfixiante tradicionalismo con que el ejército hacía las cosas. En sus cuatro años ahí, revolucionó la instrucción de los oficiales y como muchos de los militares más importantes de la segunda guerra mundial pasaron por Fort Benning durante la estancia de Marshall, también revolucionó al ejército estadunidense.

Los planes de estudios que heredó se basaban en la ridícula premisa de que, en batalla, los oficiales dispondrían de información completa sobre la posición de sus tropas y las del enemigo. Él enviaba a maniobras sin mapas o con mapas caducos, diciendo que, en la guerra real, no habría mapas, o serían menos que inútiles. Decía que el aspecto crucial solía ser cuándo tomar una decisión, tanto como qué decisión debía ser. Afirmaba que las soluciones mediocres aplicadas a tiempo eran mejores que las soluciones perfectas aplicadas demasiado tarde. Hasta su llegada, los profesores escribían sus clases y simplemente las leían ante el grupo. Marshall prohibió esa práctica. Redujo el manual de sistemas de aprovisionamiento de ciento veinte páginas a doce, para facilitar la instrucción de una fuerza ciudadana y otorgar más discrecionalidad a la cadena de mando.

Ni siquiera su éxito y reformas aceleraron sus ascensos. El ejército tenía su propio sistema de antigüedad. Pero al transcurrir la década de 1930 y determinarse la amenaza fascista, el mérito personal empezó a cobrar relevancia. Finalmente, Marshall recibió una serie de importantes ascensos, por encima de oficiales mayores que él pero menos admirados, justo hasta Washington y los centros del poder.

El general

En 1938, Franklin Delano Roosevelt (FDR) sostuvo una reunión de gabinete para discutir la estrategia de acopio de armas. Alegó que la guerra siguiente estaría, en gran medida, determinada por la potencia en mar y aire, no por las tropas de tierra. Recorrió la sala buscando aprobación y encontró el asentimiento general. Al final se volvió hacia Marshall, el nuevo subjefe del estado mayor, y preguntó:

—¿No es así, George?

—Lo siento, señor presidente, pero discrepo por completo.

Habló a favor de las fuerzas de tierra. Sobresaltado, FDR puso fin a la reunión. Ésa fue la última vez que el presidente se atrevería a llamar a Marshall por su nombre.

En 1939, FDR tuvo que remplazar al jefe saliente del estado mayor, el puesto más alto en el ejército estadunidense. Marshall ocupaba entonces el sitio número treinta y cuatro en antigüedad, pero la contienda acabó reduciéndose a él y Hugh Drum. Éste era un general talentoso, aunque algo pedante; organizó una fastuosa campaña para quedarse con el puesto, pidiendo cartas de apoyo y organizando una serie de artículos positivos en la prensa. Marshall declinó promoverse y echó por tierra intentos ajenos de hacer campaña en su nombre. Sin embargo, tenía amigos clave en la Casa Blanca, el más eminente de los cuales era Harry Hopkins, íntimo de FDR y uno de los arquitectos del New Deal. El presidente optó por Marshall, pese a la poca estimación personal que había entre ellos.

La guerra implica una serie de tropiezos y frustraciones. A principios de la segunda guerra mundial, Marshall comprendió que tendría que ser implacable y retirar a los incompetentes de sus puestos. Para ese momento ya se había casado con su segunda esposa, Katherine Tupper Brown, glamurosa exactriz de fuerte personalidad y modales elegantes que se volvería su constante compañera. "No puedo darme el lujo de sentir", le dijo a ella. "Debo tener una lógica fría. El sentimiento es para los demás. No me puedo permitir el enojo, eso sería fatídico; resulta demasiado agotador. Debo mantener despejada mi cabeza. No me puedo permitir parecer cansado."[23]

El proceso de selección fue brutal. Marshall truncó la carrera de cientos de colegas. "Antes era un querido amigo, pero arruinó a mi esposo", observó la mujer de un alto oficial luego de que éste fue hecho a un lado.[24] Una noche, Marshall dijo a Katherine: "Estoy tan cansado de decir 'no' que esto está acabando conmigo". Al organizar su departamento ante la proximidad de la guerra, observó: "No es fácil decir a un hombre en qué ha fallado [...]. Mis días parecen estar llenos de situaciones y problemas en los que debo hacer lo difícil y severo".[25]

Un desempeño típico de Marshall tuvo lugar en una reunión con la prensa en Londres, en 1944. Él entró a la sala sin documento alguno y pidió que le hicieran preguntas mientras escuchaba. Después de treinta y tantas preguntas, explicó en detalle la situación bélica, aludiendo a la gran visión, las metas estratégicas y los detalles técnicos; al hacerlo miraba deliberadamente una cara distinta cada pocas frases. Terminó cuarenta minutos después y dio las gracias a los reporteros por su tiempo.

La segunda guerra tuvo su cuota de generales teatrales, como MacArthur y Patton, pero la mayoría, como Marshall y Eisenhower, eran lo contrario: organizadores precisos, no actores presuntuosos. Marshall detestaba a los generales que gritaban y golpeaban mesas. Favorecía el uniforme sencillo sobre el condecorado que hoy prefieren tantos generales, con un telón de galones a modo de marquesina atravesándoles el pecho.

En este periodo, Marshall desarrolló una reputación fabulosa. Eric Sevareid, corresponsal de guerra de la CBS, resumió la opinión generalizada: "Hombre descomunal y de fea apariencia, con un intelecto sobresaliente, la memoria de un genio fuera de lo normal y la integridad de un santo cristiano. La sensación de poder controlado que exudaba te hacía parecer un alfeñique a su lado, y su desinteresada entrega al deber [iba] más allá de toda influencia de la presión pública o la amistad personal".[26] El presidente de la Cámara de Representantes, Sam Rayburn, señaló a su vez que ningún otro estadunidense ejercía tal influjo sobre el Congreso: "Estamos en presencia de un hombre que dice la verdad tal como la ve". Y el secretario de Estado de Truman, Dean Acheson, afirmó: "Lo que más sobresale en el recuerdo del general Marshall es la magnitud de su integridad".

Esta integridad no le ganó el favor inmediato de todos. Tenía un desprecio militar por la política y rememoraría su particular desagrado al reunirse en una ocasión con el presidente Roosevelt para decirle que los planes de invasión del norte de África estaban listos. El presidente unió las manos como si rezara y dijo: "¡Hágalo por favor antes del día de las elecciones!".[27] El subjefe del estado mayor de Marshall, Tom Handy, explicaría después en una entrevista:

> Sería absurdo decir que el general Marshall era un hombre fácil, porque no es así. Podía ser sumamente rígido. Pero tenía mucha influencia y poder, en especial sobre los británicos y el Congreso. Pienso que FDR le envidiaba esto. Creo que la razón de ese poder era que ellos sabían que, tratándose de Marshall, no había motivos turbios ni egoístas. Los británicos sabían que él no defendería la postura estadunidense o la británica, sino que quería ganar la guerra lo mejor posible. El Congreso sabía que hablaba claro, sin politiquería.[28]

El momento culminante de Marshall llegó a la mitad de la guerra. Los aliados planeaban la operación Overlord, la invasión de Francia, pero no habían seleccionado aún al comandante general. Marshall anhelaba en secreto esa asignación y se le consideraba ampliamente como el más calificado para recibirla. La empresa se contaría entre las operaciones militares más ambiciosas jamás intentadas; quien la encabezara haría un gran servicio a la causa y pasaría a la historia. Los demás líderes aliados, Churchill y Stalin, aseguraron a Marshall que obtendría el puesto. Eisenhower suponía lo mismo. Por su parte, Roosevelt sabía que si Marshall lo pedía, tendría que otorgárselo. Se lo había ganado, así de elevada era su estatura.

Pero Roosevelt contaba con que Marshall estuviera a su disposición en Washington y el comandante de Overlord tendría que marchar a Londres. FDR pudo haber dudado también de la austera personalidad de Marshall. Comandar Overlord significaría manejar alianzas políticas, y una pizca de cordialidad podría ser muy útil. Se desató la controversia. Varios senadores alegaron que Marshall era indispensable en Washington y no debía recibir el puesto. Desde su cama de hospital, el general Pershing pidió a FDR que concediera a Marshall una responsabilidad de mando en el frente.

Todos daban por hecho que Marshall asumiría el mando. En noviembre de 1943, Roosevelt visitó a Eisenhower en el norte de África, y lo sugirió: "Usted y yo sabemos quién fue el jefe del estado mayor en los últimos años de la guerra civil, pero prácticamente nadie más lo sabe [...]. No soporto pensar que dentro de cincuenta años nadie sepa quién fue George Marshall. Ésa es una de las razones por las que quiero que George ejerza el alto mando; tiene derecho a establecer su lugar en la historia como un gran general".

Aun así, tenía sus dudas. "Es peligroso meterse con un equipo ganador", dijo.[29] Envió a Harry Hopkins a sondear los sentimientos de Marshall, pero éste no cooperaría. Le dijo a Hopkins que había servido con honor; no pediría nada. Aceptaría "sinceramente la decisión que tome el presidente, sea cual fuere".[30] Décadas después, en una entrevista con Forrest Pogue, explicó su conducta: "Había decidido que no avergonzaría al presidente de ninguna manera; que él debía tratar ese asunto con toda libertad, en el que fuera, en su opinión, el mejor interés [del país]. [...] Fui totalmente franco en mi deseo de evitar que pasara lo que en tantas otras guerras: considerar los sentimientos de un individuo por encima del bien del país".[31]

FDR lo hizo llamar a su oficina el 6 de diciembre de 1943. Se anduvo con rodeos durante incómodos minutos, tocando temas de menor importancia. Pero de pronto preguntó a Marshall si quería el puesto. Si éste hubiera dicho que sí, presumiblemente lo habría obtenido. Pero de nuevo se negó a cooperar. Dijo a Roosevelt que hiciera lo que creyera mejor. Insistió en que sus sentimientos privados no debían influir en la decisión. Una y otra vez, se negó a expresar su preferencia en un sentido u otro.

FDR lo miró. "Bueno, creo que yo no podría dormir en paz si usted estuviera fuera de Washington." Hubo un largo silencio. Añadió: "Entonces será Eisenhower".[32]

Sin duda, Marshall se sintió abatido por dentro. Sin mucho tacto, el presidente le pidió transmitir la decisión a los aliados. Como jefe del estado mayor, Marshall estaba obligado a escribir la orden: "Se ha decidido nombrar de inmediato al general Eisenhower comandante de la operación 'Overlord'". En un acto de generosidad, guardó el papel y se lo mandó a Ike: "Querido Eisenhower: Pensé que querría tener esto como recuerdo. Lo escribí a toda prisa al terminar ayer la última reunión, y el presidente lo firmó en el acto. G. C. M.".[33]

Ésa fue la mayor decepción profesional en la vida de Marshall y ocurrió porque él se negó a expresar sus deseos. Pero, desde luego, ése era el código al que él sujetaba todos sus actos.

Cuando la guerra en Europa llegó a su fin, fue Eisenhower, no Marshall, quien regresó a Washington como vencedor. Aun así, Marshall desbordaba orgullo. John Eisenhower recordó la escena del retorno de su padre a Washington: "Ese día, vi al general Marshall totalmente relajado. Parado detrás de Ike y evitando los flashes de los fotógrafos, sonreía a Ike y a Mamie con una expresión amable, paternal. Ese día no hubo nada en su conducta del normalmente distante George Marshall. Después se desvaneció en el fondo y dejó que Ike ocupara el escenario por el resto del día: una caravana de vehículos por las calles de Washington, una visita al Pentágono".[34]

En una carta personal, Churchill escribió a Marshall: "No le tocó a usted en suerte dirigir los grandes ejércitos. Tuvo que crearlos, organizarlos e inspirarlos".[35] Eclipsado por hombres a los que él mismo había ascendido, Marshall terminó por ser conocido simplemente como el "organizador de la victoria".

Últimas tareas

En la posguerra pasó su vida tratando de retirarse. El 26 de noviembre de 1945 hubo una sencilla ceremonia en el Pentágono y Marshall fue retirado de su cargo como jefe del estado mayor del ejército. Condujo luego hasta Dodona Manor, la casa que Katherine y él habían comprado en Leesburg, Virginia. Atravesaron el soleado patio, ansiosos ya de sus años de ocio y retiro. Katherine fue a descansar antes de la cena y oyó sonar el teléfono mientras subía. Al bajar una hora más tarde, encontró a Marshall acostado en un diván, lívido y oyendo la radio. El noticiero anunció que el embajador de Estados Unidos en China acababa de renunciar y que George Marshall había aceptado la petición del presidente de ocupar su sitio. La llamada telefónica había sido del presidente Truman, para solicitar a Marshall que partiera en seguida. "Ay, George", dijo ella, "¿cómo *pudiste* hacer eso?"[36]

El deber fue ingrato, pero Katherine y Marshall permanecieron catorce meses en China, intentando conjurar una guerra civil inevitable entre los nacionalistas y los comunistas chinos. En el vuelo de regreso a casa, tras su primera gran misión fracasada, el presidente pidió otro favor a Marshall, quien para entonces tenía ya sesenta y siete años: ser secretario de Estado. Marshall aceptó y colgó.[37] En su nuevo puesto, promulgó el plan Marshall —que nunca llamó así, sino con su nombre oficial, Plan de Recuperación Europea—, cumpliéndose de este modo el deseo del presidente Roosevelt de que pasara a la historia.

Siguieron otras responsabilidades: presidente de la Cruz Roja estadunidense, secretario de Defensa, presidente de la delegación estadunidense en la coronación de Isabel II. Hubo altas —ganar el premio Nobel— y bajas —ser objeto de una campaña de odio de Joe McCarthy y sus aliados. Cada vez que se le pedía ocupar un nuevo puesto, Marshall sentía el llamado del deber. Tomó buenas decisiones y otras malas, como la de oponerse a la formación del Estado de Israel. Aceptaba continuamente asignaciones que no quería.

Algunas personas parecen haber nacido con una sensación de deuda por la bendición de estar vivas. Están al tanto de la transmisión entre las generaciones, de lo que les dejaron quienes llegaron antes que ellas, su deuda con sus antepasados, sus obligaciones con una serie de responsabilidades morales que se prolongan en el tiempo.

Una de las expresiones más puras de esta actitud es la carta que envió a su esposa el soldado de la guerra civil Sullivan Ballou, en vísperas de la primera batalla de Bull Run, a principios de esa conflagración. Huérfano, Ballou sabía lo doloroso que era crecer sin padre. Pese a ello, escribió a su esposa que estaba dispuesto a morir para pagar la deuda que tenía con sus antepasados:

> Si es necesario que yo caiga en el campo de batalla por mi país, estoy dispuesto a hacerlo. [...] Sé lo mucho que la civilización estadunidense depende ahora del triunfo del gobierno y de la gran deuda que tenemos con quienes pasaron antes que nosotros por la sangre y sufrimiento de la independencia. Y estoy dispuesto —totalmente dispuesto— a dejar de lado todas las satisfacciones de esta vida para contribuir a mantener este gobierno, a pagar esa deuda.
>
> Pero, querida esposa, cuando sé que con mis propias satisfacciones dejo de lado casi todas las tuyas, para remplazarlas en esta vida por penas y preocupaciones; cuando tras haber probado yo mismo, durante largos años, el amargo fruto de la orfandad, debo ofrecerla a mis queridos y pequeños hijos como único sustento, ¿es debilidad o deshonra, mientras el pabellón de mi propósito ondea tranquila y orgullosamente en la brisa, que mi amor ilimitado por ustedes, querida esposa e hijos, deba librar un feroz aunque inútil combate con mi amor por mi país? [...]
>
> Sarah, mi amor por ti es infinito, parece atarme a ti con firmes lazos que nada sino la omnipotencia podría romper; pero mi amor por mi país me golpea como un fuerte viento, y me arrastra irresistiblemente, con todas estas cadenas, al campo de batalla.

> [...] Tengo, lo sé, apenas unos cuantos reclamos a la Divina Providencia, pero algo me dice —quizá la oración susurrada de mi pequeño Edgar— que volveré ileso con mis seres queridos. Si no lo hago, querida Sarah, no olvides nunca lo mucho que te quise; y cuando mi último suspiro escape de mí en el campo de batalla, diré en un murmullo tu nombre.

Ballou combatió al día siguiente en Bull Run, y murió. Como Marshall, tenía la sensación de no poder encontrar satisfacción fuera de sus obligaciones para con su comunidad y su país.

Hoy vivimos en una sociedad que hace mucho énfasis en la felicidad personal, definida como la ausencia de frustración en el cumplimiento de los deseos propios. Pero las tradiciones morales antiguas no mueren. Se prolongan por siglos y vuelven a inspirar a personas nuevas en condiciones nuevas. Marshall vivió en el mundo de los aviones y la bomba nuclear, pero, en muchos sentidos, fue formado por las tradiciones morales de la Grecia y Roma clásicas. Su composición moral le debía algo a Homero, al énfasis clásico en la valentía y el honor. Le debía algo a los estoicos, con su hincapié en la disciplina moral. Pero, principalmente en su madurez, también le debía algo al antiguo ateniense Pericles, quien encarnó el estilo de liderazgo que llamamos magnanimidad, o gran alma.

El líder magnánimo de la edad de oro griega tenía una elevada pero precisa visión de su virtud. Se colocaba en una categoría diferente a la mayoría de quienes lo rodeaban, sabiendo que había sido bendecido por una suerte inusual. Esta comprensión tensó sus relaciones con la gente a su alrededor. Podía parecer solitario, distante, reservado y circunspecto, salvo con unos cuantos amigos cercanos. Iba por el mundo con una amabilidad reservada, cordial con la gente, pero sin exponer demasiado sus sentimientos, pensamientos y temores.[38] Ocultaba sus vulnerabilidades y detestaba la idea de que pudiese depender de otros. Como escribe Robert Faulkner en *The Case for Greatness*, no era un afiliado, jugador en equipo ni empleado: "No arrimaba el hombro a cualquier rueda, en especial si debía asumir un papel secundario. Tampoco esperaba reciprocidad".[39] Le agradaba otorgar favores, pero le avergonzaba recibirlos. Era, como dijo Aristóteles, "incapaz de ajustar su vida a la de cualquiera".[40]

El líder magnánimo no tiene una serie normal de relaciones sociales. Hay en él restos de tristeza, como en muchas otras personas muy ambiciosas que renuncian a la compañía por el bien de sus elevados objetivos. No se puede permitir ser ridículo, o simplemente libre y feliz. Es como el mármol.

El líder magnánimo es llamado por su naturaleza a conseguir un gran beneficio en favor de su pueblo. Se tiene en una estima más alta y se convierte en una institución pública. De hecho, la magnanimidad sólo puede expresarse en la vida pública o política. La política y la guerra son los únicos teatros lo bastante grandes, competitivos y trascendentes para demandar los mayores sacrificios y convocar los más altos talentos. Según esta definición, el hombre que se refugia en el comercio y la vida privada es menos importante que el que entra en la arena pública.

En tiempos de Pericles, se suponía que el líder de alma grande debía conducirse con firmeza y sobriedad. Que debía ser más sensato y autodisciplinado que los irascibles héroes homéricos. Sobre todo, que debía rendir algún beneficio público a gran escala. Salvar a su pueblo en un momento de peligro, o transformarlo para que pudiera adecuarse a las necesidades de una nueva época.

El hombre de alma grande podría no ser bueno —no siempre ser amable, compasivo, considerado y simpático—, pero es un gran hombre. Recibe grandes honores porque es digno de ellos. Alcanza un estilo distinto de felicidad, definido por Edith Hamilton, divulgadora del pensamiento griego, como "un ejercicio de excelencia de facultades vitales en una vida que le ofrece amplio alcance".

Muerte

En 1958, Marshall se internó en el Walter Reed Hospital para que le quitaran un quiste en la cara. Su ahijada, Rose Wilson, fue a visitarlo y le sorprendió verlo tan acabado.

—Ahora tengo mucho tiempo para recordar —le dijo él, y le contó que de niño iba a deslizarse en trineo con su padre en Uniontown.

—Coronel Marshall —replicó ella—, lamento que su padre no

haya vivido lo suficiente para saber qué gran hijo tuvo. Habría estado muy orgulloso de usted.

—¿Eso crees? —preguntó Marshall—. Me gustaría pensar que me aprobó.

Siguió debilitándose. En todos los rincones de la Tierra hubo reacciones a la enfermedad del general. Llegaron mensajes de Winston Churchill y el general Charles de Gaulle, Mao Tse-tung y Chiang Kai-shek, Iósif Stalin y el general Dwigth Eisenhower, el mariscal Tito y el mariscal de campo Bernard Montgomery.[41] Miles de cartas de personas comunes llegaron a carretadas. El presidente Eisenhower fue a visitarlo tres veces. Truman estuvo ahí. Winston Churchill, ya entonces de ochenta y cuatro años de edad, lo visitó también. Marshall estaba en coma y Churchill no pudo más que quedarse llorando en la entrada, viendo el pequeño cuerpo de un hombre al que había conocido tan bien.

Murió el 16 de octubre de 1959, justo antes de cumplir los ochenta años. El general Tom Handy, su antiguo subjefe de estado mayor, le había preguntado alguna vez sobre las disposiciones para su funeral, pero Marshall lo interrumpió: "No se preocupe por eso; ya dejé todas las instrucciones necesarias".[42] Estas instrucciones fueron abiertas después de su muerte. Eran notables: "Sepúltenme con sencillez, como a cualquier oficial ordinario del ejército estadunidense que ha servido honorablemente a su país. Sin aspavientos. Sin ceremonias elaboradas. Que la ceremonia sea corta, reduzcan la lista de invitados a la familia. Y sobre todo, háganlo calladamente".[43]

Por orden expresa suya, no hubo funerales de Estado. No se le veló en la rotonda del Capitolio. Fue velado veinticuatro horas en la Bethlehem Chapel de la National Cathedral, para que sus amigos pudieran darle el último adiós. Asistieron al sepelio su familia, algunos colegas y su viejo peluquero de guerra, Nicholas J. Totalo, quien le había cortado el pelo en El Cairo, Teherán, Potsdam y, más tarde, en el Pentágono.[44] Luego hubo una corta y sencilla ceremonia en Fort Myer, en Arlington, Virginia, en la que se siguió el rito de difuntos del devocionario común, sin oración fúnebre.

6 Dignidad

En la época en que se transmitía el programa *Command Performance*, el líder de derechos civiles más destacado en Estados Unidos era A. Philip Randolph. Se trataba de un líder afroestadunidense que organizaba y llamaba a marchas, se reunía con el presidente y cuya fama y autoridad moral contribuyeron a dar forma a ese movimiento.

Randolph nació en 1899 cerca de Jacksonville, Florida. Su padre era ministro de la Iglesia metodista episcopal africana, en la que ganaba tan poco que obtenía la mayor parte de sus ingresos como sastre y carnicero, mientras su esposa trabajaba como costurera.

Randolph, que no fue una persona religiosa, recordaría: "Mi padre predicaba una religión racial. Apelaba a la condición social de los fieles, y siempre les recordaba que su Iglesia era la primera institución militante negra en Estados Unidos".[1] Randolph padre llevaba a sus dos hijos a mítines políticos encabezados por negros. Los presentaba con negros exitosos. Además, les contaba y volvía a contar la vida de negros ejemplares a través de la historia: Crispus Attucks, Nat Turner, Frederick Douglass.

Los Randolph llevaban una vida de muy respetable pobreza. La casa estaba impecablemente ordenada. La familia seguía un anticuado código de propiedad, disciplina y etiqueta. Los padres practicaban una dicción perfecta y enseñaron a su hijo a pronunciar cada sílaba de cada palabra para que, a lo largo de su vida, términos como "responsabilidad" salieran de su boca en una prolongada y majestuosa sucesión: "res-pon-sa-bi-li-dad".

Confrontados por la humillación racial, los Randolph se ceñían a un código de refinamiento y gentileza moral que desentonaba con sus circunstancias materiales. Randolph padre, escribió el biógrafo Jervis Anderson, "era, para decirlo llanamente, un caballero por mérito propio, guiado por los valores del civismo, la humildad y la decencia, inspirado por el servicio religioso y social, totalmente consagrado a la idea de la dignidad".[2]

En la escuela, Randolph tuvo dos maestras blancas de Nueva Inglaterra, llegadas al sur para educar a niños negros desfavorecidos, a las que llamaría más tarde "dos de las mejores maestras que haya habido en este mundo". La señorita Lilie Whitney le dio clases de latín y matemáticas, en tanto que la señorita Mary Neff le enseñó literatura y teatro. Alto y atlético, Randolph sobresalía en basquetbol, pero desarrolló por Shakespeare y el teatro un amor que sería perdurable. En las últimas décadas de su esposa, durante las que estuvo confinada a una silla de ruedas, Randolph le leía a Shakespeare todos los días.

La mayoría de la gente es producto de sus circunstancias, pero los padres de Randolph, sus maestros y él mismo crearon una ecología moral que trascendía sus condiciones, un modo de comportarse que siempre era un poco más elevado, un poco más formal y mucho más digno que el de su entorno. Durante toda su vida, Randolph siempre mantendría un porte decoroso y erguido. C. L. Dellums, colega y líder laboral, rememoraría: "Randolph aprendió a sentarse y caminar erguido. Jamás se le veía recostarse ni reclinarse. Por disfrutable que fuera la ocasión, cuando volteabas ahí estaba él, tan derecho como si tuviese una tabla en la espalda".[3]

Su voz era baja, grave y serena. Tenía un acento que la gente describía como una mezcla de bostoniano de clase alta y antillano. Hablaba con cadencias bíblicas, y empleaba palabras arcaicas como "en verdad" y "conferir".[4]

Combatía toda tendencia al relajamiento o la indolencia moral con actos constantes de dominio de sí, fueran pequeños actos de conducta personal o grandes actos de renunciación. A su equipo le sorprendía que las mujeres se le entregaran en sus viajes, así como la gentileza con que él las hacía a un lado. "No creo que haya habido nunca un hombre al que las mujeres suplicaran y persiguieran tanto como a él", recordaría Dellums a uno de sus biógrafos. "Lo intentaban todo, salvo la violación. Webster y yo bromeábamos entre nosotros diciendo que teníamos que rodear al jefe para evitar que lo tocaran. ¡Y eran las mujeres más hermosas! [...] Siempre era deprimente tener que salir de ahí. Yo vi a mujeres intentarlo todo, rogarle que las acompañara a su hotel, a tomar una copa o algo. Él sólo decía: 'Lo siento. Tuve un día difícil. Mejor dejémoslo así'. Yo le preguntaba en ocasiones: '¿Lo dice en broma, jefe?'."[5]

Randolph no creía en el exhibicionismo. Más allá de hacerlo en sus textos, los cuales podían ser duros y polémicos, por lo general no criticaba a nadie. Su formalidad solía impedir que la gente sintiera que lo conocía; hasta Bayard Rustin, uno de sus colaboradores más cercanos, lo llamaba siempre "señor Randolph". No le interesaba el dinero y sospechaba que el lujo corrompía la moral. Cuando ya era viejo y mundialmente famoso, seguía tomando todos los días el autobús de su casa al trabajo. Un día lo asaltaron en el pasillo de su edificio; los ladrones le encontraron 1.25 dólares, pero ni reloj, ni joya alguna. Cuando algunos donadores querían recaudar dinero para que él mejorara su estilo de vida, los detenía diciendo: "Ustedes saben que no tengo dinero ni espero tenerlo. Pero jamás pensé iniciar un movimiento para obtener dinero para mí y mi familia. El destino de algunas personas es ser pobres; ésa es mi suerte y no lo lamento".[6]

Tales cualidades —incorruptibilidad, formalidad reticente y, sobre todo, dignidad— significaban que era imposible humillarlo. Sus reacciones y estado interior eran determinados por él, no por el racismo ni por la adulación que lo rodearía más tarde. Randolph fue importante porque estableció un modelo de líder de derechos civiles. Exudaba dominio de sí y, como George C. Marshall, dejó a su paso una retahíla de grandes admiradores. "A quienes no lo conocieron, es difícil hacerles creer que A. Philip Randolph fue en este siglo el hombre más grande en Estados Unidos", escribió el columnista Murray Kempton. "Pero es más difícil hacerles creer lo contrario a quienes sí lo conocieron".

Espíritu cívico

Los principales retos en la vida de Randolph fueron éstos: ¿cómo tomar a personas imperfectas y organizarlas para que se conviertan en una fuerza a favor del cambio? ¿Cómo amasar poder sin que te corrompa? Aun en medio de una de las empresas más nobles del siglo, como el movimiento de los derechos civiles, los líderes como Randolph desconfiaban de ellos mismos, sintiendo que debían estar en guardia contra su lasitud y su naturaleza pecaminosa, pues incluso en el combate contra la injusticia es posible cometer terribles agravios.

Existe una razón para que a los líderes de los derechos civiles les fascinara el libro del Éxodo. En él, los israelitas eran un pueblo dividido, miope y petulante. Lo guiaba un hombre, Moisés, que era dócil, pasivo y arrebatado, que se sentía incapaz para esa tarea. Los líderes de aquel movimiento tuvieron que hacer frente a los irresolubles dilemas del liderazgo mosaico: cómo conciliar la pasión con la paciencia, la autoridad con el poder compartido, la claridad de propósito con la desconfianza en uno mismo.[7]

La solución era cierto tipo de espíritu cívico. Hoy, cuando usamos la expresión "espíritu cívico" solemos referirnos a alguien que organiza peticiones, marchas, protestas y que hace oír su voz para el bien público. Pero antes aludía a alguien que contenía sus pasiones y moderaba sus puntos de vista para obtener un amplio consenso para unir a personas diversas. Hoy concebimos el espíritu cívico como autoafirmación, pero históricamente ha sido una forma de autodeterminación y autocontrol. El reticente, y a veces frío, George Washington ejemplifica esta versión del espíritu cívico.[8] También Randolph, quien combinó radicalismo político con tradicionalismo personal.

A veces, sus colaboradores se hastiaban de su cortesía a toda prueba. "En ocasiones", dijo Bayard Rustin a Murray Kempton, "creo que él permite que los buenos modales se interpongan en su camino. [...] Una vez me quejé de eso y él contestó: 'Bayard, los buenos modales nos permiten aceptar a todas las personas. Ya es hora de que los adquiramos. Los necesitaremos cuando esto acabe, porque cuando ganemos tendremos que hacer gala de ellos'."[9]

El gentil radical

Randolph inició su carrera trasladándose de Florida a Harlem, donde llegó en abril de 1911, un mes después del incendio de la fábrica Triangle.

Participó en grupos teatrales en los cuales, con su dicción y presencia, parecía estar por convertirse en actor shakespeariano, hasta que sus padres terminaron con esa idea. Asistió brevemente al City College, donde leyó con fervor a Karl Marx. Intervino en el lanzamiento de varias revistas raciales, llevando el marxismo a la comunidad negra. En un editorial, llamó a la Revolución rusa "el mayor logro del siglo xx". Se opuso a la entrada de Estados Unidos a la primera guerra mundial, pues pensaba que la guerra sólo servía a los intereses de los fabricantes de municiones y otros industriales. Lanzó una cruzada contra el movimiento Vuelta a África de Marcus Garvey. En medio de esa lucha, un enemigo anónimo le mandó una caja con una nota amenazadora y una mano humana cercenada.

Al mismo tiempo que se le arrestaba por violar las leyes antisedición, su vida personal se hacía más burguesa y responsable. Se casó con una elegante mujer de una prominente familia de Harlem. Los domingos por la tarde, a ambos les gustaba participar en los paseos semanales. La gente se ponía sus mejores prendas —polainas, bastones, flores en el ojal, botines y sombreros de moda— y recorría la avenida Lenox, o la calle 135, intercambiando saludos y cumplidos con sus vecinos.

A principios de la década de 1920, Randolph ya había incursionado en la organización de agrupaciones obreras. Colaboró en la puesta en marcha de media docena de sindicatos, organizando a meseros, meseras y otros grupos descontentos. En junio de 1925 lo buscaron los maleteros de vagones pullman que querían un líder carismático y educado que les ayudara a formar un sindicato. La Pullman Company rentaba vagones dormitorio de lujo a ferrocarriles. Los clientes eran atendidos por escuadrones de negros con librea que lustraban zapatos, cambiaban sábanas y servían alimentos. Tras la guerra civil, el fundador de esa compañía, George Pullman, contrató a exesclavos para que hicieran dicho trabajo, en la creencia de que serían una fuerza laboral dócil. Los maleteros ya habían tratado de sindicalizarse desde 1909, pero la compañía los había rechazado.

Randolph aceptó el reto y pasó los doce años siguientes intentando crear un sindicato de maleteros y obteniendo concesiones de la compañía. Viajó por todo el país convenciendo a maleteros de afiliarse al sindicato, en un momento en que el más leve indicio de actividad sindical podía costarles el empleo, o la represión. Sus buenos modales constituían la principal herramienta de Randolph. Como recordaría un miembro del sindicato: "Te atrapaba. Si no te atraía, era que no tenías sentimientos. Sentías por él lo que los discípulos por el Maestro. Tal vez no te dabas cuenta de eso al momento, pero cuando llegabas a casa y reflexionabas en lo que él había dicho, tenías que seguirlo y punto".[10]

El trabajo fue lento, pero transcurridos cuatro años el sindicato ya tenía casi siete mil miembros. Randolph se percató de que a la gente de base no le gustaba, por lealtad, que él criticara a la compañía. Ni compartía sus críticas generales al capitalismo, así que cambió de táctica: convirtió aquello en una batalla por la dignidad. Igualmente, decidió rechazar todos los donativos de simpatizantes blancos; ésa sería una victoria que los negros obtendrían por sí mismos.

Entonces llegó la Gran Depresión y la compañía volvió a la carga, despidiendo o amenazando a los empleados que votaran por la huelga. En 1932, el número de miembros del sindicato había bajado a setecientos setenta y uno, y se habían cerrado oficinas en nueve ciudades. Randolph y el personal de las oficinas generales fueron desalojados por no pagar la renta. El sueldo de Randolph, que era de diez dólares a la semana, se redujo a nada. Siempre pulcra y elegantemente vestido, su ropa se gastó y luyó. Activistas sindicales fueron abatidos en las urbes, desde Kansas City a Jacksonville. En 1930, Dad Moore, partidario de Oakland, escribió con determinación una carta, un mes antes de su fallecimiento:

> Estoy contra la pared, pero primero moriré que ceder un ápice. No lucho por mí, sino por doce mil maleteros y mucamas, y sus hijos […]. He estado en las puertas del hambre, pero eso no me hizo cambiar de opinión; porque así como la noche sigue al día, estoy seguro de que ganaremos. Di a todos los hombres en tu distrito que sigan al señor Randolph como al propio Jesucristo.[11]

Resistencia no violenta

Iglesias y prensa negras se volvieron contra el sindicato, por ser demasiado agresivo. En Nueva York, el alcalde Fiorello La Guardia ofreció a

Randolph un empleo en el gobierno de la ciudad, con un sueldo de siete mil dólares al año, pero lo rechazó.

Las cosas cambiaron en 1933 con la elección de Franklin Roosevelt como presidente y la modificación de las leyes laborales. Aun así, los ejecutivos de la compañía Pullman no podían hacerse a la idea de que para resolver el conflicto laboral tendrían que sentarse como iguales con los maleteros negros y sus representantes. No fue hasta julio de 1935 que la compañía y la dirigencia sindical se reunieron en Chicago para iniciar las negociaciones. Finalmente, dos años después se llegó a un acuerdo: la compañía aceptó reducir el trabajo mensual de cuatrocientas a doscientas cuarenta horas y aumentar el paquete salarial total en mil doscientos cincuenta dólares al año. Así concluyó una de las batallas laborales más largas y enconadas del siglo xx.

Para ese momento, Randolph era el líder sindical afroestadunidense más famoso de la nación. Habiendo roto con el marxismo de su juventud, dedicó los años siguientes a una serie de brutales combates para purgar al movimiento obrero de organizaciones controladas por los soviéticos. Luego, a principios de la década de 1940, dada la movilización bélica del país, una nueva injusticia se abatió sobre la comunidad negra. Las fábricas requerían multitud de trabajadores, para producir aviones, tanques y barcos, pero no contrataban negros.

El 15 de enero de 1941 Randolph convocó a una gigantesca marcha en Washington si se permitía que esa discriminación persistiera. "Los estadunidenses negros leales demandamos el derecho a trabajar y luchar por nuestro país", declaró. Formó el March on Washington Committee, y realísticamente supusieron que ellos podrían reunir a diez mil, o hasta veinte o treinta mil negros, en una marcha de protesta en el Mall.

La perspectiva de esa manifestación alarmó a los líderes nacionales. Roosevelt llamó a Randolph a la Casa Blanca.

—Hola, Phil —le dijo cuando estuvieron juntos—. ¿De qué generación de Harvard eres?

—Nunca fui a Harvard, señor presidente —contestó Randolph.

—Estaba seguro de lo contrario. Como sea, tú y yo nos parecemos en nuestro gran interés por la justicia humana y social.

—Así es, señor presidente.

Roosevelt procedió entonces a contar una serie de chistes y anécdotas políticas, hasta que Randolph lo interrumpió:

—Señor presidente, el tiempo está corriendo y yo sé que usted está muy ocupado. De lo que queremos hablar con usted es del problema del empleo de negros en la industria de la defensa.

Roosevelt ofreció llamar a los directores de algunas compañías y exhortarlos a contratar negros.

—Queremos que haga más que eso —replicó Randolph—. Algo concreto… Queremos que emita una orden ejecutiva que obligue a contratar negros en esas plantas.

—Bueno, Phil, tú sabes que no puedo hacer eso. Si emito una orden ejecutiva para ti, otros grupos vendrán a pedirme que emita órdenes ejecutivas para ellos. En todo caso, no puedo hacer nada, a menos que suspendas esa marcha. Cuestiones como ésta no pueden resolverse con un mazo.

—Disculpe, señor presidente, pero la marcha no se puede suspender.

Exagerando un poco, Randolph dijo ser capaz de congregar a cien mil marchistas.

—No puedes traer a cien mil negros a Washington —protestó Roosevelt—. Alguien podría acabar muerto.

Randolph insistió. El *impasse* duró hasta que intervino el alcalde La Guardia, presente en esa junta:

—Es obvio que el señor Randolph no va a cancelar la marcha, así que sugiero buscar otra fórmula.[12]

Seis días antes de la marcha, Roosevelt firmó la Executive Order 8802, que prohibía la discriminación en la industria de la defensa. Randolph suspendió la marcha, pese a la férrea oposición de los líderes de derechos civiles que querían utilizarla para promover otras causas, como el combate a la discriminación en las fuerzas armadas.

Después de la guerra, Randolph dio un impulso más amplio a los derechos de los trabajadores y la abolición de la discriminación racial. Como siempre, su gran poder se derivaba de su evidente integridad moral, carisma y ejemplo como hombre incorruptible al servicio de una causa. Pero no era un administrador meticuloso. Se le dificultaba concentrar sus energías en una sola causa. La admiración irrestricta que inspiraba a su alrededor podía amenazar la eficacia organizacional. "Especialmente en la

National Office, hay un nocivo grado de veneración al señor Randolph como líder, que obstaculiza la acción e impide un inteligente desarrollo de políticas",[13] observó un analista externo de la organización de la marcha de 1941 en Washington.

Pero Randolph tenía que hacer aún otra importante contribución al movimiento de los derechos civiles. Durante las décadas de 1940 y 1950 estuvo entre quienes defendieron la resistencia no violenta como táctica para promover la causa de los derechos civiles. Influido por Mahatma Gandhi y algunas de las estrategias iniciales del movimiento obrero, participó en la formación de la League of Non-Violent Civil Disobedience Against Military Segregation en 1948.[14] Contra la mayoría de los grupos establecidos de derechos civiles, que abogaban por la educación y la reconciliación, por encima de la confrontación y el conflicto, Randolph fue partidario de plantones en restaurantes y "protestas de oración". Como dijo en el Senate Armed Services Committee en 1948: "El nuestro sería [un movimiento] que no opondría resistencia [...]. Estábamos dispuestos a recibir violencia y terrorismo, afrontar las consecuencias y aceptar todo lo que pasara".

Esta táctica de no violencia se apoyaba en una autodisciplina y renunciación intensas, como las que Randolph había practicado toda su vida. Uno de sus asistentes que más influyó en él, y que fue más influido por él, fue Bayard Rustin. Varias décadas menor que Randolph, Rustin compartía muchas cualidades con su mentor.

Rustin

Bayard Rustin creció en West Chester, Pennsylvania, y fue educado por sus abuelos. Era casi un muchacho cuando supo que su supuesta hermana mayor en realidad era su madre. Su padre, un alcohólico, vivía en la misma ciudad, pero nunca figuró en su vida.

Con el tiempo Rustin referiría que su abuelo tenía "el porte más distinguido que se pudiera imaginar. Ninguno de nosotros recuerda una sola rudeza de su parte". Su abuela, educada como cuáquera, fue una de las primeras negras en Estados Unidos en estudiar la preparatoria. Inculcó en Bayard la necesidad de quietud, dignidad e incesante autocontrol. "Jamás hay que perder los estribos", era una de sus máximas favoritas. En una ocasión, la madre de Rustin organizó un campamento bíblico de verano, con énfasis en el libro del Éxodo, al que Bayard asistió todos los días. "Mi abuela", recordaría más tarde, "estaba convencida de que, tratándose de asuntos sobre la liberación de los negros, teníamos mucho más que aprender de la experiencia judía que de Mateo, Marcos, Lucas y Juan."[15]

En la preparatoria, Rustin fue un buen atleta y escribía poesía. Como Randolph, hablaba con un acento pulido, casi británico, que podía parecer arrogante a quienes no lo conocían. Sus compañeros se burlaban de su excesiva dignidad. Uno de ellos recordaría: "Declamaba poesía bíblica y a Robert Browning. En ocasiones, después de taclearte, se paraba y recitaba un poema".[16] Estando en primer grado, fue el primer negro en cuarenta años en ganar el premio de oratoria de su escuela. En su último año formó parte del equipo de futbol americano del condado y fue el responsable de pronunciar el discurso de despedida de su generación. Desarrolló una gran pasión por la ópera, Mozart, Bach y Palestrina, y la novela *The Last Puritan*, de George Santayana, era uno de sus libros favoritos. Leyó por su cuenta *The Story of Civilization*, de Will y Ariel Durant, lo que, aseguró, fue como "oler algo que te abre las fosas nasales, salvo que ocurría en mi cerebro".[17]

Asistió a la Wilberforce University en Ohio, y luego a la Cheney State en Pennsylvania. Entonces se dio cuenta de que era gay. Esto no le causó mucha confusión emocional —había crecido en una familia tolerante y durante toda su vida sería un homosexual más o menos explícito—, pero lo obligó a mudarse a Nueva York, donde al menos había una cultura gay clandestina y algo más de aceptación.

Una vez en Harlem, siguió múltiples direcciones simultáneas, uniéndose a organizaciones de izquierda y ofreciéndose a colaborar en la marcha de Randolph en Washington. Asimismo, se sumó a una organización pacifista cristiana, la Fellowship of Reconciliation (FOR), donde pronto surgió como estrella en ascenso. El pacifismo era para él un modo de vida. Le brindaba una vía a la virtud interior y una estrategia para el cambio social. La vía a la virtud interior significaba reprimir su ira personal y sus tendencias violentas. "La única forma de reducir la fealdad en el mundo es reducirla en ti", decía.[18] Más tarde, en una carta a Martin Luther King escribiría que el pacifismo como estrategia para el cambio "descansa en dos pilares, uno de los cuales es la resistencia, la resistencia militar continua; el malhechor está sujeto a presión, así que no se le permite reposar nunca. Segundo, proyecta buena voluntad contra la mala. De esta manera, la resistencia no violenta es una fuerza contra la apatía en nuestras filas".[19]

Hacia el final de su veintena, Rustin viajó patrocinado por la FOR, electrizando a audiencias en todo el país. Organizó numerosos actos de desobediencia civil, que pronto se volvieron legendarios en los círculos pacifistas y de los derechos civiles. En 1942, en Nashville, insistió en viajar en la sección reservada a los blancos de un autobús público. El chofer llamó a la policía; cuatro agentes lo golpearon mientras él mantenía una actitud pasiva, al modo de Gandhi. Como contaría más tarde David McReynolds, miembro de la FOR: "Rustin no sólo era el orador más popular de nuestra organización, sino también un genio de las cuestiones tácticas. La FOR lo estaba fogueando para hacer de él un Gandhi estadunidense".[20]

En noviembre de 1943, al recibir su aviso de reclutamiento, Rustin decidió asumir una postura de no cooperación y fue a dar a la cárcel en lugar de fungir como objetor de conciencia en un campo de trabajo rural. En ese tiempo, uno de cada seis internos en cárceles federales era prisionero de conciencia. Estos reos se concebían como las tropas de asalto del pacifismo y los derechos humanos. Preso, Rustin desafió frontalmente las políticas discriminatorias de la cárcel. Insistía en comer en la parte del comedor exclusiva para blancos. En su tiempo libre se instalaba en la sección exclusiva para blancos del bloque de celdas. A veces, su activismo lo metía en problemas con otros presos. En una ocasión, un blanco lo persiguió hasta golpearlo en el cuerpo y la cabeza con un palo de trapear. Rustin también adoptó esta vez una postura gandhiana de no resistencia, repitiendo únicamente: "¡No me puedes hacer daño!". Por fin, el palo se rompió. Bayard resultó con una muñeca rota y moretones por toda la cabeza.

Pronto, la noticia de sus proezas se extendió más allá de la cárcel, hacia los círculos periodísticos y de activistas. En Washington, funcionarios de la Federal Bureau of Prisions, bajo la conducción de James Bennett, clasificaron a Rustin como "delincuente notorio", la misma categoría de

Al Capone. Como señaló su biógrafo John D'Emilio: "Durante los veintiocho meses que pasó en prisión, Bennett recibió innumerables cartas de subordinados pidiéndole consejos de qué hacer con Rustin, y de partidarios de éste atentos al trato que se le daba".[21]

Promiscuidad

Rustin se comportaba heroicamente, pero en su conducta había también arrogancia, enojo y, en ocasiones, temeridad, que no iban de acuerdo con las creencias que profesaba. El 24 de octubre de 1944 se sintió forzado a enviar una carta al director de la cárcel disculpándose por su conducta en una audiencia disciplinaria. "Estoy muy apenado por haber perdido la calma y actuado groseramente", escribió.[22] Asimismo, había imprudencia en su vida sexual. En esa época, la vida gay era clandestina; gays y lesbianas no contaban con la aprobación pública. Pese a ello, Rustin buscaba sexo con una avidez que inquietaba incluso a sus amantes. Sus giras de conferencias antes y después de la cárcel implicaban constantes rondas de seducción. Un amante duradero se quejó de que "llegar a casa un día y encontrarlo en la cama con otro no era precisamente mi idea de la diversión".[23] En la cárcel, él era explícito en sus intereses sexuales y varias veces se le sorprendió practicando felación a otros internos.

Al final, las autoridades de la prisión convocaron a una audiencia disciplinaria. Al menos tres reos declararon haber visto a Rustin haciendo sexo oral. Al principio, éste negó los cargos con vehemencia. Cuando las autoridades dijeron que como castigo lo separarían, él se abrazó a una silla giratoria, opuso resistencia a los guardias y terminó en aislamiento.

La novedad de este incidente llegó a oídos de activistas de todo el país. A algunos de sus seguidores les incomodó enterarse de que fuera gay, aunque él no lo había ocultado nunca. Pero lo que más les molestó fue que sus actividades sexuales socavaran el ejemplo que él mismo había dado como luchador heroico y disciplinado. En un movimiento que pedía a sus líderes que fueran pacíficos, moderados y severos consigo mismos, Rustin se mostraba colérico, arrogante, laxo y autoindulgente. A. J. Muste, líder de la FOR y mentor suyo, le escribió una áspera carta:

> Incurriste en una inmoralidad grave, especialmente reprensible en alguien que, como tú, reclama liderazgo y —hasta cierto punto— superioridad moral. Además, engañaste a todos, incluidos tus camaradas y amigos más leales. [...] Aun estás lejos de enfrentar la realidad en ti mismo. En quien has sido y sigues siendo, no hay nada que respetar, así que debes echar firmemente de ti *todo* lo que te impide encarar eso. Sólo así podrá nacer tu verdadero yo, mediante el fuego, la angustia profunda y una humildad de niño [...]. Recuerda el salmo 51: "Por tu amor, oh, Dios, ten compasión de mí: por tu gran ternura, borra mis culpas. ¡Lávame de mi maldad! ¡Límpiame de mi pecado! [...] Contra ti he pecado, y sólo contra ti, haciendo lo malo, lo que tú condenas. [...] Oh, Dios, ¡pon en mí un corazón limpio!, ¡dame un espíritu nuevo y fiel!".[24]

En una carta posterior, Muste aclaró que lo que objetaba de Rustin no era su homosexualidad, sino su promiscuidad: "¡Qué vulgar y terrible que no haya forma ni disciplina en la relación!". Así como un artista dotado de una visión libérrima y el más potente impulso creativo se somete a la más estricta de las disciplinas, quien ama debe dominar sus impulsos para alcanzar "la disciplina, el control, el esfuerzo de entender al otro".

La promiscuidad, proseguía Muste, "nos aproxima a la farsa y negación del amor, porque si amor significa profundidad, si significa comprensión por sobre lo ordinario [...] si significa intercambio de algo vital, ¿cómo podría suceder esto entre un número indefinido de personas?".

En un principio, Rustin se opuso al riguroso juicio de Muste, pero tras semanas de aislamiento cedió, escribiendo en respuesta una larga y sincera carta:

> Cuando el éxito de nuestra campaña racial era inminente, mi comportamiento obstaculizó el progreso [...]. Abusé de la confianza de los negros en mi liderazgo; los induje a cuestionar las bases morales de la no violencia; lastimé y defraudé a mis amigos en todo el país. [...] Soy tan traidor (para nuestro modo de pensar) como el capitán que expone intencionalmente posiciones militares durante la batalla [...]. Me he consagrado a mi "ego". He

> pensado en términos de mi poder, mi tiempo, mi energía, y de destinarlos a la gran lucha. He pensado en términos de mi voz, mi aptitud, mi interés en ocupar la vanguardia de la no violencia. No he aceptado humildemente los dones que Dios me dio [...]. [Esto] me llevó, ahora lo veo, primero a la arrogancia y al orgullo, y luego a la debilidad, la artificialidad y el fracaso.[25]

Meses después se autorizó a Rustin viajar a casa, en compañía de un guardia, para que visitara a su agonizante abuelo. Camino allá se encontró con Helen Winnemore, activista y vieja amiga. Ella le dijo que lo amaba y quería ser la compañera de su vida, para concederle una relación heterosexual, o servirle al menos de pantalla para que pudiera continuar su obra. En una carta a su fiel amante, Davis Platt, Rustin resumió el ofrecimiento de Winnemore, parafraseándola:

> "Como creo que, una vez que te redimas, tu capacidad de servicio y redención de los demás será inmensa y como también creo que tu principal necesidad inmediata es el amor de verdad, la comprensión de verdad y la confianza, te hablo sin vergüenza de mi amor por ti, de mi deseo de estar contigo en la luz y en la oscuridad, para darte todo lo que poseo con objeto de que la bondad en ti viva y florezca. Los hombres deben ver la bondad de la que eres capaz y glorificar a tu creador. Ése es, Bayard", siguió diciendo ella, "el amor que siento por ti, te lo ofrezco con mucho gusto, no sólo por mí o por ti, sino también por toda la humanidad, que se beneficiará de lo que tu integración va a significar", entonces ambos guardamos silencio un largo rato.[26]

El ofrecimiento de Winnemore conmovió a Rustin. "Nunca había oído en una mujer tan generosas palabras de amor. Nunca había sentido un ofrecimiento tan simple y completo." No lo aceptó, pero lo juzgó una señal divina. Recordar esa conversación le procuraba "una alegría casi más allá de toda comprensión, un rayo de luz en la dirección correcta, nueva esperanza [...] una revaloración repentina [...] una luz acerca del camino que debo seguir".[27]

Juró contener su arrogancia, el espíritu iracundo que había estropeado sus actividades pacifistas. También reconsideró su vida sexual. En esencia aceptó la crítica de Muste sobre su promiscuidad. Trabajó en su relación con su leal amante, Davis Platt, con quien intercambió una serie de largas e inquisitivas cartas, esperanzado en que una relación amorosa verdadera sirviera de dique contra el deseo y la promiscuidad.

Rustin permaneció en prisión hasta junio de 1946. Tras su liberación, se reintegró *ipso facto* al movimiento de los derechos civiles. En Carolina del Norte se sentó con otros activistas en la parte delantera de un autobús segregado; todos fueron golpeados y casi linchados. En Reading, Pennsylvania, obligó a disculparse al gerente de un hotel en el que le habían negado una habitación. En St. Paul, Minnesota, hizo un plantón hasta que le dieron un cuarto. En un tren de Washington a Louisville permaneció sentado en el vagón comedor desde el desayuno hasta la hora de la comida mientras los meseros se negaban a atenderlo.

Cuando A. Philip Randolph canceló una campaña de resistencia, Rustin lo criticó con dureza por emitir una declaración "ambigua y demasiado comedida".[28] Pronto se avergonzó, evitando a Randolph durante los dos años siguientes. Cuando al fin volvieron a verse, "yo estaba tan nervioso que no dejaba de temblar, esperando a que él desatara su cólera sobre mí". Pero Randolph lo tomó todo a broma y reanudaron su relación.

Entonces Rustin hizo giras de conferencias por todo el mundo y volvió a brillar, seduciendo hombres en cada escala. Finalmente, Platt lo echó de su departamento. En 1953, en Pasadena, donde había ido a dar un discurso, se le arrestó poco después de la tres de la mañana; les hacía sexo oral a dos hombres en un auto cuando dos policías se acercaron y lo detuvieron, por vagancia lasciva.

Sentenciado a sesenta días de cárcel, su reputación jamás se restablecería del todo. Tuvo que apartarse de las organizaciones de activistas a las que pertenecía. En vano intentó conseguir empleo como publicista de una editorial. Un trabajador social le sugirió dedicarse a limpiar baños y pasillos en un hospital.

Tras bastidores

Hay quienes tratan de recuperarse de un escándalo retomando las cosas donde las dejaron y siguen adelante con su vida. Otros se despojan de todo y vuelven a empezar desde abajo. Rustin entendió que su nuevo papel sería servir tras bastidores a su causa.

Poco a poco, se comprometió de nuevo con el movimiento de los derechos civiles. En lugar de ser el orador, líder y organizador estrella, en lo sucesivo estaría, casi siempre, en las sombras, trabajando tras bambalinas, sin recibir crédito y cediendo la gloria a otros, como su amigo y protegido Martin Luther King, Jr. Rustin escribiría para él, difundiría ideas por su intermedio, lo presentaría con líderes obreros, lo empujaría a hablar de cuestiones económicas tanto como de derechos civiles, lo ilustraría sobre la confrontación no violenta y la filosofía de Gandhi, y organizaría en su nombre una acción tras otra. Por ejemplo, tuvo una participación destacada en el boicot de autobuses en Montgomery. King escribió un libro sobre este tema, pero Rustin le pidió que eliminara toda referencia a su intervención. Cuando se le pedía firmar una declaración pública a favor de un asunto u otro, por lo general, se negaba.

Aun este papel tras bastidores era endeble. En 1960, Adam Clayton Powell, pastor y más tarde congresista de Nueva York, hizo saber que si King y Rustin no se plegaban a sus demandas sobre cierta cuestión táctica, los acusaría de haber tenido relaciones sexuales. Randolph instó a King a apoyar a Rustin, dada la obvia falsedad de ese cargo. King titubeó. Rustin presentó su renuncia a la Southern Christian Leadership Conference, con la esperanza de que King la rechazara; para su consternación, la aceptó sin más. King también se alejó personalmente de él, no volviéndole a llamar para pedirle consejo y enviando la ocasional nota insulsa para encubrir su decisión de distanciarse.

En 1962 Rustin cumplió cincuenta años siendo prácticamente un desconocido. Sólo Randolph, entre los principales líderes de los derechos civiles, seguía firme a su lado. Un día en Harlem, este último recordó la marcha de Washington en la segunda guerra mundial, que nunca se realizó. Al instante, Rustin sintió que era el momento de cumplir ese sueño y organizar un "asalto masivo" a la capital. Marchas y protestas en el sur habían empezado a sacudir los cimientos del antiguo orden, pensaba. La elección de John F. Kennedy había dado a Washington nueva relevancia. Era momento de forzar la acción federal mediante una confrontación masiva.

Al principio, las mayores organizaciones de derechos civiles, como la Urban League y la National Association for the Advancement of Colored People (NAACP), se mostraron escépticas o francamente hostiles. No querían ofender a los legisladores ni a miembros del gobierno. Una marcha contestataria podía limitar su acceso a la gente en el poder y su posibilidad de ejercer influencia desde dentro. Asimismo, tiempo atrás el movimiento de derechos civiles había cambiado de perspectiva, lo que despertó no sólo un debate sobre estrategia, sino también profundas diferencias de opinión acerca de la moral y la naturaleza humana.

Como argumenta David L. Chappell en su libro *A Stone of Hope*, en estricto sentido hubo dos movimientos de derechos civiles. El primero era culto y norteño. Los miembros de este grupo tendían a una visión optimista de la historia y la naturaleza humana. Sin mayor reflexión, percibían el arco de la historia como un ascenso gradual, una firme acumulación de conocimientos científicos y psicológicos, un logro constante de creciente prosperidad, un desarrollo sostenido de leyes progresistas y un suave ascenso desde la barbarie hacia la decencia.

Creían que el racismo infringía tan claramente los documentos fundacionales de la nación que el principal trabajo de los activistas de derechos civiles era apelar a la razón y a lo mejor de la naturaleza humana. Al aumentar los niveles educativos, elevarse la conciencia y extenderse la prosperidad y las oportunidades económicas, cada vez más personas entenderían, poco a poco, que el racismo era malo y la discriminación injusta, y que tenían que combatirla. Educación, prosperidad y justicia social avanzarían de la mano. Todas las cosas buenas son compatibles y se refuerzan entre sí.

Las personas situadas en este bando tendían a creer en la conversación por encima de la confrontación, el consenso por sobre la agresión y la civilidad antes que la fuerza política.

Un segundo bando, sostiene Chappell, procedía de la tradición profética bíblica. Sus líderes, como King y Rustin, citaban a Jeremías y a Job.

En este mundo, afirmaban ellos, el justo sufre mientras el injusto prospera. Tener la razón no lleva necesariamente a la victoria. El hombre es, en esencia, un pecador. Racionalizará las injusticias que le benefician. No renunciará a sus privilegios aun si es posible convencerlo de que son injustos. Aun las personas del lado justo de una causa pueden ser corrompidas por su gazmoñería y convertir un movimiento desinteresado en un instrumento para satisfacer su vanidad. Pueden ser corrompidas por el poder que adquieran y por su impotencia.

El mal, declaró King, es "galopante" en el universo. "Sólo el optimista superficial que se niega a enfrentar las realidades de la vida no advierte este hecho." [29] Las personas ubicadas en este bando realista, principalmente sureñas y religiosas, despreciaban la fe de la gente del norte en el paulatino progreso natural. "Este tipo particular de optimismo ha sido desacreditado por la lógica brutal de los acontecimientos", continuaba King. "En lugar de un seguro progreso en decencia y saber, el hombre enfrenta la siempre presente posibilidad de una rápida reincidencia no sólo en el bestialismo, sino también en una crueldad calculada que ningún otro animal es capaz de ejercer." [30]

Los optimistas, aducían los miembros de este bando, practican la idolatría. Adoran al hombre y no a Dios, además, cuando adoran a Dios sólo le atribuyen cualidades humanas extremas. En consecuencia, sobreestiman el poder de la buena voluntad, el idealismo y la compasión de los seres humanos, así como sus nobles intenciones. También son demasiado indulgentes consigo mismos, complacientes acerca de su propia virtud e ingenuos respecto a la firmeza de sus adversarios.

Randolph, King y Rustin tenían esta austera visión de su lucha. Los defensores de la discriminación no cejarían y la gente de buena voluntad no sería convencida para actuar si esto entrañaba un riesgo para ella. Los activistas de los derechos civiles no podían confiar en su buena disposición o fuerza de voluntad, porque con demasiada frecuencia terminaban pervirtiendo su causa. Para que hubiera progreso no bastaba con comprometerse; uno debía entregarse por completo al movimiento, a costa de la propia felicidad y realización, y quizá de la vida. Desde luego, esta actitud exacerbaba una determinación impetuosa, que muchos optimistas aliados seculares no podían igualar. Como señaló Chappell: "Los activistas de los derechos civiles recurrían a fuentes conservadoras para que les brindaran la determinación de que los liberales carecían, pero que necesitaban".[31] La perspectiva bíblica no protegía a los realistas del dolor y el sufrimiento, pero explicaba que éstos eran inevitables y redentores.

Una consecuencia de esta actitud era que los profetas realistas resultaban mucho más agresivos. Ellos lo tomaron como una cosa natural, dada la naturaleza pecaminosa del hombre, pues la gente no podía ser transformada por la educación, la concientización o la ampliación de oportunidades. Era un error tener fe en los procesos históricos, en las instituciones o bondad humanas. Como dijo Rustin, los estadunidenses negros veían "con temor y desconfianza la idea, propia de la clase media, de cambios educativos y culturales a largo plazo".[32]

Más bien, el cambio ocurre por una presión y coerción incesantes. Es decir, los realistas bíblicos no eran tolstoianos, sino gandhianos. No creían en poner la otra mejilla, o tratar de ganarse a la gente con amistad y amor. La no violencia los proveía de una serie de tácticas que hacían posible mantenerse a la ofensiva. Esto les permitía organizar incontables protestas, marchas, plantones y otras acciones que obligaban a sus adversarios a hacer cosas contra su voluntad. La no violencia permitía a los realistas bíblicos exhibir la villanía de sus enemigos, hacer que los pecados de éstos trabajaran en su contra al ser expuestos en formas cada vez más brutales. Ellos compelían a sus enemigos a cometer actos viles porque estaban dispuestos a recibir ese mal. Rustin respaldaba la idea de que se requería una conducta extrema para que el orden imperante se desmoronara. Veía a Jesús como "un fanático cuya insistencia en el amor sacudió los pilares de una sociedad estable".[33] O como indicó Randolph: "Me siento moralmente obligado a perturbar y mantener perturbada la conciencia de los racistas de este país".[34]

Aun en medio de esas confrontaciones, en sus mejores momentos Randolph, Rustin y los demás activistas de los derechos civiles supieron que corrían el riesgo de ser corrompidos por sus actos agresivos. En sus mejores momentos entendieron que podían incurrir en santurronería porque su causa era justa; en presunción a medida que ésta avanzara; en violencia y tribalismo cuando un grupo confrontara a otro; en dogmatismo y simplismo conforme usaran propaganda para movilizar a sus seguidores;

en vanidad al crecer sus audiencias; en dureza de corazón al agudizarse el conflicto y ahondarse el odio por parte de sus enemigos, y en decisiones moralmente cuestionables al acercarse ellos al poder. Cuanto más alteraran la historia, más se contagiarían de orgullo.

Rustin, quien había sido tan indisciplinado en su vida sexual, veía la no violencia como un medio que un inconforme podía usar para disciplinarse contra esas corrupciones. Desde esta perspectiva, la protesta no violenta es diferente a la protesta normal. Demanda un autocontrol implacable. El inconforme gandhiano debe participar en disturbios raciales sin agredir nunca, enfrentar el peligro sin dejar de ser tranquilo y comunicativo, confrontar con amor a quienes merecen ser odiados. Esto requiere autodisciplina física, ceder al peligro lenta e intencionadamente y cubrirse la cabeza con los brazos cuando llueven los golpes. Requiere disciplina emocional, resistir el impulso de sentir rencor, mantener un espíritu de malicia hacia nadie y de caridad hacia todos. Sobre todo, requiere capacidad para sufrir. Como dijo King, quienes habían padecido mucho tenían que soportar aún más sufrimiento para poder terminar con su opresión: "El sufrimiento inmerecido es redentor".[35]

La ruta no violenta resulta irónica: el débil puede triunfar soportando el sufrimiento, los oprimidos no deben defenderse si esperan derrotar a su opresor; quienes se ponen del lado de la justicia podrían ser corrompidos por su presunción de superioridad moral.

Ésta es la lógica invertida de quienes ven a su alrededor un mundo imperfecto. El pensador de mediados del siglo pasado más asociado con esta lógica irónica es Reinhold Niebuhr. Individuos como Randolph, Rustin y King coincidían con los razonamientos de Niebuhr y fueron influidos por él. Niebuhr sostenía que, asediado por su naturaleza pecaminosa, el hombre es un problema para sí mismo. Las acciones humanas tienen lugar en un marco de significado demasiado grande para la comprensión humana. Sencillamente no podemos entender la larga cadena de consecuencias surgida de lo que hacemos; ni siquiera el origen de nuestros impulsos. Niebuhr se pronunció contra la relajada conciencia del hombre moderno, la complacencia moral en todos los frentes. Recordaba a sus lectores que jamás somos tan virtuosos como creemos y que nuestros motivos nunca son tan puros como imaginamos.

Aun si reconocemos nuestras debilidades y corrupciones, continuaba, es preciso que emprendamos acciones decididas para combatir el mal y la injusticia. Pero entretanto es importante que admitamos que nuestros motivos no son puros, y que el poder que podamos obtener y usar acabará por corrompernos.

"Debemos seguir realizando acciones moralmente arriesgadas para preservar nuestra civilización", escribió Niebuhr en plena Guerra Fría. "Tenemos que ejercer nuestro poder. Pero en ese ejercicio no deberíamos creer que una nación es capaz de un perfecto desinterés, ni volvernos complacientes respecto a grados particulares de pasión e interés que corrompen la justicia por la que el ejercicio del poder adquiere legitimidad."[36]

Actuar de este modo, añadió, requiere la inocencia de una paloma y la astucia de una serpiente. La ironía última es que, en cualquier empeño, "podríamos no ser virtuosos si realmente fuéramos tan inocentes como pretendemos".[37] Si en verdad fuéramos inocentes, no podríamos usar el poder en la forma necesaria para alcanzar fines buenos. Pero si adoptas una estrategia basada en la desconfianza acerca de ti mismo, sólo puedes conseguir victorias parciales.

Culminación

Al principio, Rustin y Randolph tuvieron dificultades para congregar a líderes de los derechos civiles en torno a la idea de la marcha hacia Washington. Pero las violentas protestas en Birmingham, Alabama, en la primavera de 1963, alteraron los ánimos. El mundo entero vio a la policía de Birmingham soltar perros contra jovencitas, dispersar a la multitud con chorros de agua y lanzar muchachos contra las paredes. Esas imágenes movieron al gobierno de Kennedy para preparar leyes sobre derechos civiles, y convencieron a casi todos en el movimiento de los derechos civiles de que ése era un buen momento para una toma masiva de la capital.

Como principal organizador de la marcha, Rustin esperaba que se le nombrara director oficial. Pero en una reunión decisiva, Roy Wilkins, de la NAACP, discrepó: "Tiene demasiadas cicatrices". King vaciló hasta que, por fin, Randolph intervino, diciendo que él sería el director de la marcha. Esto le daría derecho a nombrar un asistente, el cual sería Rustin, director en pleno, menos de nombre. Wilkins fue rebasado.

Rustin supervisó todo, desde los sistemas de transporte hasta los sanitarios y la lista de oradores. Para evitar enfrentamientos con la policía del Distrito de Columbia, organizó una unidad de policías negros fuera de servicio y los capacitó en no violencia. Ellos rodearían a los marchistas e impedirían choques.

Dos semanas antes de la marcha, el senador segregacionista Strom Thurmond subió a la tribuna del senado y calificó a Rustin de pervertido sexual. Introdujo en la bitácora del Congreso la boleta policial de Pasadena. Como indica John D'Emilio en su excelente biografía *Lost Prophet*, Rustin se convirtió, instantánea e inadvertidamente, en uno de los homosexuales más visibles del país.

Randolph salió en su defensa: "Me consterna que en este país haya hombres que, envolviéndose en el manto de la moral cristiana, mutilen las más elementales concepciones de la decencia, privacidad y humildad humanas para perseguir a otros".[38] Como sólo faltaban dos semanas para la marcha, los demás líderes de derechos civiles no tuvieron otra opción que también defender a Rustin. Thurmond terminó haciéndole a éste un gran favor.

El sábado previo a la marcha, Rustin emitió una última declaración, que resumió su política de agresividad estrictamente controlada. La marcha, declaró, "será ordenada, pero no servil; será orgullosa, pero no arrogante; será no violenta, pero no tímida".[39] El día de la concentración, Randolph fue el primero en hablar. A continuación, John Lewis hizo rugir a la inmensa multitud con un discurso enérgico y apasionado. Mahalia Jackson cantó y King pronunció su discurso "Tengo un sueño".

Este último concluyó con el estribillo del antiguo *spiritual* "¡Libres al fin! ¡Libres al fin! ¡Gracias a Dios todopoderoso, somos libres al fin!". Luego Rustin, en su calidad de maestro de ceremonias, subió al podio y llamó de nuevo a Randolph. Éste hizo prometer a la muchedumbre que persistiría en la lucha: "Prometo que no descansaré hasta conseguir la victoria [...]. Empeñaré mi corazón, mente y cuerpo, inequívocamente y sin escatimar sacrificios personales, en el logro de la paz social a través de la justicia social".

Rustin y Randolph coincidieron después de la marcha. Como recordaría aquél más tarde, "Le dije: 'Señor Randolph, parece que su sueño se ha hecho realidad'. Y cuando lo miré a los ojos, por sus mejillas rodaban las lágrimas. Nunca antes recuerdo haber visto que Randolph no fuera capaz de contener sus sentimientos".[40]

En las últimas décadas de su vida, Rustin siguió su camino, trabajando arduamente contra el *apartheid* en Sudáfrica; sacudiendo el sistema de derechos civiles de Nueva York durante una crucial huelga de maestros en 1968; defendiendo el ideal de la integración contra figuras nacionalistas como Malcolm X. En esos años finales halló la paz personal, bajo la forma de una prolongada relación con Walter Naegle. Casi nunca hablaba en público de su vida privada, pero en una entrevista dijo: "Lo más importante es que, luego de muchos años de búsqueda, por fin he encontrado una relación sólida y permanente con un individuo con el que tengo todo en común, todo. [...] Pasé años buscando sexo excitante en lugar de una persona compatible".

La historia de A. Philip Randolph y Bayard Rustin es un relato de cómo personas imperfectas ejercen poder en un mundo imperfecto. Ambos compartían una visión del mundo basada en la conciencia del pecado tanto social como personal, la idea de que se inyecta vida humana por venas oscuras. Ambos aprendieron, Randolph de inmediato y Rustin en el curso de toda una vida, a crear una estructura interna que contuviera sus impulsos caóticos. Aprendieron que la naturaleza pecaminosa se combate oblicuamente con una conducta desinteresada, alejando la vida de sus peores tendencias. Eran de porte muy digno. Pero esta misma actitud los volvía agresivos en su estrategia exterior. Sabían que el cambio drástico, cuando se le necesita, rara vez pasa por la persuasión dulce. El pecado social requiere que la puerta sea derribada por personas conscientes de no ser dignas de tal intrepidez.

Ésta es una filosofía del poder para la gente que combina una convicción extrema con un extremo autoescepticismo.

7 Amor

"**Una vida humana, pienso**", escribió George Eliot, "debe estar firmemente arraigada en algún lugar del terruño, donde pueda recibir el amor de tiernos parientes por la faz de la Tierra, por los trabajos que acometen los hombres, por los ruidos y acentos que la asedian, por todo lo que dará a ese hogar primero una conocida e inconfundible diferencia en la futura ampliación del conocimiento."[1]

El terruño de Eliot estaba en Warwickshire, en el centro de Inglaterra, un paisaje grato, suave y ordinario. Desde su casa, ella podía ver los antiguos y ondulados terrenos de cultivo, así como las nuevas y sucias minas de carbón, el choque económico que daba a la época victoriana su especial intensidad. George Eliot nació con el nombre de Mary Ann Evans, el 22 de noviembre de 1819.

Su padre empezó como carpintero, pero ascendió gracias a su disciplina y olfato para la oportunidad y terminó como un exitoso corredor de fincas. Supervisaba las propiedades de otros, haciéndose, entretanto, moderadamente rico. Ella lo adoraba. Cuando se volvió novelista, usó sus rasgos —conocimiento práctico, sabiduría de iletrado, una leal devoción a su trabajo— como base para varios de sus personajes más admirables. Cuando él murió, Mary Ann guardó sus gafas de armazón metálico como recuerdo de sus ojos vivarachos y su perspectiva del mundo.

Su madre, Christiana, pasó enferma casi toda la infancia de Mary Ann. Perdió gemelos dieciocho meses después de haber nacido ella y envió a internados a sus hijos sobrevivientes, para librarse del esfuerzo físico de educarlos. Mary Ann parece haber sentido mucho la pérdida del afecto de su madre, a lo que reaccionó con lo que una de sus biógrafas, Kathryn

Hughes, llama "una mezcla irritante de búsqueda de atención y conducta de autocastigo".[2] A primera vista, ella era una niña precoz, voluntariosa y algo desgarbada que prefería la compañía de los adultos a la de otros niños, pero estaba profundamente necesitada de afecto.

Ansiosa de cariño y temerosa de que la abandonaran, de niña volcó su atención en su hermano mayor, Isaac. Cuando él regresaba en visitas temporales procedente de la escuela, ella lo seguía, importunándolo con preguntas sobre cada detalle de su vida. Él correspondió por un tiempo su amor, disfrutando de "pequeños ratos", días perfectos en los que jugaban en la hierba y los arroyos. Pero luego él creció, obtuvo un poni y perdió interés en aquella niña latosa, que lloró su abandono. Esto se convirtió en un patrón —su urgente necesidad de amor y el exasperado rechazo de un hombre— que dominaría los treinta primeros años de su vida. Como señaló quien sería finalmente su esposo, John Cross: "En su desarrollo moral, ella mostró desde sus primeros años el rasgo más marcado de su vida: la absoluta necesidad de una persona que fuera todo para ella, y para la que ella lo fuera todo".[3]

En 1835, su madre enfermó de cáncer de mama. Mary Ann, que a los cinco años había sido enviada a un internado para favorecer la salud de su madre, fue requerida a los dieciséis para atenderla. Nada indica que haya sufrido demasiado cuando su madre sucumbió finalmente a la enfermedad, pero su educación formal había terminado, y Mary Ann asumió el papel de supervisar el hogar, casi como esposa sustituta de su padre.

En su famoso prefacio a *Middlemarch*, Eliot escribió sobre la crisis vocacional que experimentan muchas jóvenes. Ellas sienten un inmenso anhelo interior, escribió, una pasión espiritual por orientar su energía en una dirección sustancial, heroica y significativa. Las impulsa la imaginación moral, el afán de hacer algo épico y recto en su vida. "Movidas por algo dentro de ellas", esas jóvenes se elevaban en pos de una "satisfacción sin límites, un objeto que no justificaría el cansancio, que conciliaría la desesperación con la conciencia extasiada de la vida más allá del yo." No obstante, la sociedad victoriana brindaba tan pocas vías a su energía que sus "amorosos latidos y sollozos tras una bondad inalcanzable se debilitan y dispersan entre obstáculos, en vez de centrarse en un hecho largamente reconocible".

A Mary Ann la motivaba esa pasión moral, ese perfeccionismo espiritual. A fines de su adolescencia y principios de su juventud, se volvió una especie de fanática religiosa. Llegó a la mayoría de edad en un momento en que la sociedad se encontraba en una gran conmoción religiosa. La ciencia comenzaba a exponer grietas en la descripción de la Iglesia sobre la creación humana. La difusión del escepticismo convertía la moral en un problema; muchos victorianos se aferraban más ajustadamente a inflexibles preceptos morales conforme sus dudas sobre la existencia de Dios aumentaban. Entre los creyentes hubo esfuerzos por erigir una Iglesia más efusiva y espiritual. John Henry Newman y el Oxford Movement trataron de devolver el anglicanismo a sus raíces católicas, de recuperar un sentido de veneración por la tradición y el ritual medieval. Los evangélicos democratizaron la fe, creando más ceremonias carismáticas, enfatizando la oración personal así como la conciencia individual y la relación directa de cada individuo con Dios.

En su adolescencia, Mary Ann fue atrapada por el fervor religioso, y en su egocéntrica inmadurez terminó por encarnar muchos de los aspectos más mojigatos de la religión. Su fe era pródiga en renunciación autoadmirativa y escasa en dicha o compasión humana. Dejó de leer obras de ficción, en la creencia de que una persona moralmente seria debía concentrarse en el mundo real, no en mundos imaginarios. Se privó del vino y como administradora de su hogar también obligó a la abstinencia a quienes la rodeaban. Adoptó una manera de vestir severa y puritana. La música, que antes había sido fuente de enorme alegría, ahora sólo se permitiría cuando acompañara los actos de culto. En eventos sociales podía darse por descontado que ella reprobaría la vulgar humanidad, para caer después en ataques de llanto. En una fiesta, escribió a una amiga: "El ruido opresivo que acompañaba al baile" le impidió "mantener el carácter protestante de una cristiana verdadera".[4] Esto le causó dolor de cabeza y un arrebato de histeria, por lo que juró rechazar "toda invitación de dudoso carácter".

D. H. Lawrence escribió en una ocasión: "George Eliot fue quien realmente comenzó todo. Ella fue la primera en trasladar la acción al interior". En su adolescencia, Mary Ann vivió de manera melodramática y narcisista, llena de solitaria angustia, turbulencia y resignación. Quería llevar una vida de rendición y martirio. Pero se restringía artificialmente, amputando toda pieza humana y sensible que no encajara en un marco rígido. Su conducta traslucía afectación, menos por ser una santa que por admirarse de serlo. En sus cartas de ese periodo hay una ostentosa y lamentable pose, lo mismo que en sus malos poemas primerizos: "¡Ah, santa! ¡Si pudiera reclamar / tan maravilloso alias / y ocupar bajo lugar / en especie tan sagrada!". Uno de sus biógrafos, Frederick R. Karl, resume la opinión común: "Salvo por su gran inteligencia, en 1838, cerca de cumplir diecinueve años, Mary Ann suena insoportable".[5]

Por fortuna su inquieta mente no podía ser contenida mucho tiempo. Era demasiado lista para no ser capaz de observarse con precisión. "Siento que mi pecado dominante es el más destructivo de todos, pues constituye la pródiga fuente de todos ellos, la ambición, un deseo insaciable de ser estimada por mis semejantes", escribió en una carta. "Ése parece ser el centro del que proceden todas mis acciones."[6] En cierto nivel, ella entendía que su rectitud pública sólo era una treta para llamar la atención. Además, era demasiado curiosa para permanecer mucho tiempo en una camisa de fuerza mental autoimpuesta. Ansiaba en demasía el conocimiento. Sus lecturas no podían caber en márgenes tan estrechas.

Aún leía comentarios bíblicos, pero también aprendía italiano, alemán y leía a Wordsworth y Goethe. Sus lecturas se ampliaron para incluir a Shelley y Byron, cuya vida no se adecuaba en absoluto a los rigores de su fe.

Pronto empezó a leer mucho sobre ciencias, como *The Phenomena and Order of the Solar System*, de John Pringle Nichol, y *Principles of Geology*, de Charles Lyell, libro que preparó el terreno para la teoría de la evolución de Darwin. Algunos autores cristianos se alzaban para defender el relato bíblico de la creación. Mary Ann también leyó esos libros, que en su caso resultaban contraproducentes. Eran tan poco convincentes en su refutación acerca de los hallazgos de la nueva ciencia que sólo servían para reforzar sus crecientes dudas.

Un libro que influyó mucho en ella fue *An Inquiry Concerning the Origin of Christianity*, de Charles Hennell, que compró en 1841, cuando tenía veintiún años de edad. Hennell analizaba cada uno de los evangelios, tratando de identificar lo que podía establecerse como un hecho y lo que era un adorno posterior. Concluía diciendo que no había suficientes evidencias para probar el origen divino de Jesús, o que éste hubiera hecho milagros, o que hubiera resucitado después de su muerte. Determinó entonces que Jesús era un "sabio y reformador de mente noble, martirizado por sacerdotes hábiles y soldados brutales".[7]

Durante casi todo este periodo, Mary Ann no tuvo cerca a nadie de su nivel intelectual con quien pudiera hablar de lo que leía. Inventó una palabra para describir su condición: "no impartitiva". Recibía información, pero no podía asimilarla a través de una conversación.

Se enteró entonces de que la hermana menor de Hennell, Cara, vivía cerca. El esposo de ésta, Charles Bray, tenía éxito en el ramo de la mercería y había escrito un breve tratado religioso, "The Philosophy of Necessity". En él sostenía que el universo estaba gobernado por reglas inmutables ordenadas por Dios, pero que él no actuaba en el mundo. Era deber del hombre descubrir esas reglas y mejorar el mundo conforme a ellas. Bray creía que la gente debía dedicar menos tiempo a orar y más a la reforma social. Los Bray eran pensadores brillantes, inteligentes y poco convencionales que llevaban una vida poco habitual. Aunque seguían casados, Charles tuvo seis hijos con su cocinera; por su parte, Cara sostenía una amistad íntima y quizá sexual con Edward Noel, pariente de lord Byron, quien tenía tres hijos y una finca en Grecia.

Mary Ann fue presentada a los Bray por una amiga mutua, quizá para hacerlos volver al redil del cristianismo ortodoxo. Si ésa fue su intención, no dio resultado. Cuando Mary Ann apareció en su vida, ésta ya se alejaba de la fe. Los Bray la reconocieron de inmediato como un espíritu afín. Mary Ann socializaba cada vez más con ellos, encantada de haber encontrado al fin amigos intelectuales. Aunque los Bray no fueron la causa de que ella desertara del cristianismo, catalizaron este hecho.

Mary Ann se percató de que su creciente escepticismo no pondría fin a sus problemas. Significaría una ruptura con su padre, el resto de la familia y la sociedad refinada en general. Le sería muy difícil encontrar marido. En la sociedad de su tiempo, el agnosticismo significaba ostracismo. Pero ella siguió valientemente su marcha hacia lo que su corazón y su cabeza le decían que era cierto. "Deseaba contarme entre las filas de esa gloriosa cruzada que quería liberar el Santo Sepulcro de la Verdad de la dominación usurpada", escribió en una carta a una amiga.[8]

Como indica esta frase, ella no renunciaba al espíritu de la religión aunque estaba por hacerlo al cristianismo. Descartaba la doctrina cristiana y la divinidad de Jesús, pero no dudaba, en especial en esa época, de la existencia de Dios. Rechazaba el cristianismo por motivos realistas, por disgusto con todo lo abstracto o fantástico. Hizo esto luego de lecturas exhaustivas, pero no fríamente o mediante el uso de la mera razón. Más bien, amaba la vida con tanta pasión terrenal que le costaba admitir la idea de que este mundo estuviera subordinado a otro que obedecía leyes diferentes. Llegó a sentir que podía alcanzar un estado de gracia no sometiéndose, sino mediante sus propias decisiones morales, llevando una vida virtuosa y estricta. Con esta filosofía puso una pesada carga sobre sus hombros y sobre su conducta.

En enero de 1842 informó a su padre que ya no lo acompañaría a la iglesia. Él reaccionó encerrándose en lo que un biógrafo llamó una cólera fría y taciturna. En su opinión, Mary Ann no sólo los desafiaba a él y a Dios; también optaba por deshonrar a su familia y hundirla en el oprobio social. El primer domingo después de su negativa, su padre fue a la iglesia, pero sólo anotó simple y fríamente en su diario: "Mary Ann no fue".

Las semanas siguientes transcurrieron en medio de lo que Mary Ann llamó una "guerra santa". Vivía en casa a disgusto con su padre. Él rompió contacto con ella, pero se defendió de diferentes formas. Enroló a amigos y familiares para que le rogaran que asistiera a la iglesia, así fuese sólo por mera prudencia. Si ella continuaba por ese camino, le advirtieron, pasaría su vida en la pobreza, la exclusión y el aislamiento. Esas predicciones verosímiles no surtieron efecto. Asimismo, su padre pidió a clérigos y otros estudiosos que la convencieran con la fuerza de la razón de que el cristianismo era la doctrina verdadera. Accedieron, argumentaron y fueron derrotados. Mary Ann ya había leído todos los libros que ellos citaban para explicarse y tenía sus respuestas.

Finalmente, su padre decidió que la familia debía mudarse. Si Mary Ann se obstinaba en ahuyentar a sus pretendientes, no tenía caso mantener la gran casa que rentaban para que ella consiguiera esposo.

Mary Ann intentó reanudar el trato con su padre escribiéndole una carta. Primero, dejó en claro por qué ya no podía ser cristiana. Dijo que consideraba los evangelios como "historias que se fundan en una mezcla de verdad y ficción, y aunque admiro y aprecio gran parte de las que juzgo las enseñanzas morales de Jesús, creo que el sistema de doctrinas montado sobre los hechos de su vida [...] deshonra a Dios y es pernicioso en su influencia sobre la felicidad individual y social".

Sería franca hipocresía, dijo a su padre, aparentar veneración en la sede misma de una doctrina que ella creía perniciosa. Escribió que le gustaría seguir viviendo con él, pero que si él quería que se marchara, "puedo hacerlo con gusto si lo deseas; me iré con una honda gratitud por la mucha ternura y bondad que jamás te has cansado de mostrarme. Lejos de quejarme, me someteré alegremente si, en merecido castigo por el dolor que sin querer te he causado, tú determinas quedarte con lo que hayas querido aportar para mi futuro sustento en beneficio de tus demás hijos, que quizá consideres más dignos".

En el amanecer de su vida adulta, Mary Ann no sólo renunciaba a la fe de su familia. También estaba dispuesta a entrar al mundo sin casa, herencia, esposo ni perspectivas. Concluyó con una declaración de amor: "Como última reivindicación de alguien que no tiene quien hable por ella, permítaseme decir que si alguna vez te amé como ahora, si alguna vez busqué obedecer las leyes de mi Creador y seguir al deber dondequiera que pudiera llevarme, ahora tengo esa misma determinación, y saberlo me sostendrá aun si cada ser sobre la Tierra me reprueba".

Esta carta notable para una mujer tan joven exhibe muchos de los rasgos que el mundo vería más tarde en George Eliot: intensa honestidad intelectual, arduo deseo de vivir según el rigor de su conciencia, asombroso valor ante la presión social y deseo de fortalecer su carácter tomando decisiones difíciles pero necesarias, aunque también un poco de egotismo, tendencia a proyectarse como la estrella de su melodrama, un pronunciado deseo de ser amada por los hombres, al mismo tiempo que ponía en riesgo ese amor.

Meses después, llegaron a un arreglo. Mary Ann aceptó acompañar a su padre a la iglesia siempre y cuando él y todos los demás entendieran que ella no era cristiana ni creía en las doctrinas de la fe.

Parece haber sido una capitulación, pero no lo fue del todo. El padre de Mary Ann debe de haber reparado en la crueldad de rechazar a su hija y cedió. Entretanto, Mary Ann acabó por ver y lamentar la gran veta de autoexaltación que había en su protesta. Vio que le deleitaba en secreto ser el centro de un escándalo público. Se arrepintió del dolor que causaba a su padre.

Por otra parte, supo que había algo de autoindulgencia en su inflexible postura. Menos de un mes después, escribió a una amiga diciéndole que deploraba su "impetuosidad tanto de sentimiento como de juicio". Más tarde dijo que lamentaba profundamente ese choque con su padre, que pudo haberse evitado con un poco de sutileza y control. Sí, tenía la obligación de seguir su conciencia individual, concluyó, pero era su deber moral moderar sus impulsos considerando su efecto en otros y en el tejido social de la comunidad. Cuando pasó a ser la novelista George Eliot, Mary Ann ya era enemiga declarada de un pavoneo tan burdo. En su madurez se volvió meliorista y gradualista, pensando que las personas y la sociedad podían reformarse mediante un esfuerzo paulatino, no a través de una ruptura súbita. Como veremos, era capaz de dar pasos valientes y radicales, acordes con sus convicciones, pero también creía en la importancia de las sutilezas y convenciones sociales. Creía que la sociedad se mantenía unida gracias a un millón de limitaciones a la voluntad individual, lo que colocaba al individuo en un mundo moral común. Terminó por creer que cuando la gente se comporta con base en un inflexible deseo individual, puede contagiar a otros con su egoísmo. Cubrió su sendero radical con todos los adornos de la respetabilidad. Se volvió una librepensadora intrépida con una fe en el ritual, el hábito y la convención. La guerra santa con su padre fue importante por haberle dado esta lección.

Meses más tarde, se reconcilió con su padre. Su admiración hacia él, así como su dependencia moral, fue expresada en una carta que Mary Ann escribió al morir su progenitor, siete años después de la guerra santa: "¿Qué será de mí sin mi padre? Parece como si una parte de mi naturaleza moral se hubiera esfumado. Tuve una visión horrible de mí anoche, que me volvía sensual, mundana y perversa a falta de esa influencia purificadora y restrictiva".

Necesidad

Mary Ann era madura intelectualmente. La lectura intensiva que había realizado durante su adolescencia produjo un impactante conocimiento profundo y gran capacidad de observación y juicio. En el nivel mental, Mary Ann iba muy avanzada en el trayecto central de su vida, la transformación la haría pasar de adolescente ensimismada a una adulta cuya madurez se mediría con una aptitud incomparable para sumergirse en los sentimientos de otras personas.

Sin embargo, emocionalmente ella seguía siendo una especie de caso perdido. Cuando tenía veintidós años, en su círculo se bromeaba que se enamoraba de todos los hombres que conocía. Esas relaciones seguían un patrón general. Desesperada por tener afecto, Mary Ann se arrojaba en brazos de un hombre, por lo general casado, o no disponible por algún otro motivo. Deslumbrado por su conversación, él correspondía sus atenciones. Pero confundiendo ese interés intelectual con amor romántico, Mary Ann se involucraba, esperando que ese amor mutuo llenara un vacío en ella. Al final, él la rechazaba o huía, o su esposa lo obligaba a sacarla de escena. Mary Ann se deshacía entonces en lágrimas, o era atacada por migrañas.

Sus incursiones románticas habrían podido tener éxito si ella hubiera sido hermosa a la manera convencional, pero, como informó Henry James, entonces joven y guapo, ella era "magníficamente fea, deliciosamente horrible". Muchos hombres no podían ignorar su quijada prominente y facciones caballunas, aunque espíritus más finos acabaran por ver la belleza en su interior. En 1852, una visitante estadunidense, Sara Jane Lippincott, describió el efecto de la conversación de Mary Ann en su apariencia: "Mi primera impresión de la señorita Evans fue, desde luego, que ella es muy poco agraciada, con su violento maxilar y evasivos ojos azules. Ni su nariz, ni su boca, ni su mentón fueron de mi agrado; pero al interesarse y enfrascarse en la conversación, una gran luz brilló sobre su rostro, o desde él, hasta parecer transfigurarla, mientras la dulzura de su extraña sonrisa se volvía absolutamente indescriptible".[9]

Hombres llegaban. Mary Ann se enamoraba. Ellos huían. Se encaprichó con un profesor de música y con Charles Hennell, el escritor. Se enredó con el joven John Sibree, quien estudiaba para pastor. Él no correspondió su afecto, pero tras sus conversaciones con ella dejó su carrera eclesiástica, pese a que no tenía otros medios de vida.

Después se aferró con inquietante intensidad a un artista casado, de mediana edad y 1.20 metros de estatura llamado François d'Albert Durade. Alguna ocasión, por alrededor de un día, desarrolló un amor obsesivo hacia un soltero, pero perdió interés al día siguiente.

Sus amigos la invitaban a alojarse en su casa. Poco después, ella se envolvía en algún tipo de apasionada intimidad con el padre de familia. El doctor Robert Brabant era un médico culto mucho mayor que ella que le daba acceso a su biblioteca, y quien le pidió que se fuera a vivir con su familia. En poco tiempo, estaban estrechamente compenetrados. "Estoy aquí en un pequeño paraíso, del que el doctor Brabant es el arcángel", escribió en una carta a Cara; "me haría falta tiempo para mencionar la totalidad de sus encantadoras cualidades. Leemos, paseamos, conversamos y su compañía no me fastidia nunca". Pero no pasó mucho tiempo antes de que la esposa del doctor Brabant se impusiera: si Mary Ann no se marchaba, lo haría ella. Mary Ann tuvo que retirarse en circunstancias afrentosas.

El embrollo más extraño sucedió en la casa de John Chapman, editor de la *Westminster Review*, de la que Mary Ann sería más tarde colaboradora y directora. Chapman ya vivía con su esposa y una amante cuando Mary Ann se mudó con él. Pronto, las tres competían por su afecto. Como explicó Frederick R. Karl, uno de los biógrafos de Eliot, esa situación poseía todos los ingredientes de una farsa rural, con portazos, parejas saliendo a hurtadillas a dar un paseo, sentimientos heridos y escenas lacrimosas e iracundas. Si un día había demasiada calma, Chapman le ponía dramatismo enseñando a una de sus mujeres una carta de amor de alguna de las otras. Al final, la esposa y la amante se aliaron contra Mary Ann. Una vez más, ella tuvo que huir entre murmuraciones de escándalo.

Los biógrafos suelen alegar que la ausencia de amor materno creó un vacío en el centro de Mary Ann, quien trató de llenarlo con desesperación el resto de su vida. Pero también estaba presente cierto narcisismo, el amor por su amor, el amor por su nobleza, por sentir el arrebato de su pasión. Hacía un drama de sí misma y se complacía en él, disfrutando de la atención, deleitándose con su destreza para la profundidad emocional y saboreando la sensación de su importancia épica. Quienes se ven como el centro de su sistema solar suelen embelesarse con su terrible pero delicioso sufrimiento. Quienes se ven como una pieza del universo y de una vasta historia raramente lo hacen.

Ella escribiría después: "Ser poeta es tener un alma tan ágil para discernir que no se le escapa ningún matiz importante, y tan ágil para sentir que ese discernimiento no es sino una mano que juega con una variedad de cuerdas de la emoción finamente ordenada; un alma en la que el conocimiento pasa de manera instantánea al sentimiento, y el sentimiento brilla como un nuevo órgano de conocimiento". Mary Ann tenía un alma así. Sentimiento, acción y pensamiento eran lo mismo. Pero no tenía a quién sujetar su pasión, ni trabajo que le diera forma y disciplina.

Acción

En 1852, a los treinta y dos años, Mary Ann se enamoró del filósofo Herbert Spencer, hasta entonces el único hombre en su vida que estaría cerca de ser su igual intelectual. Iban al teatro y conversaban sin parar. A él le agradaba su compañía, pero no pudo superar su propio narcisismo y la fealdad de ella. "La falta de atracción física fue fatal", escribiría décadas después. "Por más que mi juicio me incitara, mi instinto no respondía."

En julio, ella le escribió una carta tanto suplicante como audaz. "Quienes mejor me conocen dicen que, si alguna vez he amado en la vida, debería atenerme a ese sentimiento, y supongo que tienen razón", declaró. Le pidió que no la abandonara: "Si te unieras a otra persona, sería mi muerte, pero hasta entonces podría reunir valor para trabajar y hacer una vida valiosa, si tan sólo te tuviera cerca. No te pido que sacrifiques nada; estaría muy alegre y contenta, y nunca te molestaría [...]. Descubrirás que puedo sentirme satisfecha con muy poco si me veo librada del temor de perderte".

Añadió un remate climático: "Supongo que ninguna mujer ha escrito nunca una carta como ésta, pero no me avergüenzo, porque, a la luz de la razón y el verdadero refinamiento, sé que soy digna de tu respeto y cariño, piensen lo que piensen de mí los hombres descorteses o las mujeres de mente vulgar".[10]

Esta carta representa un momento capital en la vida de Eliot, con su mezcla de vulnerabilidad suplicante y sólida afirmación. Luego de años de deshilvanada necesidad, su alma empezaba a fortalecerse, y ella era capaz de declarar su dignidad. Podría decirse que ése fue el momento de acción de Eliot, el instante en que inició el proceso de dejar de lamentar su vacío y comenzar a vivir de acuerdo con sus propios criterios internos, desarrollando gradualmente una firme y apasionada capacidad para pasar a la acción y manejar su vida.

Esa carta no resolvió sus problemas. Spencer la rechazaba aún. Ella se seguía sintiendo insegura, en especial de sus escritos. Pero su energía se avivó. Exhibió una creciente cohesión, y a veces un valor asombroso.

En muchas personas, este momento de acción puede ser sorpresivamente tardío. A veces se percibe inacción entre los desfavorecidos. Su vida puede estar tan aquejada de problemas económicos, jefes arbitrarios y dificultades en general que pierden la fe en la idea de que un insumo conduce a un producto predecible. Puedes ofrecerles programas para mejorar su vida, pero ellos podrían no aprovecharlos por no estar seguros de que son capaces de controlar su destino. Entre los privilegiados, en particular los jóvenes, es posible encontrar personas que han sido educadas para ser máquinas buscadoras de aprobación. Pueden ser activas, ocupadas y despiertas, pero por dentro suelen sentirse pasivas y sin control. Su vida depende de las expectativas de los demás, criterios externos y definiciones de éxito que en realidad no van con ellas.

La acción no es automática. Hay que inducirla con presión y esfuerzo. No todo se reduce a seguridad y motivación para actuar. También hay que tener criterios internos muy bien grabados que guíen la acción. El momento de acción puede suceder a cualquier edad, o nunca. Eliot empezó a dar señales de acción emocional cuando estaba con Spencer, pero ésta no fructificó ni maduró hasta que conoció a George Lewes.

Un amor de verdad

La historia del amor de George Eliot por George Lewes se cuenta casi siempre desde la perspectiva de ella, como la gran pasión que dio coherencia a su alma, que tomó a la joven ensimismada y desesperada, brindándole el amor que anhelaba, así como el apoyo y seguridad que requería. Pero esa historia también puede contarse desde la perspectiva de Lewes, como el elemento central en su trayecto de la fragmentación a la integridad.

Lewes provenía de una larga línea de caos familiar. Su abuelo era un comediante que se casó tres veces. Su padre se había casado con una mujer en Liverpool, con la que tuvo cuatro hijos, para dejarla después y establecer un nuevo hogar con otra en Londres, con la que tuvo otros tres hijos antes de desaparecer para siempre en las Bermudas.

Lewes creció en medio de una pobreza moderada y se educó marchándose a la Europa continental, donde se instruyó en los principales autores locales, como Spinoza y Comte, prácticamente desconocidos en Inglaterra. Al volver a Londres, se ganaba la vida escribiendo sobre cualquier tema para quien le pagara. En una época que empezaba a favorecer la especialización y la formalidad, se le tenía por escritor empeñoso pero superficial.

La feminista estadunidense Margaret Fuller lo conoció en una fiesta en casa del escritor Thomas Carlyle. Lo describió como "un hombre ingenioso, afrancesado y frívolo" dotado de una "chispeante superficialidad". La mayoría de los biógrafos han seguido esta vertiente, menospreciándolo por considerarlo un vividor y oportunista; un escritor desenvuelto pero trivial y no del todo confiable.

La biógrafa Kathryn Hughes adopta una visión más apreciativa. Lewes, escribe, era ingenioso y efervescente en una sociedad que tendía al engreimiento adusto. Estaba al tanto de la vida en Francia y Alemania en una sociedad que solía desconfiar de todo lo que no fuera británico. Tenía una pasión genuina por la ideas y por poner bajo la mirada pública a pensadores desdeñados. Era un librepensador y un romántico en una sociedad que se encontraba en una estricta y retraída fase victoriana.

Lewes era famoso por su fealdad (curiosamente, era la única figura londinense de importancia en ser menos atractiva que George Eliot), pero podía conversar agradable y sensatamente con las mujeres, lo que le fue de mucha utilidad. Cuando tenía veintitrés años, se casó con Agnes, hermosa joven de diecinueve. Matrimonio moderno de librepensadores, ambos se guardaron fidelidad los primeros nueve años, pero ya después fueron bastante infieles. Agnes tuvo un largo romance con Thornton Hunt. Lewes lo aprobó mientras ella no tuviera hijos con él. Cuando esto finalmente ocurrió, Lewes los adoptó como suyos para librarlos de la deshonra de la ilegitimidad.

Para el momento en que conoció a Mary Ann, Lewes ya no vivía con Agnes (aunque, al parecer, creía que algún día volvería con ella; incluso su matrimonio permaneció legalmente intacto el resto de su vida). Se encontraba en lo que consideró un "periodo aburrido e inútil de mi vida. Había renunciado a toda ambición, vivía al día y juzgaba suficiente el mal de cada jornada".[11]

Por su parte, Mary Ann también estaba sola, pero maduraba. Escribió a Cara Bray: "Mis problemas son puramente físicos, autoinsatisfacción y desesperanza de lograr algo que valga la pena". En su diario adoptó un sentimiento del que ya había hablado la autora feminista Margaret Fuller: "Siempre reinaré por el intelecto, ¡pero la vida! ¡La vida!, ¡Oh, Dios mío! ¿Nunca será dulce?".[12]

Sin embargo, en esta etapa, a la mitad de su treintena, era menos frenética respecto a sí misma: "Cuando somos jóvenes, pensamos que nuestras dificultades son un asunto grave; que el mundo se extiende expresamente como escenario para el drama particular de nuestra vida; que tenemos derecho a despotricar y echar espuma por la boca si se nos contraría. Yo lo hice bastante en su momento. Pero al final comprendemos que esas cosas sólo son importantes para nuestra conciencia, son apenas una gota de rocío en un rosal de la que a mediodía ya no quedará huella. Esto no es sentimentalismo desbordado, sino una reflexión simple que encuentro útil todos los días".[13]

Lewes y Mary Ann se conocieron en una librería el 6 de octubre de 1851. Para entonces, ella ya se había mudado a Londres, estableciéndose como colaboradora anónima (y más tarde directora) de la *Westminster Review*. Ambos se desenvolvían en el mismo círculo. Los dos eran buenos amigos de Herbert Spencer.

Al principio, ella no quedó impresionada, pero poco después escribía que creía que Lewes era "jovial y divertido", e informaba a sus amigas que él había "ganado por completo mi simpatía, pese a mí misma". Por su parte, Lewes parece haber advertido la calidad de mujer que tenía enfrente. Inquieto y tornadizo en otras esferas de la vida, resultó ser sólido y confiable cuando se trató de sus atenciones a la mujer que se convertiría en George Eliot.

No sobrevive ninguna de su correspondencia. En parte, esto se debe a que no se escribían mucho (acostumbraban estar juntos todo el tiempo), pero también a que Eliot no quiso que sus biógrafos rastrillaran su vida privada y expusieran el corazón vulnerable que se escondía bajo sus formidables novelas. Así, no sabemos con exactitud cómo se desarrolló su amor. Sin embargo, sabemos que Lewes la conquistó gradualmente. El 16 de abril de 1853 ella escribió a una amiga: "El señor Lewes en particular es amable y atento, se ha ganado mi aprecio por completo, tras haber recibido mis vituperios. Como pocos en el mundo, él es mucho mejor de lo que parece. Un hombre de corazón y conciencia cubierto con una máscara de frivolidad".

En algún momento, Lewes le contó sobre su matrimonio destruido y anárquica vida privada. Es probable que esto no haya espantado a Mary Ann, familiarizada como estaba con modos de vida complejos. Pero también hablaban mucho de ideas. Les interesaban los mismos autores: Spinoza, Comte, Goethe, Ludwig Feuerbach. En ese periodo, Mary Ann traducía *The Essence of Christianity* de este último.

Feuerbach aducía que, aun si la época había perdido la fe en el cristianismo, era posible retener la esencia de la ética y moral de esa religión, lo que se podía hacer por medio del amor. Afirmaba que, a través del amor y el sexo con la persona amada, los seres humanos podían alcanzar trascendencia y vencer su naturaleza pecaminosa. Escribió:

> ¿Por cuál medio se libra el hombre de ese estado de desunión entre él mismo y el ser perfecto; de la dolorosa conciencia del pecado, la perturbadora noción de su nada? ¿Cómo mitiga la punzada fatal del pecado? Sólo así: tomando conciencia del amor como lo más alto, el poder y verdad absolutos; considerando al Ser Divino no sólo una ley, un ser moral del entendimiento, sino también como un ser humano afectuoso y hasta subjetivo (es decir, sintiendo compasión aun por el hombre individual).[14]

Mary Ann y Lewes se enamoraron gracias a las ideas. Antes de conocerse ya les habían atraído los mismos autores, a menudo al mismo tiempo. Escribían ensayos sobre temas comunes. Ambos asumían la búsqueda de la verdad con igual energía y suscribían la idea de que el amor y la compasión humanos podían servir de base a su moral, en sustitución de un cristianismo en el que no podían creer.

Amor intelectual

No tenemos acceso a la escena en que sus corazones se encendieron, pero sí al proceso por el cual se enamoraron tipos similares de personas, lo que nos da una idea de lo que Mary Ann y Lewes debieron sentir. Una famosa pasión de esta clase ocurrió entre el filósofo británico Isaiah Berlin y la poeta rusa Anna Ajmátova. El encuentro de sus mentes adquirió un dramatismo especial, porque todo sucedió en una sola noche.

La escena tuvo lugar en Leningrado, en 1945. Veinte años mayor que Berlin, Ajmátova había sido una gran poeta prerrevolucionaria. Desde 1925, los soviéticos no le permitían publicar nada. Su primer esposo fue ejecutado por calumnias en 1921. En 1938, su hijo cayó preso; ella permaneció diecisiete meses frente a la cárcel, esperando en vano noticias de él.

Berlin no sabía mucho de ella, pero estaba de visita en Leningrado y un amigo se ofreció a presentarlos. Fue llevado a su departamento, donde se encontró con una mujer todavía hermosa e imponente, aunque herida por la tiranía y la guerra. Al principio, su conversación fue mesurada. Hablaron de experiencias de guerra y universidades británicas. Otros visitantes iban y venían.

A medianoche se quedaron solos, sentados en extremos opuestos de la habitación de ella. Ajmátova le contó de su juventud y su matrimonio, así como de la ejecución de su esposo. Procedió a recitar el *Don Juan* de Byron con tanta pasión que Berlin tuvo que voltear hacia la ventana para ocultar su emoción. Ella recitó después algunos de sus propios poemas, alterándose al referir que los soviéticos habían ejecutado a un colega suyo a causa de esos versos.

A las cuatro de la mañana ya hablaban de los grandes. Coincidieron en Pushkin y Chéjov. A Berlin le gustaba la inteligencia ligera de Turguénev, mientras que Ajmátova prefería la oscura intensidad de Dostoievski.

Llegaban cada vez más hondo, desnudando su alma. Ajmátova confesó su soledad, expresó sus pasiones, habló de literatura y arte. Berlin tenía que ir al baño, pero no quería romper el encanto. Habían leído las mismas cosas, sabían lo que el otro sabía, comprendían sus mutuos anhelos. Esa noche, escribe su biógrafo, Michael Ignatieff, la vida de Berlin "llegó más cerca que nunca a la quieta perfección del arte". Al fin se marchó y regresó a su hotel. Eran las once de la mañana. Se echó sobre la cama exclamó: "¡Estoy enamorado, estoy enamorado!".[15]

La noche que Berlin y Ajmátova pasaron juntos permanece como el ideal de cierto género de comunicación. Un intercambio entre personas que creen que el conocimiento más valioso no está en los datos, sino en las grandes obras de la cultura, en el depósito de sabiduría moral, emocional y existencial que la humanidad ha heredado. Una comunicación en la que la compatibilidad intelectual se convierte en fusión emocional. Berlin y Ajmátova pudieron experimentar esa clase de conversación transformadora porque habían leído. Creían que uno debe lidiar con las grandes ideas y los grandes libros que enseñan a experimentar la vida en toda su riqueza, y a hacer sutiles juicios morales y emocionales. Eran espiritualmente ambiciosos. Tenían el lenguaje común de la literatura escrita por genios que nos comprenden mejor que nosotros mismos.

De igual forma, esa noche permanece como el ideal de un vínculo de cierto tipo. Un amor de esa especie depende de tantas coincidencias que sólo ocurre, si acaso, una o dos veces en la vida. Berlin y Ajmátova sintieron que todas las piezas encajaban en su sitio. Eran iguales en muchos sentidos. Había tanta armonía que todas las defensas internas cayeron en una noche.

Si lees los poemas que Ajmátova escribió sobre esa noche, te dará la impresión de que ellos se acostaron, pero, según Ignatieff, apenas si se tocaron. Su comunión fue principalmente intelectual, emocional y espiritual, creando una combinación de amistad y amor. Si, como suele decirse, los amigos encaran el mundo codo a codo y los amantes viven frente a frente, de alguna manera Berlin y Ajmátova parecieron encarnar ambas posturas a la vez. Compartieron y aumentaron también la comprensión de cada uno.

Para Berlin, esa noche fue el acontecimiento más importante de su vida. Ajmátova estaba varada en la Unión Soviética, sufriendo bajo un régimen de manipulación, temor y mentiras. Este régimen decidió que ella había confraternizado con un espía británico. Se le expulsó de la Unión de Escritores. Su hijo estaba en la cárcel. Ella vivía desolada, pero no dejó de agradecer la visita de Berlin, hablando de él con fervor y escribiendo conmovedoramente sobre la magia inmaterial de esa velada.

El amor que Eliot sentía por Lewes tenía algo de esa misma intensidad intelectual y emocional. También ellos experimentaron el amor como una fuerza moral que da profundidad a una persona, organizando mentes humanas alrededor de otras almas y elevándolas para que sean capaces de grandes actos de servicio y devoción.

Y, en efecto, si observamos el amor en su fase más apasionada, vemos que suele hacer cosas clave para reorientar el alma. Lo primero que logra es volvernos humildes. Nos recuerda que ni siquiera tenemos el control de nosotros mismos. En la mayoría de las culturas y civilizaciones, el amor es descrito en mitos y leyendas como una fuerza externa —un dios o demonio— que entra y coloniza a una persona, reacomodando todo dentro de ella. Es Afrodita o Cupido. El amor es descrito como una locura deliciosa, un fuego incontenible, un frenesí celestial. No edificamos el amor; nos *enamoramos*, sin posibilidad de control. Esto es algo primordial, y también distintivamente nuestro, estrujante y aterrador, una fuerza estimulante que no podemos planear, programar ni determinar.

El amor es como un ejército invasor que te recuerda que no eres el amo de tu casa. Te conquista poco a poco, reorganizado tus niveles de energía, reorganizando tus patrones de sueño, reorganizando tus temas de conversación y, hacia el final de este proceso, reordenado los objetos de tu deseo sexual e incluso tu foco de atención. Cuando estás enamorado, no puedes dejar de pensar en el ser amado. Caminas en medio de una multitud y crees verlo en una forma vagamente familiar cada tantos metros. Pasas de las mayores alturas a los más bajos abismos, incluso te duelen desaires que sabes probablemente triviales o ilusorios. El amor es el ejército más fuerte, porque no genera resistencia. Cuando la invasión va apenas hacia la mitad, la persona invadida quiere ser derrotada, temerosa e irremediablemente.

El amor es rendición. Expones tus más hondas vulnerabilidades y abandonas tus ilusiones de autodominio. Esta vulnerabilidad y el deseo de apoyo pueden manifestarse en formas modestas. Eliot escribió una vez: "Para la mayoría de las mujeres, hay algo peculiarmente victorioso en el ofrecimiento de un brazo firme; la ayuda no es necesaria en ese momento, pero la sensación de ayuda, la presencia de fortaleza fuera de las mujeres pero suya, satisface un continuo deseo de la imaginación".

El amor depende de la disposición de cada persona a ser vulnerable, y agudiza esa vulnerabilidad. Funciona porque cada cual expone su desnudez y la otra se apresta a enfrentarla. "Serás amado el día que puedas mostrar tu debilidad sin que la otra persona la use para reafirmar su fuerza", escribió el novelista italiano Cesare Pavese.

Luego, el amor deja sin centro al yo. Te saca de tu estado natural de amor propio. Vuelve a los demás más vívidos para ti de lo que tú eres para ti mismo.

La persona enamorada podría creer que busca su felicidad, pero eso es una ilusión. Lo cierto es que busca la fusión con otro; y cuando esa fusión contradice la felicidad, es probable que aun así ella opte por la fusión. Si el superficial vive en la estrechez de su ego, el enamorado descubre que la mayor riqueza no está dentro, sino fuera, en el amado, y en compartir un destino con él. Un matrimonio venturoso es una conversación quizá de cincuenta años cada vez más cerca de esa amalgama de mente y corazón. El amor se expresa en sonrisas y lágrimas compartidas, y termina con la declaración "¿Que te ame yo? ¡Pero si yo soy tú!".

Muchos observadores han hecho notar que el amor elimina la distinción entre dar y recibir. Como el yo de ambos amantes se ha entretejido, mezclado y fusionado, es más delicioso dar que recibir. Montaigne escribe que el enamorado que recibe un obsequio da en realidad al amante el mayor regalo: la oportunidad de experimentar la dicha de dar. Resulta absurdo decir que un amante es generoso o altruista, porque el amante que, en el frenesí del amor, da algo al amado, le da una parte de sí mismo.

En su famoso ensayo sobre la amistad, Montaigne describe cómo una amistad profunda, o un amor, puede reordenar los límites del ser:

> Una amistad así no tiene otro modelo que ella misma y sólo consigo misma se puede comparar. No fue una consideración especial, ni dos, ni tres, ni cuatro, ni un millar: fue una esencia misteriosa de aquella mezcla que se apoderó de mi voluntad y la hizo sumergirse y perderse en la de él; que se apoderó de la voluntad de él y la llevó, con ansia parecida e impulso igual, a sumergirse y perderse en la mía. Y puedo en justicia decir perder, porque a ambos nos dejó con nada nuestro, nada que fuera suyo o mío.

Después, el amor infunde en la gente un temperamento poético. Adán I quiere vivir de acuerdo con un cálculo utilitarista: maximizar las experiencias placenteras, protegerse del dolor y la vulnerabilidad, mantener el control. Quiere que vayas por la vida como una unidad autónoma, sopesando fríamente riesgos y recompensas, buscando tu propio interés. Planea y calcula costos y beneficios. Quiere que mantengas el mundo a prudente distancia. Pero estar enamorado es perder un poco la cabeza, ser elevado por el pensamiento mágico.

Estar enamorado es experimentar cientos de pequeñas sensaciones sucesivas que jamás habías experimentado, como si otra parte de la vida se abriera por primera vez para ti: un delirio de admiración, esperanza, duda, posibilidad, temor, éxtasis, júbilo, dolor y mucho más.

El amor es sumisión, no decisión. Te exige ejercer una rendición poética a un poder inexplicable sin reparar en costos. Te pide desechar pensamientos condicionales y verter tu amor a borbotones, sin medirlo a cucharadas. Cristaliza tu visión de modo que, como señaló Stendhal, el ser amado brille como una joya reluciente. Para ti, él posee una magia que los demás no ven. Para ti, los lugares históricos donde floreció el amor tienen un significado sagrado que los demás no pueden percibir. Las fechas en el calendario en que se intercambiaron los primeros besos y palabras cruciales adoptan el aura de días santos. Las emociones que sientes no pueden ser captadas en prosa, sólo en música y poesía, caricias y miradas. Las palabras que intercambias son tan tontas y recargadas que deben mantenerse en secreto. Sonarían ridículas si las emplearas con tus amigos a la luz del día.

No te enamoras de la persona que te podría ser más útil: de la más rica, más popular, mejor relacionada, con las mejores perspectivas profesionales. Adán II se enamora de la persona distintiva, por ninguna otra razón que una armonía, inspiración, alegría y exaltación moral internas, porque él es él y ella es ella. Además, el amor no busca el camino eficiente, la cosa segura; por alguna perversa razón, se nutre de impedimentos y la prudencia no suele vencerlo. Quizás hayas intentado advertir a dos enamorados que deberían pensarlo bien antes de casarse, porque su unión no será feliz. Pero los amantes atrapados en el pensamiento mágico no ven lo que otros ven, y tal vez no cambiarían su curso aun si pudieran, porque prefieren ser infelices juntos que felices separados. Están enamorados, no comprando acciones, y el temperamento poético —parte pensamiento, parte emoción brillante— guía sus decisiones. El amor es un estado de necesidad poética; existe, a la vez, en un plano más elevado y más bajo que la lógica y el cálculo.

De esta forma, el amor facilita la conciencia espiritual. Es un estado alterado de conciencia abrumador e intenso, pero al mismo tiempo efervescente. En ese estado, muchas personas suelen tener momentos místicos cuando toman conciencia de un mudo misterio más allá del plano humano. Su amor les da breves destellos del amor puro, de un amor separado de esta o aquella persona particular pero que emana de un reino trascendente. Hay efervescentes e intensas experiencias místicas, vislumbres de un infinito más allá de lo que se puede conocer a ciencia cierta.

En su obra maestra *My Bright Abyss*, el poeta Christian Wiman escribe:

> En todo amor verdadero —de una madre por su hijo, de un marido por su esposa, de un amigo por su amigo— hay un exceso de energía que siempre quiere estar en movimiento. Además, parece moverse no simplemente de una persona a otra, sino a través de ellas hacia algo más. ("Todo lo que ahora sé / es que entre más me amaba él, más amaba yo al mundo" —Spencer Reece.) Por eso podemos sentirnos tan confundidos y abrumados por ese amor (y no hablo sólo de cuando nos enamoramos; de hecho, hablo de relaciones más duraderas): quiere ser más de lo que es; clama dentro de nosotros para ser más de lo que es.[16]

A muchos religiosos y no religiosos, el amor ofrece un atisbo de un reino más allá del límite de lo conocido. En un sentido más práctico, también agranda el corazón. Por algún motivo, este acto de anhelar vuelve al corazón más abierto y más libre. El amor es como un arado que abre tierra dura y permite que crezcan cosas. Rompe la corteza de la que Adán I depende exponiendo la tierra suave y fértil de Adán II. Advertimos este fenómeno todo el tiempo: un amor lleva a otro, un amor magnifica la capacidad de otro.

El autocontrol es como un músculo. Si a menudo se te pide ejercitar el autocontrol en el curso de un día, te fatigas y no tienes fuerza suficiente para ejercerlo en la noche. Pero el amor es lo contrario. Cuanto más amas, más puedes amar. Quien tiene un hijo no lo ama menos cuando llegan un segundo y un tercero. Quien ama su ciudad no ama menos su país. El amor se extiende con el uso.

De esta forma, el amor ablanda. Todos conocemos a personas que, antes de enamorarse, eran quebradizas y se blindaban para la vida. Pero en medio de este dulce y vulnerable estado de motivación su actitud cambió. A sus espaldas, decimos que están radiantes de amor. El caparazón de la langosta se ha desprendido, exhibiendo la carne. Esto las vuelve más asustadizas y más expuestas a daños, pero también más buenas, más capaces de experimentar la vida como una ofrenda. Shakespeare, la inevitable autoridad en la materia, escribió: "Cuanto más te entrego, tanto más me queda, pues uno y otro son infinitos".[17]

Así, por último, el amor impulsa a las personas a servir. Si el amor comienza con un movimiento hacia bajo, hurgando en la vulnerabilidad del yo, exponiendo la desnudez, termina con un activo movimiento hacia arriba. Origina gran energía y deseo de servir. El enamorado compra regalitos, trae el vaso del cuarto contiguo, ofrece un pañuelo desechable cuando hay gripa, conduce en medio del tráfico para recoger al amado en el aeropuerto. Despierta noche a noche para amamantar, vive un año tras otro para proteger. Amar es arriesgar y sacrificar tu vida por la de tu camarada en una batalla. El amor ennoblece y transforma. En ningún otro estado la gente vive tan a menudo como queremos que viva. En ningún otro compromiso tiende tanto a llegar más allá de la lógica del interés propio, a compromisos incondicionales que se manifiestan en actos cotidianos de atención.

En ocasiones conoces a alguien con un corazón milenario. La persona con ese corazón ha cumplido la mayor parte de la apasionada, tumultuosa fase del amor. Esos meses o años de pasión imprimieron en su mente un compromiso profundo. A la persona o cosa que amó una vez con vehemencia, ahora la ama con ternura, pero también firme, feliz, inconmoviblemente. No piensa siquiera en que ama por querer algo a cambio. Como norma sólo ofrece amor de manera natural. Es un amor gratuito, no recíproco.

Éste es el tipo de amor que George Lewes tuvo por Mary Ann Evans. Ambos fueron transformados y ennoblecidos por su mutuo amor, pero en muchos sentidos la transformación mayor y más ennoblecedora fue la de Lewes. Celebró el talento superior de ella. Lo animó, incitó y cultivó. Con un millar de cartas y de gestos, se puso en segundo término, concediendo a ella el más elevado en su mente.

La decisión

La decisión de estar juntos fue profunda y transformadora. Aunque separado de su esposa y aun cuando Agnes tenía hijos con otro, Lewes estaba oficialmente casado. Si Eliot y Lewes se volvían pareja, a ojos del mundo cometerían un evidente adulterio. La sociedad refinada se cerraría para ellos. La familia les retiraría el habla. Serían proscritos, en especial Eliot. Como afirma su biógrafo Frederick R. Karl: “A los hombres que tenían amantes les llamaban galanteadores, pero a las mujeres tenidas como tales les llamaban putas”.[18]

No obstante, en el invierno de 1852-1853, Eliot parece haber admitido que Lewes era su alma gemela. En la primavera de 1853 empezaron a contemplar la opción de romper con la sociedad para estar juntos. En abril, Lewes sufrió desvanecimientos, dolores de cabeza y zumbido en los oídos. Eliot dedicó esos meses a traducir a Feuerbach. Este último alegaba que, en estricto sentido, un matrimonio no es un arreglo legal, sino moral; leer esas ideas sobre este tema habría ayudado a Eliot a concluir que el amor que Lewes y ella compartían era más verdadero y elevado que el arreglo que él tenía con su esposa legal, de la que estaba separado.

Mary Ann tuvo que tomar una decisión acerca de qué tipo de lazos significaban más para ella, y decidió que el amor debe triunfar sobre las relaciones sociales. Como escribió más tarde: "Lazos endebles y fáciles de romper son lo que no deseo en teoría, ni podría vivir en la práctica. Las mujeres a las que satisfacen esos lazos no actúan como lo he hecho yo".

Con su genio para juzgar el carácter, Eliot optó por depositar su fe en Lewes, aunque para entonces él todavía no se hubiera comprometido plenamente con ella. Como señaló en una carta: "He calculado el costo del paso que he dado y estoy dispuesta a soportar, sin irritación ni amargura, la renuncia de todos mis amigos. No me he equivocado sobre el individuo con que me enlacé. Él vale el sacrificio en que he incurrido y mi única ansiedad es que se le juzgue correctamente".

Todo amor es limitante. Es la renuncia a otras posibilidades en nombre de la que se ha elegido. En el brindis que pronunció en 2008, en la boda de Cass Sunstein y Samantha Power, Leon Wieseltier aludió a esta posibilidad:

> Los desposados son personas que han descubierto, por medio del amor, la naturaleza local de la felicidad. El amor es una revolución a escala, una revisión de magnitudes; es privado y particular; su objeto es la especificidad de este hombre y esta mujer, lo distintivo de este espíritu y este cuerpo. El amor prefiere lo hondo a lo ancho, el aquí al allá; la toma al alcance [...]. El amor es, o debería ser, indiferente a la historia, inmune a ella; un dulce y firme refugio de ella: cuando el día se extingue y las luces se apagan, sólo está este otro corazón, esta otra mente, esta otra cara para ayudar a repeler los propios demonios, o a dar la bienvenida a los ángeles; quién sea el presidente no importa. Cuando uno consiente en casarse, consiente en ser conocido de verdad, lo cual es una perspectiva ominosa; así, uno apuesta a que el amor corregirá lo ordinario de la impresión e invocará el perdón invariablemente requerido por una percepción certera de uno mismo. El matrimonio es exposición. Tal vez seamos héroes para nuestro cónyuge, pero ídolos no.

En esa coyuntura, la mente de Eliot parece haberse encontrado en un estado de cambio convulsivo. Ella sabía que su vida estaba a punto de adoptar una forma nueva e irreversible. Parece haber concluido que, hasta ese momento, su vida se había basado en una serie de decisiones fallidas y que era momento de apostarlo todo a una decisión verdadera. Dio el salto que W. H. Auden describió en su famoso poema "Salta antes de mirar":

> La sensación de peligro no debe desaparecer:
> el camino es, sin duda, tan breve como escarpado,
> por muy paulatino que parezca desde aquí;
> mira si quieres, pero tendrás que saltar.
>
> Los hombres duros se ponen sensibleros en sueños
> y quebrantan las ordenanzas que cualquier necio puede respetar;
> no es la convención sino el miedo
> lo que tiene tendencia a desaparecer. [...]
>
> Las prendas que se considera adecuado vestir
> no serán baratas ni prácticas,
> mientras consintamos en vivir cual ovejas
> y nunca mencionar a quienes desaparecen. [...]
>
> Una soledad de diez mil brazas de hondura
> sustenta el lecho en el que yacemos, cariño:
> aunque te quiero, tendrás que saltar,
> nuestro ensueño de seguridad debe desaparecer.

El 20 de julio de 1854, Eliot se dirigió a un muelle cerca de la Torre de Londres y subió a un barco, el *Ravensbourne*, con destino a Amberes. Lewes y ella comenzarían su vida en común en el extranjero. Ella escribió cartas a unos cuantos amigos informándoles de su decisión, con el fin de suavizar el golpe. Consideraron este viaje como un ensayo de cohabitación, pero en realidad estaban por iniciar el resto de su vida. Para ambos fue un asombroso acto de valentía y un maravilloso compromiso de amor mutuo.

La vida juntos

Eligieron bien. La decisión de cada uno redimió la vida de ambos. Viajaron por Europa, sobre todo por Alemania, donde fueron recibidos por los principales escritores e intelectuales de la época. A Mary Ann le encantaba presentarse como señora Lewes: "Soy más feliz cada día, y encuentro mi vida doméstica cada vez más encantadora y beneficiosa para mí".[19]

Sin embargo, a su regreso a Londres su relación desató una tormenta de vituperios que definiría para siempre la vida social de Eliot. Algunos se deleitaron en pensar lo peor de ella, llamándola robamaridos, destruyehogares y maniática sexual. Otros comprendieron que Lewes en realidad no estaba casado y entendieron el amor que los unía, pese a lo cual no podían aprobar su relación porque relajaría la moral de terceros. Un conocido que había hecho un examen frenológico de la cabeza de Eliot declaró: "Estamos profundamente mortificados y afligidos; me gustaría saber si hay demencia en la familia de la señorita Evans; por su conducta, y con su intelecto, esto me parece una mórbida aberración mental".[20]

Eliot mantuvo su decisión. Insistió en ser tratada como señora Lewes, porque aunque su decisión de estar con George había sido un acto de rebelión, creía en la forma e institución del matrimonio tradicional. Las circunstancias la habían forzado a hacer algo extremo, pero moral y filosóficamente creía en la senda tradicional. Ellos vivían como esposos tradicionales, y se complementaban uno a otro. Ella podía ser melancólica, pero él era una presencia social graciosa y brillante. Daban paseos juntos. Trabajaban juntos. Leían libros juntos. Eran exclusivos, fervientes, serenos e independientes. "¡Qué puede haber más grande para dos almas humanas", escribiría Eliot en *Adam Bede*, "que sentirse unidas de por vida para fortalecerse una a otra en sus penalidades, apoyarse en sus aflicciones, velar una por otra en sus dolores, ser una sola en los recuerdos silenciosos e indecibles al momento de la última partida!"

Su lazo con Lewes le costó muchas amistades. Su familia la abandonó; lo más doloroso fue que lo hiciera su hermano Isaac. Pero el escándalo resultó productivo ya que les aportó razonamientos más profundos sobre sí mismos y el mundo. Siempre estaban nerviosos, buscando señales de ofensa o afirmación. Puesto que iban contra la corriente de las convenciones sociales, tenían que prestar atención extra a lo que hacían, ejerciendo un cuidado especial. La sacudida de la hostilidad pública les sirvió de estímulo. Los hizo conscientes de cómo operaba la sociedad.

Eliot había sido siempre una aguda observadora de la vida emocional de la gente. Siempre había devorado libros, ideas y personas. La gente siempre la había juzgado temiblemente perceptiva, como si fuese una bruja con poderes mágicos. Pero ahora había algo más ordenado en sus procesos mentales. En los meses posteriores a su escandalosa partida con Lewes, parece haber admitido sus dotes excepcionales. Todo cuajaba en una distintiva visión del mundo, una manera reposada de ver la vida. Quizá sólo era que, por fin, podía acercarse al mundo con una sensación de seguridad en sí misma. Luego de tanto debatirse en la vida, Eliot finalmente hacía bien lo importante. Había corrido un riesgo con Lewes. Había pagado un precio terrible. Había soportado un bautismo de fuego. Pero, poco a poco, emergía en la otra orilla. El premio de un amor consumado valía la pena. Como refirió en *Adam Bede*: "Sin duda, una gran angustia puede hacer el trabajo de años, y quizá salgamos del bautismo de fuego con un alma llena de nueva reverencia y piedad".

Novelista

Lewes llevaba mucho tiempo animando a Eliot a escribir ficción. No estaba seguro de que pudiera idear tramas, pero sabía que tenía habilidad para la descripción y la creación de personajes. Además, la ficción se pagaba mejor que la no ficción y la familia Lewes siempre estaba en apuros económicos. La exhortó a hacer la prueba: "Debías tratar de escribir una historia". Una mañana de septiembre de 1856, ella fantaseaba con escribir ficción cuando un título brotó en su cabeza: *The Sad Fortunes of the Reverend Amos Barton*. A Lewes le entusiasmó de inmediato. "¡Qué gran título!", soltó.

Una semana después, ella le leyó la primera parte de lo que había escrito. De inmediato él supo que Eliot era una escritora de talento. Ella escribió en su diario: "Ambos lloramos, luego él se acercó a mí y me besó, diciendo: 'Creo que tu patetismo es mejor que tu gracia'". Ambos se dieron cuenta de que Mary Ann sería una exitosa novelista. Se llamaría George Eliot, nombre que ella eligió para ocultar (por un tiempo) su escandalosa identidad. La destreza de la que él más dudaba —si ella podría escribir diálogos— resultó ser el área en que su talento fue más obvio. Lewes seguía preguntándose si ella podría crear acción y movimiento en sus relatos, pero sabía que contaba con todas las demás herramientas.

Poco después, él era ya su consejero, agente, editor, publicista, psicoterapeuta y asesor legal. Comprendió rápidamente que el talento de ella era muy superior al suyo y parece no haber sentido otra cosa que un desinteresado deleite en que ella estuviera destinada a opacarlo.

En 1861, las breves entradas de su diario revelaban lo íntimamente implicado que estaba Lewes en el desarrollo de sus tramas: ella escribía durante el día y luego le leía a Lewes lo que había hecho. Al paso de los años, a juzgar por sus cartas y entradas de diario, él era un oyente alentador:

> Leí las […] primeras escenas de mi novela y él expresó gran deleite en ellas […]. Después de ese registro, le leí a George lo que había escrito de la parte IX y, para mi sorpresa, lo aprobó sin reservas […]. Cuando le leí mi manuscrito a mi muy querido esposo, él rio y lloró a intervalos, luego corrió a besarme. George es mi mayor bendición, que ha hecho posible todo el resto para mí, y no cesa de reaccionar a todo lo que escribo.

Lewes promovía sus novelas, negociando con diferentes editoriales. En los primeros años, mentía acerca de quién era el verdadero autor de las novelas de George Eliot, afirmando que se trataba de un clérigo que deseaba permanecer en el anonimato. Al conocerse la verdad, protegería a su esposa de las críticas. Cuando ya se le celebraba como uno de los escritores más grandes de su tiempo, él revisaba antes los periódicos y eliminaba todos los artículos que la mencionaran excepto aquellos que contenían la alabanza más efusiva. Su regla era simple: "Nunca informarle de nada acerca de lo que se decía de sus libros, para bien o para mal […]. Permitir que su mente se concentrara lo más posible en su arte, y no en el público".

Felicidad ardua

George y Mary Ann siguieron padeciendo enfermedades y periodos de depresión, pero en general eran felices. Las cartas y entradas de diario que escribieron en esos años rebosan afirmaciones de felicidad y amor. En 1859, Lewes escribió a un amigo: "Tengo con Spencer una deuda más grande. Gracias a él aprendí a conocer a Marian —conocerla fue amarla—, y desde entonces mi vida ha sido como si hubiera vuelto a nacer. A ella le debo toda mi dicha y prosperidad. ¡Dios la bendiga!".

Seis años después, Eliot escribió: "Somos más felices que nunca. Le estoy muy agradecida a mi querido esposo por su perfecto amor, que me ayuda en todo lo bueno y me refrena en todo lo malo; estoy más consciente de que tengo la más grande de las bendiciones en él".

Su obra maestra, *Middlemarch*, trata de matrimonios desafortunados, pero en sus libros hay destellos de matrimonios felices y de amistad marital como la que ella disfrutaba. "Nunca me ha gustado regañar a nadie; eso es algo que debe buscarse en un marido", declara uno de su personajes. En una carta a una amiga escribió: "Soy más feliz cada día, encuentro mi vida doméstica cada vez más encantadora y beneficiosa para mí. El afecto, respeto y afinidad intelectual se ahondan; por primera vez en mi vida puedo decir de ciertos momentos: 'Ojalá este instante se prolongara, ¡es tan bello!'".

Eliot y Lewes eran felices, pero no estaban satisfechos. En primer lugar, la vida seguía su curso. Uno de los hijos de Lewes los buscó, aquejado por una enfermedad terminal y ellos lo cuidaron hasta su muerte. Sus frecuentes periodos de mala salud y depresión estaban marcados por migrañas y accesos de vértigo. Pese a todo, los movía la necesidad de cultivarse moralmente, de ser más sabios y profundos. Como reflejo de esta mezcla de alegría y ambición, Eliot escribió en 1857: "Estoy muy feliz: feliz de las grandes bendiciones que la vida puede darnos, del perfecto amor y compasión de una naturaleza que estimula mi saludable actividad. Además, siento que todo el espantoso dolor por el que pasé en los últimos años, en parte debido a los defectos de mi naturaleza, y en parte también a cosas externas, fue quizás una preparación para un trabajo especial que yo podría realizar antes de morir. Ésta es una esperanza maravillosa por gozar, junto con un estremecimiento".

Escribió Eliot: "La aventura no está fuera del hombre; está dentro".

A medida que envejecía, sus afectos se intensificaron y se vieron menos perturbados por el egoísmo de su juventud. Escribir continuó siendo un proceso angustioso. Cada libro le provocaba arranques de ansiedad y depresión. Se desesperaba. Recobraba la esperanza. Y se desesperaba otra vez. Su genio como escritora se deriva del hecho de que fuera capaz del sentimiento más profundo, pero también del pensamiento más sagaz y disciplinado. Tuvo que sentirlo y sufrirlo todo. Tuvo que transformar ese sentimiento en una observación meticulosamente meditada. Sus libros tenían que serle arrancados como hijos, con dolor y a costa de gran agotamiento. Como la mayoría de los que escriben, tuvo que soportar el desequilibrio básico de esta empresa. El escritor comparte cosas íntimas y vulnerables, pero el lector está lejos, de modo que todo lo que se recibe es silencio.

No tenía ningún sistema. Era antisistemática. Como escribió en *The Mill on the Floss*, despreciaba a los "hombres de máximas", porque la "complejidad de nuestra vida no puede encerrarse en máximas y atarnos a fórmulas de ese tipo es reprimir todos los impulsos e inspiraciones divinos que manan de una introspección y compasión crecientes".

No usaba sus libros para proponer un argumento o ventilar juicios, sino para crear un mundo en el que los lectores pudieran sumergirse en diferentes momentos de su vida para derivar lecciones diferentes. Rebecca Mead escribió: "Pienso que *Middlemarch* disciplinó mi carácter. Sé que se ha vuelto parte de mi experiencia y resistencia. Me inspiró cuando joven, cuando estaba a punto de dejar la casa de mis padres; ahora, en mi madurez, me sugiere qué más puede significar una casa, aparte de un lugar para crecer y dejar después".[21]

Eliot crea su paisaje interior. Era realista. No le importaba lo encumbrado y heroico. Escribía sobre el mundo ordinario. Sus personajes tienden a desvariar cuando rechazan las sucias y complejas circunstancias de la vida diaria, en favor de nociones abstractas y radicales. Prosperan cuando se desenvuelven en un lugar con raíces, el hábito concreto, la realidad particular de su ciudad y su familia. Eliot creía que el origen de la sabiduría era el estudio fiel y atento de la realidad presente, una cosa, una persona, no filtrada por ideas abstractas, sentimientos nebulosos, saltos de la imaginación o repliegues religiosos a otros terrenos.

En su primera novela, *Adam Bede*, escribió: "Hay pocos profetas en el mundo; pocas mujeres de hermosura sublime; pocos héroes. No me puedo permitir conceder todo mi amor y veneración a esas rarezas; quiero gran parte de estos sentimientos para mis semejantes ordinarios, en especial para los pocos al frente de la gran multitud, cuyos rostros conozco, cuyas manos palpo, a quienes debo hacer lugar con bondadosa cortesía".

Terminó su última y quizá mayor novela, *Middlemarch*, con una rúbrica en celebración de quienes llevan una vida humilde: "Pero el efecto de su ser en quienes la rodeaban era incalculablemente difuso: porque el bien creciente del mundo depende, en parte, de actos no históricos; que las cosas no sean tan malas para ti y para mí, como quizá lo fueron antes, se debe, en gran medida, al número de quienes llevan fielmente una vida oculta, y el resto en tumbas que no visita nadie".

La compasión ocupa el centro de la visión moral de Eliot. Tras una adolescencia ensimismada, desarrolló una capacidad extraordinaria para entrar en la mente de los demás y observarlos desde diferentes puntos de vista, con una comprensión compasiva. Como apuntó en *Middlemarch*: "No hay doctrina general que no pueda corroer nuestra ética sin el contrapeso de un arraigado hábito de compasión directa por nuestros semejantes".

Mientras envejecía, se volvió una atenta oyente. Como registraba a los demás con tanta intensidad emocional, los hechos y sentimientos de la vida se grababan en su memoria. Fue una de esas personas a las que nada se les escapa. Aunque su matrimonio era feliz, sus grandes libros tratan de matrimonios desdichados, que podía describir desde dentro con concreta intensidad.

"Cada límite es un principio tanto como un fin", escribió en *Middlemarch*. Se compadecía hasta de sus personajes más indignos, como Edward Casaubon, el terrible narcisista pedante cuyo talento no es tan grande como él cree y quien se da cuenta de eso poco a poco. Bajo la perceptiva pluma de Eliot, la incapacidad para compadecerse y comunicarse, en especial en la familia, se revela como el mayor veneno moral en muchas de sus historias.

La aventura interior

Eliot fue una meliorista. No creía en el gran cambio transformacional. Creía en la lenta, firme y concreta marcha para volver cada día ligeramente mejor que el anterior. El desarrollo de los personajes, como el progreso histórico, ocurre idealmente en forma imperceptible, a través del esfuerzo cotidiano.

Sus libros aspiraban a tener un efecto lento y permanente en la vida interior de sus lectores, debían acrecentar su compasión, refinar su aptitud para comprender a los demás, darles experiencias levemente más amplias. En ese sentido, su padre y el ideal de humildad que éste representaba, la acompañaron toda su vida. En *Adam Bede*, celebró al hombre de la localidad:

> Ellos mismos labran su camino a las alturas, rara vez como genios, más comúnmente como hombres honestos y concienzudos, con habilidad y conciencia para hacer bien las tareas que les aguardan. Sus vidas no tienen eco discernible más allá del vecindario donde moran, pero es casi seguro que tú encuentres un buen tramo de camino, alguna construcción, una aplicación de productos minerales, alguna mejora en prácticas agrícolas, una reforma contra los abusos parroquiales al que su nombre sea asociado por una o dos generaciones después de ellos.

Muchos de sus personajes, en especial su magnético personaje Dorothea Brooke, de *Middlemarch*, inician su vida adulta con una ferviente ambición moral. Quieren alcanzar un gran bien, como santa Teresa, pero no saben cuál es, o cuál podría ser su vocación, o cómo emprenderla. Su atención está fija en un ideal puro, un horizonte lejano. Eliot era victoriana; creía en el mejoramiento moral. Pero usó sus novelas para criticar metas morales elevadas y espirituales. Son demasiado abstractas y, como en el caso de Dorothea, es fácil que se vuelvan poco realistas, mera ilusión. La mejor reforma moral, replicaba, está atada al aquí y ahora, dirigida por sentimientos honestos hacia este o aquel individuo, no hacia la humanidad en su conjunto. Hay fuerza en lo particular y desconfianza de lo general. Para Eliot, la santidad no residía en la otra vida, sino que se insertaba en algo tan mundano como el matrimonio, que ata pero da oportunidades diarias y concretas de servicio y sacrificio. La santidad es inspirada por el trabajo, la tarea cotidiana de hacer bien un trabajo. Ella tomaba la imaginación moral —el sentido del deber, la necesidad de servir, el deseo ardiente de sofocar el egoísmo—, la concretaba y volvía útil.

Hay límites, enseñaba, en el grado en que podemos hacer cambiar a otros, o en lo rápido que podemos cambiar nosotros mismos. Gran parte de la vida transcurre en un estado de tolerancia: tolerar las debilidades de los demás y nuestros propios pecados, mientras intentamos ejercer un lento pero amoroso efecto. "Esos otros mortales, cada uno de ellos", escribió en *Adam Bede*, "deben ser aceptados como son: no es posible enderezar su nariz, avivar su juicio, ni rectificar su disposición; es la necesidad de esas personas —entre las cuales pasas la vida— lo que debes tolerar, compadecer y amar; es la acción de la bondad de esas personas más o menos feas, tontas y volubles lo que debes ser capaz de admirar, y acariciar para ellas toda posible esperanza, toda paciencia posible." Esta postura es la esencia de su moral, fácil de decir pero difícil de ejercer. Quería ser tolerante y comprensiva, pero también rigurosa, seria y exigente. Amaba, pero también juzgaba.

La palabra más asociada con la obra de Eliot es "madurez". Como dijo Virginia Woolf, la suya es literatura para adultos, que ve la vida desde una perspectiva tanto más elevada como más inmediata, más sabia y más generosa. "La gente glorifica toda clase de valentía excepto la que podría mostrar en nombre de su vecino", escribió, sentimiento maduro, si alguna vez hubo alguno.[22]

Una tal Bessie Rayner Parkes conoció a Eliot en su juventud. Más tarde escribió a una amiga diciendo que ignoraba si esa criatura, aún conocida como Mary Ann Evans, llegaría a agradarle. "Ignoro por completo si tú o yo debiéramos quererla como amiga. No hay ningún alto propósito moral en la impresión que ella causa y eso es lo único que inspira amor. Pero pienso que cambiará. Los grandes ángeles tardan en extender sus alas, pero cuando lo hacen se remontan a las alturas hasta perderse de vista. La señorita Evans no tiene alas, o bien, como creo que es el caso, le están empezando a salir."[23]

Mary Ann Evans recorrió un largo camino hasta convertirse en George Eliot. Tuvo que pasar del egocentrismo a la generosa compasión. Pero la suya fue una maduración satisfactoria. Jamás superó sus periodos de depresión y sus ansiedades por la calidad de sus escritos, pero fue capaz de pensar y sentir su acceso a la mente y corazón de otros para ejercitar lo que llamó "la responsabilidad de la tolerancia". Habiendo empezado en la desgracia, hacia el final de su vida ya se le celebraba como ángel.

El suceso crucial en ese largo trayecto fue su amor por George Lewes, que la estabilizó, elevó y profundizó. Los frutos de su mutuo amor encarnaron en las dedicatorias que ella puso en cada una de sus obras:

> *Adam Bede* (1859): A mi querido esposo, George Henry Lewes, entrego el manuscrito de un trabajo que no se habría escrito sin la felicidad que su amor ha conferido a mi vida.
>
> *The Mill on the Floss* (1860): A mi amado esposo, George Henry Lewes, entrego el manuscrito de mi tercer libro, compuesto en el sexto año de nuestra vida en común.
>
> *Romola* (1863): Al esposo cuyo perfecto amor ha sido la mejor fuente de su perspicacia y fortaleza, este manuscrito es cedido por su devota esposa, la autora.
>
> *Felix Holt* (1866): De George Eliot a su querido esposo, en este decimotercer año de su vida de pareja, en el que la honda sensación de las imperfecciones de ella tiene el consuelo de su profundo y recíproco amor.
>
> *The Spanish Gypsy* (1868): A mi querido, y cada día más amado, esposo.
>
> *Middlemarch* (1872): A mi querido esposo, George Henry Lewes, en este decimonoveno año de nuestra dichosa unión.

8 Amor ordenado

Agustín nació en el año 354 en la ciudad de Tagaste, en la actual Argelia. Vio la luz en uno de los extremos del Imperio romano, durante una época en que éste se derrumbaba pero seguía pareciendo eterno. Su ciudad natal estaba cerca de los límites del imperio, a trescientos veinte kilómetros de la costa, en medio de una cultura que era una desordenada mezcla de paganismo romano y ferviente cristianismo africano. A lo largo de la primera mitad de su existencia, vivió atrapado en la tensión entre sus ambiciones personales y su naturaleza espiritual.

Su padre, Patricio, era un concejal menor y recaudador de impuestos de la ciudad; encabezaba una familia situada en la parte superior de la clase media. Patricio era materialista y espiritualmente inerte, en todo caso esperaba que algún día su brillante hijo tuviera la refulgente carrera que él no había podido conseguir. Un día vio a Agustín púber en los baños públicos y lo ofendió con un comentario procaz sobre su vello púbico, el tamaño de su pene, o algo por el estilo. "Eran locuras y vanidades las que él proyectaba acerca de mí", escribiría Agustín más tarde, con desdén.

Su madre, Mónica, siempre ha llamado la atención de los historiadores y los psicoanalistas. Por un lado, era una mujer ordinaria e iletrada, educada en una Iglesia a la que se juzgaba primitiva en ese tiempo. Asistía devotamente a misa todas las mañanas, comía alimentos en las tumbas de los muertos y consultaba sus sueños en calidad de augurios y guías. Por otro, tenía una personalidad fuerte y una tenacidad en sus convicciones que dejaba boquiabiertos a todos. Era una fuerza en la comunidad, una conciliadora, estaba por sobre toda habladuría; era digna y formidable. Era capaz, como indica Peter Brown, el magnífico biógrafo de Agustín, de maltratar a los impíos con un sarcasmo punzante.[1]

Mónica administraba el hogar. Corregía los errores de su esposo, soportaba y reprendía sus infidelidades. Su amor por su hijo y su ansia por dirigirle la vida, eran voraces y, a veces, ávidos y poco espirituales. Mucho más que la mayoría de las madres, admitiría Agustín, Mónica anhelaba tenerlo a su lado y bajo su dominio. Lo prevenía contra las mujeres que podían atraerlo con engaños al matrimonio. Organizó su vida adulta en torno al cuidado del alma de Agustín, adorándolo cuando se inclinaba a la versión que ella tenía del cristianismo, llorando y estallando en desvaríos de rabia si se alejaba. Cuando Agustín se afilió a una secta filosófica que ella reprobaba, lo apartó de su presencia.

A los veintiocho años de edad, cuando él ya era un adulto venturoso, tuvo que engañar a Mónica para poder subir a un barco en el cual huir de África. Le dijo que iba al puerto a despedir a un amigo, y a escondidas abordó un navío con su amante y su hijo. Al zarpar, la vio llorar y gesticular en la orilla, consumida, como él mismo diría, por "extremos de dolor". Desde luego, Mónica lo siguió a Europa, rezó por él, se deshizo de su amante y arregló un matrimonio con una heredera de diez años de edad, que ella esperaba que lo forzase a recibir los ritos del bautismo.

Agustín advertía la naturaleza posesiva del amor de su madre, pero no era capaz de desdeñarla. Era un hombre sensible, temeroso de la reprobación materna, pero que aun de adulto se enorgullecía de su espíritu y saber empírico. Le gustó descubrir que ella podía sostener una conversación con eruditos y filósofos. Comprendió que sufría por él más de lo que él lo hacía por sí mismo, o más de lo que ella podía sufrir por sí misma. "No tengo palabras para explicar el tiernísimo amor que tenía, y con cuánto mayor cuidado procuraba dar a mi alma el ser y vida de la gracia, que el que tuvo para darme a luz al mundo."[2] Durante todo este periodo, Mónica lo amó intensamente y velaría por su alma. Pese a la severidad autoritaria de su madre, algunos de los instantes más dulces de su vida fueron momentos de reconciliación y comunión espiritual con ella.

Ambición

Agustín era un niño enfermizo, con graves dolores de pecho a los siete años y que parecería prematuramente viejo en su madurez. Como escolar, era brillante y avispado, aunque poco cooperativo. Le aburría el plan de estudios y detestaba los golpes, rasgo constante de la disciplina escolar. Cada vez que podía faltaba a clases, para ir a presenciar las paganas peleas de osos y de gallos que se escenificaban en la plaza de la ciudad.

De chico se sentía atrapado entre los ideales rivales del mundo clásico y el judeocristiano. Como escribe Matthew Arnold en *Culture and Anarchy*, la idea primaria del helenismo es la espontaneidad de la conciencia, mientras que la idea rectora de lo que él llama hebraísmo es el rigor de la conciencia. Esto quiere decir que una persona con mentalidad helenista quiere ver las cosas como son para explorar la excelencia y el bien que encuentra en el mundo. Una persona con esta mentalidad se acerca a la realidad con un espíritu flexible y travieso. "Librarse de la propia ignorancia, ver las cosas como son y verlas así para percibir su belleza, es el ideal simple y atractivo que el helenismo ofrece a la naturaleza humana."[3] La mente helenista posee una "soltura etérea, claridad y resplandor". Está llena de "encanto y luz".

En contraste, el hebraísmo "toma sencillos y capitales indicios del orden universal, entonces se aferra, por así decirlo, con esplendor inigualable de intensidad y fervor, a su estudio y observancia".[4] Así, mientras la persona de mentalidad helenista teme perderse cualquier parte de la vida y dirige su propia existencia, la persona de mentalidad hebraica se concentra en la más alta verdad y es fiel a un orden inmortal: "La conquista de sí, la lealtad a uno mismo, el cumplimiento no de nuestra voluntad individual, sino de la voluntad de Dios, la obediencia: ésta es la idea fundamental de esa corriente".[5]

A diferencia del helenista, el individuo de mentalidad hebraica no se siente a gusto en este mundo. Está consciente del pecado, esas fuerzas en sí mismo que impiden el tránsito a la perfección. Como dice Arnold, "a un mundo asolado por el agobio moral, el cristianismo le brindaba el espectáculo de una inspirada abnegación; a hombres que nada se negaban, les presentaba uno que se había negado todo".[6]

Agustín vivía formalmente bajo el mando de emperadores semidivinos, quienes para entonces eran ya figuras remotas e imponentes celebradas por aduladores lisonjeros como "siempre victoriosos" y "restauradores del mundo".[7] Se le había enseñado la filosofía de los estoicos, con su vida ideal de una autosuficiencia serena, capaz de contener la emoción. Memorizó a Virgilio y Cicerón. "Gustaba de oír cuentos y fábulas, que cada vez me aficionaban más excitando en mí mayor deseo de oírlas", recordaría más tarde.[8]

Cuando llegó a la adolescencia, era ya una especie de niño mimado. "Se decía de mí que era un muchacho de grandes esperanzas", referiría. Llamó la atención de un grande local, Romaniano, quien aceptó patrocinar su educación y enviarlo a centros de aprendizaje. Agustín ansiaba reconocimiento y admiración, con esto esperaba cumplir el sueño clásico de pasar a la posteridad.

A los diecisiete años fue a Cartago a continuar sus estudios. En sus memorias espirituales, las *Confesiones*, él deja ver que en ese entonces lo consumía el deseo. "Llegué a la ciudad de Cartago", dice de sus días de estudiante, "y por todas partes me veía incitado a amores deshonestos." Su presencia de ánimo no calmó precisamente las cosas. Él se describe a sí mismo como un joven ardoroso, de sangre que hervía de pasiones, deseos, celos y apetitos:

> Todavía no amaba, pero deseaba amar y con una mal disimulada y oculta infelicidad me aborrecía por ser menos infeliz. […] El amar y el ser amado se me proponía como una cosa muy dulce; especialmente si también gozase de la persona que me amaba. […] No tardé mucho en caer en los lazos del amor, cuya prisión deseaba […]. Porque logré también el ser amado y la posesión del objeto de mi amor, alegre y contento de verme atado con fuertes y funestas ligaduras, para ser después herido y azotado con varas de hierro ardiendo, que esto vienen a ser, para quien ama, los celos, las sospechas, los temores, las iras, desazones y contiendas.

Era aparentemente el novio más recatado de la historia. Su lenguaje es preciso. No estaba enamorado de otro ser humano, sino de la ilusión de que se le amara. Todo se reducía a él mismo. Y en sus memorias describe cómo sus desordenados deseos se nutrían por sí solos. En el libro ocho de las *Confesiones*, incluye una descripción casi clínica de su indigencia emocional como adicción:

> Estaba aprisionado no con grillos ni cadenas de hierros exteriores, sino con la dureza y obstinación de mi propia voluntad. El enemigo estaba hecho dueño de mi voluntad y había formado de ella una cadena, con la cual me tenía estrechamente atado. Porque de haberse la voluntad pervertido, pasó a ser apetito desordenado y de ser éste servido y obedecido, vino a ser costumbre, y no siendo ésta contenida y refrenada, se hizo necesidad como naturaleza. De estos como eslabones unidos entre sí [...] me tenían estrechado a una dura servidumbre y penosa esclavitud.

Se vio obligado a confrontar, en forma muy directa, el hecho de que estaba dividido contra él mismo. Una parte de sí buscaba los vanos placeres del mundo. Otra reprobaba esos deseos. Sus deseos discordaban de sus otras facultades. Podía imaginar una manera más pura de vivir, pero no hacer lo necesario para llegar a ella. Se sentía inquieto, desajustado.

En ese texto febril, él se presenta como una especie de Calígula obsesionado por el sexo. Y a lo largo de los siglos, muchos han leído las *Confesiones* y concluido que, en efecto, aludía estrictamente al sexo. De hecho, se ignora qué tan desenfrenado era en realidad. Si se analiza lo que logró en esos años, todo indica que fue un joven estudioso y responsable. Destacó en la universidad, se hizo maestro en Cartago y ascendió de un buen trabajo a otro. Después se trasladó a Roma y, finalmente, obtuvo un empleo en Milán, el verdadero centro del poder, en la corte del emperador Valentiniano II. Tuvo una concubina, como se acostumbraba en ese tiempo, durante quince años. Procreó un hijo con ella y no la engañaba. Estudió a Platón y Cicerón. Sus pecados, si se les puede llamar así, parecen haber consistido en ir al teatro y en ocasiones contemplar a las mujeres que asistían a la iglesia. En general, Agustín parece la versión contemporánea de un afortunado estudiante de una universidad estadunidense de prestigio, una especie de meritócrata normal de fines del Imperio romano.

En términos de la carrera de Adán I, podría decirse que su vida fue un modelo de movilidad ascendente.

De joven perteneció a una estricta secta filosófica, llamada de los maniqueos. Esto era un poco como afiliarse al Partido Comunista en la Rusia de principios del siglo xx. Consistía en unirse a un grupo de jóvenes inteligentes y comprometidos que creían haber llegado a la posesión de una verdad que lo explicaba todo.

Los maniqueos creían que el mundo estaba dividido en un reino de la luz y un reino de las tinieblas. Creían que existe un conflicto eterno entre todo lo que es bueno y todo lo que es malo, y que, en el curso de este conflicto, partes de lo bueno caen atrapadas en la oscuridad. El espíritu puro puede verse atrapado por la carne mortal.

Como sistema lógico, el maniqueísmo tenía varias ventajas. Dios, del lado del bien puro, es librado hasta de la menor sospecha de ser responsable del mal.[9] Asimismo, el maniqueísmo contribuía a excusar a los individuos de los males que hacían: "No fui yo, soy esencialmente bueno, fue el reino de las tinieblas operando a través de mí". Como dijo Agustín: "Se deleitaba mi soberbia con imaginarme libre de toda culpa, y cuando hiciese algo malo, con no confesar que era yo quien lo había hecho". Finalmente, una vez aceptadas sus premisas, el maniqueísmo era un sistema lógico muy riguroso. Todo en el universo podía explicarse con perfectos pasos racionales.

Era fácil que los maniqueos se sintieran superiores a los demás. Aparte de ello, se divertían juntos. Agustín rememoraría "el conversar y reírnos juntos, servirnos unos a otros con buena voluntad, juntarnos a leer libros divertidos, chancearnos y entretenernos juntos, discordar alguna vez en los juicios, pero sin oposición de voluntad, como los suele uno ejecutar consigo mismo, y aquella diferencia de dictámenes (que rarísima vez sucedía) hacía más gustosa la conformidad que teníamos en todo lo demás. Enseñarnos mutuamente alguna cosa o aprenderla uno de los otros, tener sentimientos de la ausencia de los amigos y alegría en su llegada".[10] Practicaban por igual el ascetismo, para purificarse de la materia. Eran célibes y sólo comían ciertos alimentos. Evitaban lo más posible el contacto con la carne y eran servidos por "oyentes" (Agustín incluido) que ejecutaban trabajos sucios por ellos.

La cultura clásica ponía mucho énfasis sobre la victoria en los debates, en las demostraciones de destreza retórica. Agustín, quien vivía más cerca de la cabeza que del corazón, descubrió que podía usar argumentos maniqueos para ganar debates con facilidad: "Siempre me imponía en más discusiones de las que debía, debatiendo con cristianos inexpertos que trataban de defender su fe".[11]

Caos interior

En general, Agustín vivía el sueño romano. Pero era infeliz. Se sentía fragmentado por dentro. Su energía espiritual no tenía de dónde asirse. Se disipaba y evaporaba. Su vida de Adán II era un desastre. "Estaba abatido", escribió en las *Confesiones*, "derramado, perdido, hirviendo en torpezas."

A una edad increíblemente temprana, alcanzó la señal suprema de éxito: la oportunidad de hablar ante la corte imperial. Entonces descubrió que era un mero traficante de palabras huecas. Decía mentiras y la gente lo adoraba, siempre que estuvieran bien trabajadas. No había nada en su vida que él pudiese amar de verdad, nada que mereciera la forma más alta de devoción: "Estaba muy falto y necesitado de aquel interior alimento". Más que satisfacerlo, su sed de admiración lo esclavizaba. Estaba a merced de las fáciles opiniones ajenas, susceptible aun a la menor crítica, en busca siempre del siguiente peldaño en la escala de oro. Esta búsqueda frenética de vicios deslumbrantes ahogaba su tranquilidad.

Su sensación de fragmentación tiene su corolario moderno en el modo en que muchos jóvenes contemporáneos se ven aquejados por un temor agudo a ser pasados por alto. El mundo los ha provisto de un exceso de cosas fantásticas por hacer. Naturalmente, ansían aprovechar cada oportunidad y probar cada experiencia. Quieren tomar todo lo bueno frente a ellos. Quieren decir sí a cada producto en el súper. Les aterra perderse de todo lo que parezca excitante. Pero por no renunciar a nada, terminan diluyéndose. Peor todavía, se vuelven cazadores de satisfacciones, ávidos de experiencias y exclusivamente centrados en el yo. Si tú vives así, eres un táctico hábil que establece cautelosos seudocompromisos sin entregarse en realidad a un gran propósito. Pierdes capacidad para decir cien noes en beneficio de un arrollador y gratificante sí.

Agustín se sentía cada vez más aislado. Si organizas tu vida en torno a tus necesidades, los demás se convierten en objetos para cumplir tus deseos. Todo es fríamente utilizable. Así como una prostituta se vuelve un objeto para la satisfacción de un orgasmo; un colega se vuelve un objeto con fines de conexión profesional; un desconocido se vuelve un objeto para hacer una venta y un cónyuge se vuelve un objeto para darte amor.

Ahora usamos la palabra "lujuria" en referencia al deseo sexual, pero un significado más amplio y mejor es el de deseo egoísta. Quien ama de verdad se deleita en servir al ser amado. Pero la lujuria se reduce a recibir. El lujurioso tiene un vacío que otros deben llenar. Como no está dispuesto a servir a los demás y establecer una relación recíproca, nunca llena su vacío emocional. La lujuria comienza y termina con un vacío.

En un momento dado, Agustín calificó su relación de quince años con su concubina de clase baja como "pacto de amor lascivo". Aun así, es probable que su relación no haya estado del todo vacía. Es difícil imaginar que una persona que vivía en el intenso registro emocional de Agustín tomara a la ligera una relación íntima de quince años. Amaba a su hijo. Celebró indirectamente la perseverancia de su concubina en el tratado titulado "De la bondad del matrimonio". Cuando Mónica intervino y se deshizo de esa mujer para que Agustín pudiera casarse con una niña rica de una clase social apropiada, él parece haber sufrido: "Siendo violentamente arrancada de mi lado, como estorbo para mi casamiento, aquella mujer con quien estaba acostumbrado a tratar y en quien tenía puesto mi corazón, me quedó éste tan lastimado y herido, que la llaga todavía estaba emanando sangre".

Sacrificó a esa mujer por su posición social. La innominada fue devuelta sin su hijo a África, donde se nos dice que juró permanecer célibe el resto de su vida. La elegida como esposa oficial tenía apenas diez años, dos menos que la edad legal para casarse, así que, entretanto, Agustín tomó otra concubina para satisfacer sus ansias. Esto es lo que había hecho hasta esa fecha en todas las fases de su vida: librarse de compromisos expiatorios en bien del prestigio y el éxito.

Un día, caminando por Milán, vio a un mendigo que acababa de comer y bebía. El hombre bromeaba y estaba contento. Agustín se dio cuenta de que, pese a que él se había afanado y trabajado todo el día, cargado de ansiedades, era menos feliz que el mendigo, que no había hecho nada de eso. Quizá sufría porque apuntaba a metas más altas, consideró. No, en realidad, no; perseguía los mismos valores terrenales que el mendigo, pero no encontraba ninguno.

Cerca de cumplir los treinta, Agustín estaba totalmente alienado. Llevaba una vida ardua que no le ofrecía ninguno de los nutrimentos que necesitaba. Tenía deseos que no llevaban a la felicidad, pese a lo cual seguía persiguiéndolos. ¿Qué demonios pasaba?

Conocimiento de uno mismo

Respondió a esa crisis mirando hacia su interior. Se diría que alguien aterrado por su egocentrismo al instante optaría por el olvido de sí mismo. Su consejo sería simple: "Ignórate, presta atención a los demás". Pero el primer paso de Agustín fue emprender una expedición casi científica en su mente. Hasta entonces es difícil identificar a otro personaje, en la historia de Occidente, que haya hecho una excavación tan completa de su psique.

Al asomarse a su interior, Agustín miró un vasto universo fuera de su control. Se vio con una profundidad y complejidad que casi nadie había practicado antes: "¿Dónde se distribuyen estos pesos que inclinan y llevan a tan varios y diferentes amores a una misma alma? [...] Insondable, profundo es el mismo hombre, cuyos cabellos tenéis Vos, Señor, contados [...] y si no es fácil contar sus cabellos, mucho menos las afecciones y movimiento de su corazón". El vasto mundo interior está veteado y no cesa de cambiar. Agustín percibió la danza de las pequeñas percepciones y sintió grandes profundidades bajo el nivel de la conciencia.

Por ejemplo, le fascinó la memoria. A veces, recuerdos dolorosos aparecen en la mente de manera espontánea. A él le sorprendía la capacidad de la mente para trascender el tiempo y el espacio. "Porque aun cuando estoy a oscuras y en silencio, si yo quiero, saco en mi memoria varios colores. [...] Sin oler cosa alguna, distingo entre el olor de los lirios y de las violetas".[12] El mero alcance de los recuerdos de una persona le sobrecogía:

> Grande es, Dios mío, esta virtud y facultad de la memoria: grandísima es y de una extensión y capacidad que no se le encuentra fin. ¿Quién ha llegado al término de su profundidad? Pues ella es una facultad y potencia de mi alma y pertenece a mi naturaleza, y no obstante yo mismo no acabo de entender todo lo que soy. Pues qué, ¿el alma no tiene bastante capacidad para que quepa en ella todo su propio ser? ¿Y dónde ha de quedarse aquello que de su ser no cabe dentro de ella misma? ¿Acaso ha de estar fuera de ella y no en ella misma? Pues, ¿cómo puede ser verdad que no se entienda ni comprenda toda a sí misma? Esto me causa grande admiración y me tiene atónito y pasmado.

Al menos dos grandes conclusiones surgieron de esta expedición interior. Primero, Agustín se percató de que, aunque la gente nace con magníficas cualidades, el pecado original ha pervertido sus deseos. Hasta ese momento de su vida, él había deseado fervientemente ciertas cosas, como fama y prestigio. Esto no lo hacía feliz, pero lo seguía deseando.

Abandonados a nosotros mismos, a menudo deseamos las cosas equivocadas. Trátese de la charola de postres, o el bar nocturno, sabemos que deberíamos escoger una cosa pero elegimos otra. Como dice la Biblia en Romanos: "El bien que debería, no lo hago; pero el mal que no debería, eso hago".

¿Qué clase de criatura misteriosa era el ser humano, reflexionó Agustín, que no podía hacer su voluntad, que sabía cuál era su interés a distancia, pero perseguía el placer inmediato, que hacía tanto por arruinar su vida? Esto lo llevó a la conclusión de que la gente es un problema para sí misma. Debemos vernos con desconfianza: "Temo mucho que haya varios defectos ocultos y escondidos en el interior de mi alma", escribió Agustín.[13]

Pequeñas e insignificantes corrupciones

En las *Confesiones*, Agustín se sirvió de una travesura de adolescencia para ilustrar este fenómeno. Una aburrida noche, cuando tenía dieciséis años, estaba con sus amigos y de pronto decidieron ir a robar peras a un huerto cercano. No necesitaban las peras. No tenían hambre. No eran peras particularmente buenas. Sólo las robaron por el gusto de hacerlo y por diversión las arrojaron a unos cerdos.

Al mirar atrás, le consternó lo absurdo y escabroso de ese acto. "Yo quise hacer un hurto y lo hice efectivamente, sin que a ello me moviese la necesidad ni la escasez, sino el tedio de la virtud y de la abundancia de mi maldad [...]. Mi malicia era abominable y fea, no obstante, yo la amaba: amé mi culpa, pero de tal modo que lo que amé no era lo defectuoso sino el defecto mismo. ¡Torpe bajeza de un alma, que dejándoos a Vos, que sois el apoyo y firmeza de su ser, busca su perdición y exterminio, y que no solamente apetece una cosa de que se ha de seguir afrenta o ignominia, sino que apetece y desea la ignominia misma!"

Los lectores casuales de las *Confesiones* siempre se han preguntado por qué Agustín se explayó en un capricho de juventud. Yo pensaba que el robo de las peras estaba en remplazo de un crimen más abyecto que los adolescentes habían cometido esa noche, como abusar sexualmente de una joven, o algo por el estilo. Pero para Agustín, el sinsentido mismo de la fechoría forma parte de su normalidad putrefacta. Todo el tiempo cometemos pequeñas perversidades así, como parte del orden complaciente de la vida.

Su principal argumento es que el tropismo hacia el amor equivocado, hacia el pecado, está en el centro de la personalidad humana. No sólo pecamos; tenemos una extraña fascinación por el pecado. Si nos enteramos de que una celebridad ha cometido un escándalo atroz, por algún motivo nos decepciona que, al final, ese rumor resulte falso. Abandonados a sus propios recursos y sin nada que hacer, inocentes niños encontrarán pronto la manera de meterse en problemas. (En una ocasión, el escritor británico G. K. Chesterton comentó que la realidad del pecado puede constatarse una deliciosa tarde de domingo cuando niños aburridos e impacientes se ponen a torturar al gato.)

Aun instituciones amables, como la camaradería y la amistad, pueden distorsionarse si no se apegan a un llamado más alto. La historia del robo de las peras es también la de una amistad corruptora. Agustín repara en que tal vez no habría hecho eso si hubiera estado solo. Fue un deseo de camaradería, de admiración mutua, lo que incitó a los chicos a hacer lo que hicieron. Tememos tanto ser excluidos del grupo que estamos dispuestos a hacer cosas que juzgaríamos desorbitadas en otras circunstancias. Cuando no estamos orientados a los fines correctos, las comunidades pueden ser más bárbaras que los individuos.

Presencia de Dios

El segundo gran aspecto que se desprende de la excavación interna de Agustín es que la mente humana no está completa en sí misma, sino que tiende al infinito. No fue sólo podredumbre lo que Agustín encontró dentro, sino también indicios de perfección, sensaciones de trascendencia, emociones, pensamientos y sentimientos que se extienden más allá de lo finito y se introducen en otro ámbito. Si en este caso se quisiera identificar la actitud de Agustín, podría decirse que sus pensamientos acceden al mundo material y lo aceptan, pero después emprenden el vuelo y lo rebasan.

Como apuntó Reinhold Niebuhr, el estudio que Agustín hizo de la memoria lo llevó a "comprender que, en su profundidad y sus alturas, el espíritu humano alcanza la eternidad, y que su dimensión vertical es más importante para el conocimiento del hombre que su capacidad racional para la formación de conceptos generales".[14]

El camino interior lleva a lo alto. Una persona entra en sí misma, pero se ve dirigida al infinito de Dios. Siente la naturaleza de Dios y su creación eterna aun en su mente, una pequeña pieza de la creación. Siglos después, C. S. Lewis haría un comentario similar: "En la soledad más profunda, hay un camino que sale del yo; un trato con algo que, al evitar identificarse con cualquier objeto de los sentidos, o con cualquier cosa de la que tenemos necesidad biológica o social, o con cualquier cosa imaginada, o con todo estado de nuestra mente, se proclama como puramente objetivo". Todos hemos sido formados dentro del orden objetivo eterno. Nuestras vidas no pueden ser entendidas individualmente, abstraídas de eso. El pecado —el deseo de robar las peras— parece brotar del ayer, pasando por la naturaleza humana y cada individuo. Al mismo tiempo, el anhelo de santidad, el afán de elevación, el deseo de llevar una vida de bondad y significado, también son universales.

El resultado es que la gente sólo puede entenderse examinando fuerzas que la trascienden. La vida humana apunta más allá de sí misma. Agustín mira dentro de él y se pone en contacto con ciertos sentimientos morales universales. Sabe simultáneamente que puede concebir la perfección, pero también que alcanzarla escapa a sus facultades. Debe haber un poder superior, un orden moral eterno.

Como dijo Niebuhr: "El hombre es un individuo, mas no autosuficiente. La ley de su naturaleza es el amor, una relación armoniosa de vida con vida en obediencia al centro y fuente divinos de su existencia. Esta ley se viola cuando el hombre quiere volverse el centro y fuente de su propia vida".

Reforma

Agustín procedió a reformar su existencia. Su primer paso fue abandonar a los maniqueos. Ya no le parecía verdad que el mundo estuviera nítidamente dividido en fuerzas de bien puro y mal puro. En cambio, cada virtud se acompañaba de su vicio: la seguridad del orgullo, la honestidad de la brutalidad, el valor de la temeridad, etcétera. El ético y teólogo Lewis Smedes, al expresar un pensamiento agustiniano, describe la naturaleza variopinta del mundo interno:

> Nuestra vida interior no está dividida como el día y la noche, con pura luz de un lado y oscuridad total del otro. Nuestra alma es, principalmente, un lugar sombreado; vivimos en la frontera donde nuestro lado oscuro impide el paso de la luz y proyecta una sombra sobre nuestros sitios interiores [...]. No siempre sabemos dónde termina nuestra luz y comienza la sombra, y dónde termina la sombra y empieza nuestra oscuridad.[15]

Agustín acabó por creer que los maniqueos se habían contagiado de orgullo. Disponer de un modelo cerrado que lo explicaba todo apelaba a su vanidad; les daba la ilusión de que dominaban intelectualmente todas las cosas. Pero eso los volvía indiferentes al misterio e incapaces de humillarse ante las complejidades y emociones que, como él dijo, "dan hondura al corazón". Poseían razón, pero no sabiduría.

Agustín estaba suspendido entre dos mundos. Quería llevar una vida sincera, pero no estaba dispuesto a renunciar a su trayectoria, ni al sexo, ni a algunas de sus actividades mundanas. Quería usar los métodos antiguos para obtener mejores resultados. Es decir, partiría del supuesto que siempre ha servido de base a la ambiciosa vida meritocrática: que eres el principal conductor de tu vida. El mundo es tan maleable que puedes formarlo a tu gusto. Para vivir mejor, basta con que trabajes más, hagas más uso de tu fuerza de voluntad o tomes mejores decisiones.

Es más o menos así como muchas personas intentan reordenar su vida. Acometen esto como si se tratara de un deber o proyecto escolar. Dan un paso atrás, leen libros de autoayuda como *The Seven Habits of Highly Effective People*. Aprenden técnicas para un mayor autocontrol. E incluso establecen una relación con Dios, de la misma manera como persiguen un ascenso o título avanzado, mediante conquista: leyendo ciertos libros, atendiendo con regularidad a ciertas ceremonias, practicando disciplinas espirituales como la oración frecuente, haciendo su tarea espiritual.

Orgullo

Agustín llegó a la conclusión de que no es posible reformarse gradualmente. Concluyó que no se puede llevar una vida buena usando métodos viejos. Esto se debe a que el problema es el método. El error crucial de su antigua vida era la creencia de que él podía ser el motor de su viaje. Mientras creas ser el capitán de tu vida, te alejarás cada vez más de la verdad.

En primera instancia, no puedes llevar una vida buena gobernándote a ti mismo, porque no tienes la capacidad para hacerlo. La mente es tan vasta, un cosmos tan desconocido, que nunca podrás conocerte a ti mismo. Tus emociones son tan movedizas y complejas que no puedes ordenar tú solo tu vida emocional. Tus apetitos son tan ilimitados que jamás podrás satisfacerlos por ti mismo. Los poderes del autoengaño son tan eficaces que es raro que seas del todo honesto contigo.

Además, el mundo es tan complejo y el destino tan incierto, que nunca controlarás lo bastante a otros, o al entorno, para ser dueño de tu propio destino. La razón no es tan poderosa para producir sistemas o modelos intelectuales que te permitan comprender el mundo que te rodea, o anticipar lo que viene. Tu fuerza de voluntad no es tan grande para vigilar tus deseos. Si de veras tuvieses ese poder, los propósitos de cada año nuevo darían resultado. Las dietas darían resultado. Las librerías estarían llenas de libros de autoayuda. Necesitarías sólo uno y ése obraría el milagro. Seguirías sus consejos, resolverías los problemas de tu vida y el resto del género se volvería obsoleto. La existencia de cada vez más libros de autoayuda es prueba de que es raro que funcionen.

El problema, terminó por pensar Agustín, es que si crees que puedes organizar tu salvación, magnificas el pecado mismo que te impide hacer eso. Creer que puedes ser el capitán de tu vida es padecer el pecado del orgullo.

¿Qué es el orgullo? En la actualidad, la palabra "orgullo" tiene connotaciones positivas. Significa sentirse bien con uno mismo y con las cosas asociadas con él. Cuando la usamos negativamente, pensamos en una persona arrogante, alguien altanero y egoísta, jactancioso y ufano. Pero, en realidad, ésa no es la esencia del orgullo. Es sólo una manera de presentar ese mal.

De acuerdo con otra definición, el orgullo es edificar tu felicidad en torno a tus logros, usando tu trabajo como la medida de tu valor. Es creer que puedes alcanzar tu realización impulsado por tu esfuerzo individual.

El orgullo puede adoptar una forma exagerada. Ése es el estilo de orgullo de Donald Trump. Esta clase de personas quiere que los demás vean pruebas expresas de su superioridad. Quieren estar en la lista VIP. Al conversar, hacen alarde, presumen. Deben ver reflejada su superioridad en los ojos de otros. Creen que esta sensación de superioridad finalmente les dará la paz.

Esta versión es demasiado conocida. Pero otras personas orgullosas tienen baja autoestima. Sienten que no han cumplido su potencial. Se sienten faltas de méritos. Quieren esconderse y desaparecer, perderse en segundo plano y curar sus heridas. No las asociamos con el orgullo, pero de todas formas sufren la misma enfermedad. También asocian la felicidad con los logros, sólo que se asignan un 6 en lugar de un 10. Tienden a ser igualmente solipsistas y egocéntricas a su manera, aunque de modo autocompasivo y aislado más que afirmativo y fanfarrón.

Una paradoja clave del orgullo es que suele combinar seguridad extrema con ansiedad extrema. El orgulloso tiende a parecer autosuficiente y egoísta, pero en realidad es susceptible e inestable. Trata de establecer su valía personal haciéndose de una reputación excelente, pero, desde luego, esto vuelve muy dependiente su identidad de la muchedumbre chismosa e inestable. El orgulloso es competitivo, pero siempre hay quien puede hacer las cosas mejor. La persona más competitiva en la contienda fija la norma que los demás deben cumplir para no rezagarse. Los demás deben ser tan monomaniacos y fanáticos del éxito como ella. Uno nunca sabe. Como confió Dante, "el ansia de opacar / ardía en mi pecho con clamor furioso".

Ansioso de exaltación, el orgulloso tiende a hacer el ridículo. Posee una asombrosa tendencia a volverse bufón, con un peinado que no engaña a nadie, accesorios dorados para baño que no impresionan a nadie, historias con mención de gente importante que no inspiran a nadie. Todos los hombres orgullosos, escribió Agustín, "están muy preciados de sí mismos, aunque sus cosas no agraden, antes bien desagraden a los otros, ni ellos tampoco intenten agradarles".[16]

El ministro y escritor Tim Keller ha dicho que el orgullo es inestable porque los demás, con intención, o sin ella, tratan su ego con menos reverencia de la que él cree merecer. Ve continuamente heridos sus sentimientos. Pone una fachada perpetua. Quien se cultiva a sí mismo invierte más energía en tratar de demostrar que es feliz —publicando fotos en Facebook y otras partes— que la que realmente invierte en ser feliz.

De pronto Agustín se dio cuenta de que la solución a su problema no llegaría hasta que él se sometiera a una transformación más profunda que las que había contemplado antes, a una renuncia a la mera idea de que él mismo era la fuente de su solución.

Elevación

Más tarde escribiría que Dios roció en su vida pena y descontento a fin de atraerlo. "Siendo yo cuanto mayor en edad, tanto más torpe en vanidad, pues no acertaba a imaginar sustancia alguna que no fuese corpórea y semejante a lo que suele percibir la vista." O bien, como dijo más célebremente, "está inquieto nuestro corazón hasta que descanse en Vos".

La pena de Agustín durante sus años de ambición, al menos como él lo plantearía después, no es sólo la pena de alguien que es egocéntrico e inestable. Es la pena de alguien que es egocéntrico e inestable, pero que también tiene una honda sensación de que existe una mejor manera de vivir, pero que no sabe cuál es. Como lo han expresado otros conversos, están tan arraigados en Dios que, aunque no lo han encontrado todavía, sienten su falta. Están conscientes de una ausencia divina, que los picotea por dentro y esa ausencia es evidencia de una presencia. Agustín tenía un presentimiento de lo que necesitaba para sentir paz, pero, perversamente, no creía tener motivos para alcanzarlo.

Para pasar de una vida fragmentaria a otra coherente, de una vida oportunista a una comprometida, es preciso cancelar ciertas posibilidades. Agustín, como la mayoría de nosotros en una situación parecida, no quería clausurar sus opciones y renunciar a lo que lo hacía sentir bien. Su inclinación natural era creer que su ansiedad podía resolverse si obtenía más de lo que deseaba, no menos. Así, se mantenía en un precipicio emocional entre una vida religiosa para la que temía tener que hacer sacrificios y una vida secular que aborrecía, pero a la que no quería renunciar. Se dio la orden de dejar de ser el centro de su vida y ceder ese lugar a Dios, pero se negó a obedecerla.

Le preocupaba su reputación. Le preocupaba tener que renunciar al sexo, sentir que el celibato sería parte necesaria de una vida religiosa devota. "Toda esta contienda pasó dentro de mi corazón, batallando interiormente yo mismo contra mí mismo." Al mirar atrás, recordaría, "amando la vida bienaventurada, temía buscarla en Vos, donde tiene su asiento; así, huyendo de ella era como la buscaba".

Su solución general fue la demora. "Hazme virtuoso, pero no todavía."

En las *Confesiones*, Agustín describe la escena en que su demora terminó al fin. Chárlaba en un jardín con un amigo, Alipio, cuando éste le contó historias de monjes en Egipto que renunciaban a todo para servir a Dios. Esto le impactó. Individuos que no pertenecían al sistema educativo de elite hacían cosas maravillosas, mientras que los egresados de este sistema vivían para sí. "¿Qué es esto que pasa por nosotros?", clamó Agustín. "¿Levántanse de la tierra los indoctos y se apoderan del cielo, y nosotros con todas nuestras doctrinas sin juicio ni cordura, nos estamos revolcando en el cieno de la carne y sangre?"

En esta fiebre de duda y reproche, Agustín se paró y dio grandes zancadas mientras Alipio lo miraba pasmado. Agustín comenzó a dar vueltas por el jardín y Alipio se puso de pie y lo siguió. Aquél sentía que sus entrañas imploraban poner fin a su vida dividida, dejar de andar a la deriva. Se mesó el cabello, golpeó su frente, entrelazó los dedos y se encorvó, apoyándose en sus rodillas. Parecía que Dios lo fustigara por dentro, infligiéndole una "severidad llena de misericordia", redoblando los azotes del temor y la vergüenza que le afligían. "Ea, hágase al instante; ahora mismo se han de romper estos lazos", clamó para sí.

Pero renunciar a esos deseos mundanos no iba a ser tan fácil. Por su cabeza pasaron varios pensamientos, como si tiraran de sus prendas. "Pues qué, ¿nos dejas y nos abandonas? ¿Desde este mismo instante no hemos de estar contigo jamás?" Él vaciló, preguntándose: "¿Imaginas que has de poder vivir sin estas cosas?".

Entonces apareció en su mente una noción, el ideal de castidad digna y autocontrol. En las *Confesiones*, él presenta este pensamiento en términos metafóricos, como la visión de una dama, la continencia. No la describe como una mujer ascética, puritana; por el contrario, es una mujer terrenal y exuberante. Ella no renuncia a la dicha y la sensualidad; ofrece mejores versiones. Describe a los y las jóvenes que ya han renunciado a los placeres del mundo en pos de los placeres de la fe. "Pues qué, ¿no has de poder tú lo que han podido y pueden todos éstos y éstas?", preguntó. "¿Para qué te estribas en tus propias fuerzas, si ésas no te pueden sostener ni darte firmeza alguna?"

Agustín se ruborizó, aún indeciso. "Se formó en mi interior una tempestad muy grande, que venía cargada de una copiosa lluvia de lágrimas." Irguiéndose, se alejó nuevamente de Alipio, queriendo estar solo con su llanto. Esta vez Alipio no lo siguió, sino que le permitió retirarse. Agustín se echó bajo una higuera, cediendo a sus lágrimas. Oyó entonces una voz, que parecía la de un muchacho o muchacha de una casa vecina que le dijo: "Toma y lee. Toma y lee". Él experimentó en el acto una sensación de resolución. Abrió una Biblia próxima y leyó el primer pasaje en que cayeron sus ojos: "No en banquetes ni embriagueces, no en vicios y deshonestidades, no en contiendas y emulaciones; sino revestíos de Nuestro Señor Jesucristo y no empleéis vuestro cuidado en satisfacer los apetitos del cuerpo".

No le hizo falta leer más. Sintió que una luz invadía su corazón y borraba cada sombra. Experimentó un súbito vuelco de su voluntad, un deseo repentino de renunciar a los finitos placeres mundanos y vivir para Cristo. Sintió toda la dulzura de no estar con cosas vanamente dulces. Lo que una vez le había aterrado tanto perder era ahora deleitoso despreciar.

Naturalmente, fue con Mónica y le contó lo ocurrido. Cabe imaginar las exclamaciones de alegría de su madre, sus alabanzas a Dios por atender una vida de oraciones. Como expresó Agustín: "Pues de tal suerte me convertisteis a Vos [...]. Así trocasteis el prolongado llanto de ella en un gozo mucho mayor que el que ella deseaba, y mucho más puro y amable que el que pretendía en los nietos carnales que de mí esperaba".

La escena en el jardín no es en realidad una escena de conversión. Agustín ya era cristiano en cierto grado. Después del jardín, no tuvo de inmediato una visión totalmente formada de lo que significa la vida en Cristo. La escena en el jardín es una escena de elevación. Agustín dice no a una serie de deseos y placeres, y se eleva a una serie más alta de placeres y regocijos.

Acción

Esta elevación no es únicamente una renuncia al sexo, aunque en el caso de Agustín parecía implicarlo. Es una renuncia al espíritu todo del cultivo de sí. La fórmula básica del mundo de Adán I es que el esfuerzo genera recompensas. Si trabajas mucho, cumples las reglas y cuidas de ti, podrías ser la causa de una vida buena.

Agustín llegó a la conclusión de que todo era incompleto. No se retiró del mundo. Pasó el resto de su vida como obispo políticamente activo, participando en controversias públicas brutales y a veces virulentas.

Pero su trabajo y esfuerzo públicos se inscribieron en una entrega total. Concluyó que el modo de la dicha interior no es la acción, sino la cesión, o al menos represión, de tu voluntad, tu ambición, tu deseo de alcanzar la victoria por ti mismo. Lo importante es reconocer que Dios es el principal conductor de tu vida y que él ya tiene un plan para ti. Dios ya tiene verdades a las que quiere que ajustes tu vida.

Más todavía, él ya ha justificado tu existencia. Quizá tengas la sensación de que en esta vida se te somete a juicio, de que debes trabajar y dejar huella para conseguir un buen veredicto. Algunos días ofreces evidencias a la defensa de que eres una persona valiosa; otros, las ofreces a la fiscalía de que no lo eres. Pero como dijo Tim Keller, para el pensamiento cristiano el juicio ya concluyó. El veredicto llegó antes de que tú iniciaras siquiera tu presentación. Esto se debe a que Jesús soportó el juicio por ti. Recibió la condena que tú merecías.

Imagina a la persona que más amas en el mundo al momento de ser clavada en un madero, en castigo por pecados que tú cometiste. Imagina las emociones que pasarán por tu mente al ver eso. Ésta es, en la mentalidad cristiana, apenas una versión en miniatura del sacrificio que Jesús hizo por ti. Como apunta Keller, "Dios nos atribuye a nosotros la perfecta actuación de Cristo, y nos adopta en su familia".[17]

El problema de la mente obstinada, como explica Jennifer Herdt en su libro *Putting On Virtue*, es que "Dios quiere darnos un regalo y nosotros queremos comprarlo".[18] Queremos hacernos continuamente merecedores de la salvación y el significado, mediante el esfuerzo y el logro. Pero la salvación y el significado se consiguen, en esta forma de vida, cuando alzas la bandera blanca de la rendición y permites que la gracia inunde tu alma.

La postura aquí implicada es de sumisión, brazos alzados, extendidos y abiertos, frente en alto, ojos mirando al cielo, serenidad con espera paciente pero apasionada. Agustín quiere que tú adoptes esta especie de postura rendida. Esta posición es fruto de una conciencia de necesidad, de insuficiencia. Sólo Dios puede ordenar tu mundo interior. Sólo Dios puede orientar tus deseos y reformar tus emociones, no tú.[19]

Para Agustín y muchos pensadores cristianos posteriores, esa postura de receptividad comienza con la sensación de pequeñez y pecado que se tiene ante la imponente presencia de Dios. La humildad llega con recordatorios diarios de tu postración. La humildad te libera de la horrible tensión de intentar ser superior todo el tiempo. Invierte tu atención y eleva las cosas que tiendes a menospreciar.

Agustín no había cesado de ascender durante su vida, abandonando Tagaste, dirigiéndose a Cartago, Roma y Milán en busca de círculos más prestigiosos, una compañía más brillante. Vivía, como ahora nosotros, en una sociedad totalmente determinada por la clase, tratando de subir. Pero en el cristianismo, al menos en su forma ideal, lo sublime no está en lo prestigioso y elevado, sino en lo cotidiano y modesto. Está en el lavado de los pies, no en arcos triunfales. "Quien se exalte será humillado, quien se humille será exaltado." Se desciende para subir. Como dijo Agustín: "Donde hay humildad, hay majestad; donde hay debilidad, hay poder; donde hay muerte, hay vida. Si quieres conseguir estas cosas, no desdeñes aquéllas".[20]

El héroe de este tipo de vida humilde no tiene aversión por los placeres del elogio, sino por las insignificantes distinciones que ganas para ti, las que en realidad no dicen nada de tu valor esencial como ser humano. Dios posee talentos tan amplios que, en relación con ellos, la diferencia entre el más insigne laureado con el Nobel y el peor de los brutos es simple cuestión de grado. Cada una de las almas es igual en el sentido que de veras importan.

El cristianismo agustiniano demanda un tono de voz diferente: no el mando perentorio del amo para con el siervo, sino el que se desprende de la postura de agacharse, de llegar a cada relación desde abajo y esperar servir hacia arriba. No es que los logros terrenales y la aclamación pública sean automáticamente malos, sino que se alcanzan en un planeta que es apenas un lugar de descanso para el alma, no nuestro destino final. El éxito aquí, mal adquirido, puede volver menos probable el éxito último, y ese éxito último no se obtiene compitiendo con los demás.

No sería atinado afirmar que Agustín tenía una mala opinión de la naturaleza humana. Creía que cada individuo ha sido hecho a imagen de Dios y posee una dignidad que merece el sufrimiento y la muerte de Jesús. Lo atinado es decir que creía que los seres humanos somos incapaces de vivir bien por nosotros como individuos autónomos; incapaces de ordenar nuestros deseos por nuestra cuenta. Podemos encontrar ese orden y ese amor apropiado sólo sometiendo a Dios nuestra voluntad. No es que los seres humanos seamos patéticos; es sólo que no dejaremos de estar inquietos hasta que descansemos en Dios.

Gracia

El pensamiento de Agustín, y gran parte de la doctrina cristiana en general, desafía el código de quien se cultiva a sí mismo de un modo aún más crucial. En opinión de Agustín, la gente no consigue lo que se merece; en ese caso la vida sería un infierno. En cambio, obtiene mucho más de lo que merece. Dios nos ofrece su gracia, su amor inmerecido. Su atención y protección llegan precisamente porque no las mereces ni puedes arrancarlas. Dios no viene a ti porque hayas hecho bien tu trabajo, o grandes sacrificios como madre, padre o amigo. La gracia llega a ti como parte del don de ser creado.

Una de las cosas que tienes que hacer para recibir la gracia es renunciar a la idea de que puedes obtenerla. Debes renunciar al impulso meritocrático de que puedes conseguir una victoria para Dios y ser premiado por tu esfuerzo. Lo que debes hacer es abrirte a la gracia. No sabes cuándo llegará. Pero quienes están abiertos y son sensibles a ella dan fe de haberla sentido en las formas más extrañas y en los momentos de mayor necesidad.

Paul Tillich lo expone así en su colección de ensayos *Shaking the Foundations*:

> La gracia llega a nosotros cuando estamos en medio de una enorme pena e inquietud. Llega a nosotros cuando atravesamos el valle oscuro de una vida hueca y sin sentido. [...] Llega a nosotros cuando nuestra repugnancia por nuestro propio ser, nuestra indiferencia, nuestra debilidad, nuestra hostilidad y nuestra falta de dirección y sosiego se han vuelto insoportables para nosotros. Llega a nosotros cuando, año tras año, la anhelada perfección de la vida se resiste a aparecer, cuando las antiguas compulsiones reinan en nosotros como lo han hecho durante décadas, cuando la desesperación destruye toda alegría y valor. A veces, en ese momento un rayo de luz irrumpe en nuestra oscuridad y es como una voz

> que dijera: "Eres aceptado. Eres aceptado, aceptado por algo que es más grande que tú y cuyo nombre no conoces. No lo preguntes ahora; quizá lo descubras más tarde. No intentes hacer nada ahora; tal vez harás mucho después. No busques nada; no hagas nada; no intentes nada. *Sólo acepta el hecho de eres aceptado*". Si esto nos sucede, experimentamos gracia. Pasada esa experiencia, podríamos no ser mejores que antes, ni creer más que antes. Pero todo se ha transformado. En ese momento, la gracia vence al pecado y la reconciliación tiende un puente que cierra el abismo del aislamiento. Y esta experiencia no exige nada a cambio, ninguna presuposición religiosa, moral ni intelectual, nada sino aceptación.[21]

En la cultura dominante actual estamos acostumbrados a la idea de que la gente es amada porque es buena, graciosa, atractiva, lista o atenta. Es muy difícil recibir un amor que no se siente ganado. Pero una vez que aceptas el hecho de que eres aceptado, hay un enorme deseo de buscar ese amor y corresponder a tal don.

Si estás apasionadamente enamorado de una persona, es natural que quieras deleitarla todo el tiempo. Quieres comprarle regalos. Deseas pararte junto a su ventana entonando canciones ridículas. Ésta es una réplica del modo en que quienes se sienten tocados por la gracia buscan deleitar a Dios. Se complacen en tareas que podrían agradarle. Trabajan incansablemente en tareas que creen que podrían glorificarlo. El deseo de elevarse y encontrar el amor de Dios puede despertar energías muy poderosas.

Mientras la gente se eleva y busca a Dios, sus deseos cambian poco a poco. En la oración gradualmente reforma sus deseos para querer, cada vez más, las cosas que supone deleitarán a Dios, ya no las cosas que la deleitarían a sí misma.

En esta visión, la última conquista del yo no se consigue con autodisciplina, o mediante una terrible batalla interior. Se consigue saliendo del yo, estableciendo una comunión con Dios y haciendo las cosas que parecen naturales para corresponder a su amor.

Éste es el proceso que genera una transformación interior. Un día volteas y vez que todo en tu interior se ha realineado. Tus antiguos amores ya no te emocionan. Amas cosas distintas, orientadas en direcciones diferentes. Ya eres otro. No lo lograste siguiendo este o aquel código moral, o adoptando una disciplina de sargento instructor, o ciertos hábitos. Lo hiciste porque reordenaste tus amores. Y como una y otra vez afirma Agustín, te vuelves aquello que amas.

Ambición humilde

Por lo tanto, hemos llegado a una teoría diferente de la motivación. Para recapitular el proceso agustiniano, todo comienza con una zambullida en tu interior, donde descubres la vastedad de tu cosmos interno. Esa zambullida dentro te lleva afuera, a una conciencia de la verdad exterior y de Dios. Esto conduce a la humildad y uno se siente pequeño en contraste con el Todopoderoso. A su vez, esto deriva en una postura de entrega, de vaciarte de ti, conforme haces lugar a Dios. Ello te abre para recibir la gracia de Dios. Este don suscita una inmensa sensación de gratitud, un deseo de corresponder a ese amor, de retribuir y deleitar. Esto despierta por su parte vastas energías. A lo largo de los siglos, muchas personas se han sentido poderosamente motivadas para deleitar a Dios. Este incentivo ha sido más fuerte que otras grandes motivaciones como el deseo de dinero, fama y poder.

La genialidad de esta concepción es que, a medida que depende más de Dios, la capacidad de ambición y acción de la gente aumenta. La dependencia no engendra pasividad; engendra energía y realización.

Los antiguos amores

Luego de su "conversión" en el jardín, Agustín no llevó una vida fácil y tranquila. Disfrutó de una oleada inicial de optimismo, pero después llegó la chocante constatación de que su naturaleza pecaminosa seguía ahí. Sus falsos amores no se habían extinguido de modo automático. Como dice su biógrafo Peter Brown: "El pasado puede acercarse en exceso: sus potentes y complejas emociones acaban de desaparecer apenas; aún podemos sentir sus contornos a través de la fina capa de nuevos sentimientos que ha crecido sobre ellas".[22]

Cuando Agustín escribió las *Confesiones*, las cuales, en cierto sentido, son sus memorias de la primera parte de su vida adulta, no pretendió recoger reminiscencias gratas. Escribió porque necesitaba una reevaluación, ocasionada por tiempos difíciles. Como escribe Brown: "Él debe basar su futuro en una visión diferente de sí mismo, ¿y cómo podía obtener esa visión sino reinterpretando justo la parte de su pasado que había culminado en la conversión, la parte en la que hasta fecha reciente había depositado tantas esperanzas?".[23]

Agustín recuerda a los creyentes que no son el centro de su propia vida. El mundo material es hermoso y debe ser saboreado y disfrutado; pero las visiones de este mundo son más deliciosas aún cuando se les saborea dentro del amplio contexto del amor trascendente de Dios. Las oraciones y meditaciones de Agustín están llenas de celebraciones del mundo que superan a ese mundo. En una de sus más bellas meditaciones, por ejemplo, él pregunta: "¿Qué es lo que yo amo cuando amo a mi Dios?".

> No es hermosura corpórea, ni bondad transitoria, ni luz material agradable a estos ojos. No suaves melodías de cualesquiera canciones, no la gustosa fragancia de las flores, ungüento o aromas, no la dulzura del maná, o la miel, ni finalmente deleite alguno que pertenezca al tacto, o a otros sentidos del cuerpo. Nada de eso es lo que amo cuando amo a mi Dios, y no obstante eso, amo una cierta luz, una cierta armonía, una cierta fragancia, un cierto manjar y un cierto deleite cuando amo a mi Dios, que es luz, melodía, fragancia, alimento y deleite de mi alma. Resplandece entonces en mi alma una luz que no ocupa lugar, se percibe un sonido que no lo arrebata el tiempo, se siente una fragancia que no la esparce el aire, se recibe gusto de un manjar que no se consume comiéndose y se posee estrechamente un bien tan delicioso que por más que se goce y se sacie el deseo, nunca puede dejarse por fastidio. Pues todo esto es lo que amo cuando amo a mi Dios.

Esto es vivir la vida en un amplio contexto. Como ha dicho la teóloga Lisa Fullam: "La humildad es una virtud de autocomprensión en contexto, adquirida por la práctica de centrarse en el otro".

Silencio

Después de su renuncia en el jardín, Agustín se arrastró hasta el fin del periodo escolar, enseñando una retórica en la que ya no creía. Después él, su madre, su hijo y un grupo de amigos se alojaron cinco meses en la villa de un amigo milanés cuya esposa era cristiana. Esa villa estaba en Casiciaco, treinta kilómetros al norte de Milán. El grupo participó ahí en una serie de coloquios, dando la impresión de tratarse de un conjunto de eruditos que meditaran en común sobre cosas profundas. A Agustín le encantó que Mónica poseyera suficiente ingenio natural para acompañar y hasta dirigir las conversaciones. Luego, él decidió volver a África, donde pudiera llevar, con su madre, una vida apartada de oración y contemplación.

El grupo se dirigió al sur —nos recuerdan los biógrafos—, por el mismo camino que la amante de Agustín había recorrido al ser despachada dos años antes. A causa de un bloqueo militar, sólo consiguieron llegar a la ciudad de Ostia. Estando ahí, un día en que Agustín se asomaba a una ventana que daba a un jardín (muchos acontecimientos de su vida tuvieron lugar en jardines), se puso a conversar con su madre. Para ese momento, Mónica experimentaba una clara sensación de la cercanía de su muerte. Tenía cincuenta y seis años de edad.

Agustín describió su conversación, diciendo que juntos experimentaron "el mayor deleite de los sentidos corporales que pueda imaginarse, en el mayor auge de luz y resplandor terreno que pueda concebirse [...] respecto de aquella delicia de la vida eterna". Pero en la intimidad entre madre e hijo, comenzaron a hablar de Dios. "Fuimos recorriendo sucesivamente por sus grados todas las criaturas corporales y hasta el mismo cielo, desde donde el sol, la luna y las estrellas envían a la tierra su luz y resplandores." Desde estas cosas materiales "vinimos a tratar de nuestras almas y de allí pasamos más adelante, para llegar a tocar en aquella región de abundantes e indefectibles delicias, donde por toda la eternidad apacentáis a vuestros escogidos con el pábulo de la verdad infinita".

Al describir su intercambio, Agustín incluyó una larga oración difícil de analizar, pero que en algunas traducciones contiene, una y otra vez, la palabra "silencio"; el tumulto de la carne encontró silencio, las aguas y el aire guardaron silencio, todos los sueños y triviales visiones quedaron en silencio, las lenguas cayeron en silencio, todo lo perecedero guardó silencio, el ser calló al moverse más allá de sí en una suerte de silencio. Entonces, madre o hijo lanzó una afirmación: "No nos hemos hecho a nosotros mismos, sino que nos hizo el que permanece y dura eternamente". Después de decir esto, también esa voz se sumió en el silencio. Y "el que le crio habla entonces él solo a aquella alma, no por medio de las criaturas, sino por sí mismo". Agustín y Mónica oyeron la palabra de Dios "no de boca de hombres, ni de voz de ángeles, ni mediante algún trueno entre las nubes, ni en el enigma oscuro de algo semejante", sino que oyeron "al mismo Creador". Y suspiraron luego de un momento de comprensión pura.

Agustín describió así un perfecto momento de elevación: silencioso… silencioso… silencioso… silencioso. Todos los clamores del mundo quedaron en silencio. Después, un deseo de alabar al Creador se apodera de ellos, pero aun esa alabanza calla en medio de la *kenosis*, el vaciarse de sí. Llega entonces la visión infusa de la sabiduría eterna, que Agustín llamó las "grata hondura oculta". Uno imagina a madre e hijo perdidos en el júbilo de ese encuentro culminante. Tras años de lágrimas e ira, control y escape, ruptura y reconciliación, manipulación y búsqueda, amistad y reyerta, alcanzan, al fin, una suerte de unión que mira hacia fuera. Se unen y disuelven juntos en la contemplación de lo que ambos aman.

Dijo Mónica: "Hijo, por lo que a mí toca, ya ninguna cosa me deleita en esta vida […]. Una sola cosa había por la cual deseaba detenerme algún poco de tiempo en esta vida, que era por verte católico cristiano antes que muriese. Esto me lo ha concedido mi Dios más cumplidamente de lo que deseaba".

Ser sanado es ser abierto por la fuerza. El curso apropiado es hacia el exterior. C. S. Lewis comentó que si llegas a una fiesta con la intención deliberada de causar buena impresión, es probable que no lo consigas. Esto sólo puede ocurrir si piensas en quienes están en la sala. Si emprendes un proyecto artístico tratando de ser original, quizá no lo consigas.

Lo mismo ocurre con la tranquilidad. Si empiezas tratando de alcanzar paz interior y una sensación de santidad, no lo lograrás. Esto sólo sucede de manera indirecta, cuando diriges tu atención a algo exterior. Acontece sólo como subproducto de un estado de olvido de ti, cuando tu energía se concentra en algo grande.

Para Agustín, ése es el cambio crucial. El conocimiento no basta para la tranquilidad y la bondad, porque no contiene la motivación de ser bueno. Sólo el amor impele a la acción. No nos volvemos mejores porque adquiramos nueva información; nos volvemos mejores porque adquirimos amores mejores. No nos volvemos lo que conocemos. La educación es un proceso de formación del amor. Cuando vas a la escuela, ésta debe ofrecerte cosas nuevas que amar.

Días más tarde, Mónica cayó presa de una enfermedad fatal, que sólo tardó nueve días en llevársela. Ella dijo a Agustín que ya no le importaba si era sepultada en África o no, porque ningún lugar estaba lejos de Dios. Añadió que, entre todas sus tribulaciones, estaba la que nunca le había oído pronunciar una palabra fuerte contra ella.

Al momento de su muerte, Agustín se inclinó y cerró sus ojos. "Se apoderó de mi corazón una tristeza grande, que iba a resolverse en lágrimas." En ese momento, Agustín, ni siquiera entonces renunciando por entero a su estoicismo clásico, sintió que debía ejercer autocontrol y no ceder al llanto. "Pero mis ojos, obedeciendo el violento imperio del alma, absorbían toda la corriente de su llanto, de modo que pareciesen enjutos; y en esta repugnancia que hacía al desahogo del llanto, tenía que vencer y que padecer mucho [...]. Así viendo yo que quedaba desamparado de tan grande consuelo como de ella recibía, mi alma estaba traspasada del dolor y pena, y parece que mi vida se despedazaba, pues la mía y la suya no hacían más que una sola."

Sus amigos lo rodearon mientras él seguía intentando reprimir su dolor: "Y como me desazonaba mucho el que hiciesen en mí tan fuerte y poderosa impresión estos sucesos humanos [...] con otro nuevo dolor sentía mi dolor primero y me afligía con duplicada tristeza".

Fue a darse un baño para aplacar su división interior y luego cayó dormido, sintiéndose mejor al despertar. "Volvía a recaer poco a poco en los antecedentes y pasados sentimientos, acordándome de aquella vuestra sierva, de su vida y conducta fiel, tan piadosamente ordenada a Vos como santamente halagüeña y suave para mí; y no pudiendo reprimir el sentimiento de verme privado de ella repentinamente, me dieron ganas de llorar de su proceder y el mío."

Mónica había vivido en un mundo en que el Imperio romano dominaba Europa y una filosofía racionalista dominaba el pensamiento. En su escritura, Agustín la usó como ejemplo de fe contra el racionalismo puro, de inquietud espiritual contra ambición mundana. Él pasaría el resto de su vida como obispo, luchando, predicando, escribiendo, combatiendo y discutiendo. Alcanzó la inmortalidad que buscaba en su juventud, pero lo hizo en una forma inesperada. Comenzó creyendo que podía controlar su vida. Tuvo que renunciar a ello asumiendo una posición de apertura y entrega. Tras ese repliegue se abrió a la recepción de la gracia, la sensación de gratitud y elevación. Ésta es la forma de vida de avance-retroceso-avance. De vida, muerte y resurrección. De descender a la dependencia para alcanzar una altura inconmensurable.

9 Introspección

Samuel Johnson nació en Lichfield, Inglaterra, en 1709. Su padre era un librero fracasado. Su madre, una mujer inculta que, no obstante, creía haberse casado por debajo de sus merecimientos. "Mi padre y mi madre no se dieron mucha felicidad", recordaría Johnson. "Rara vez conversaban, porque él no permitía la mención de sus asuntos, y ella, ignorante de libros, de nada podía conversar [...]. Del negocio no tenía idea precisa, así que sólo hablaba de quejas, temores y sospechas." [1]

Johnson era un niño frágil que sorprendió a todos sobreviviendo a la ordalía de su alumbramiento. De inmediato fue entregado a una nodriza, cuya leche lo infectó de tuberculosis en los ganglios linfáticos, lo que anuló por completo su visión en un ojo, redujo la del otro y lo dejó sordo de un oído. Más tarde desarrolló viruela, que marcó su cara con cicatrices permanentes. Sus médicos, en un intento por remediar su enfermedad, le practicaron una incisión en el brazo izquierdo sin anestesia. Con crines de caballo, dejaron abierta la herida seis años, descargando periódicamente los líquidos que ellos asociaban con la dolencia; también le hicieron incisiones en las glándulas del cuello. Pero la operación fue un fiasco. Johnson pasó su vida con hondas cicatrices que le cruzaban el lado izquierdo del rostro, desde un oído hasta la mandíbula. Físicamente, era corpulento, feo y cacarizo, como un ogro.

Luchó vehementemente contra sus males. De niño, un día que volvía a casa después de clases, no pudo ver el canalón de la avenida. Como temía tropezar con él, se tendió a gatas para arrastrarse por la acera, examinando la orilla con intención de medir sus pasos. Cuando un profesor le ofreció ayuda, Johnson se enfureció y lo despidió a golpes.

Toda su vida desconfió de la autoindulgencia a la que creía propensos a los enfermos crónicos. "La enfermedad produce demasiado egoísmo", escribió hacia el final de sus días. "Un hombre adolorido busca alivio." Walter Jackson Bate señala que él reaccionó a sus padecimientos con "una impresionante exigencia para sí mismo, una sensación de absoluta responsabilidad personal [...]. Hoy lo especialmente interesante para nosotros es lo rápido que un niño, al descubrir sus diferencias físicas con los demás, comenzó a abrirse paso a tientas hacia la independencia, y la desafiante desconsideración hacia sus limitaciones físicas, que mantendría siempre".[2]

La educación de Johnson fue completa y severa. Asistió a una escuela en la que se le instruyó en los estudios clásicos, que sirvieron de base a la educación occidental desde el Renacimiento al siglo XX: Ovidio, Virgilio, Horacio, los atenienses. Aprendió latín y griego. Cuando flojeaba, lo lastimaban. Los profesores hacían que los chicos se inclinaran sobre sus sillas y los golpeaban con una vara. "Hago esto para salvarte de la horca", decían.[3] Tiempo después, Johnson se quejaría de esas palizas, pero creía que la vara era más suave que la presión psicológica y la manipulación emocional; el tipo de persuasión que muchos padres utilizan en la actualidad.

La educación más importante para Johnson se la proporcionó él mismo. Aunque jamás congenió con su anciano padre, leyó gracias a su acervo, devorando libros de viajes, historias y novelas de caballerías, con particular afición a estas últimas. Leía intensamente. A los nueve años, cuando leía *Hamlet* y llegó a la escena del fantasma, salió disparado a la calle, aterrado y urgido de que se le recordara el mundo de los vivos. Su memoria era tenaz. Podía leer una o dos veces una plegaria y recitarla el resto de su vida. Al parecer, recordaba cuanto leía, citando en conversaciones a autores desconocidos, décadas después de haber tropezado con ellos. De niño, su padre lo exhibía en cenas, obligándolo a recitar frente a la admirada concurrencia. Al joven Sam le repugnaba la vanidad de su padre.

Cuando tenía diecinueve años, su madre recibió un pequeño legado, suficiente para pagar apenas un año en Oxford. Johnson aprovechó la oportunidad. Llegó a Oxford plenamente consciente de sus aptitudes, ardiendo de ambición y suspirando, como él mismo diría después, por el renombre y la "placentera esperanza de la fama inagotable". Pero, acostumbrado a su independiente vida autodidacta y sintiéndose social y económicamente inferior a muchos de sus compañeros, fue incapaz de cumplir las reglas de Oxford. En vez de someterse a ese aletargado sistema, lo combatió, reaccionando con franca agresión al menor rasgo de autoridad. "Era iracundo y violento", recordaría más tarde. "Aquello era rencor, que ellos tomaban a juego. Yo era miserablemente pobre y pensaba abrirme paso a golpes con mi literatura y mi ingenio; por tanto, despreciaba todo poder y autoridad."[4]

Fue reconocido como un alumno brillante, recibiendo elogios por su traducción al latín de un poema de Alexander Pope; el propio Pope dijo que no sabía cuál era mejor: si la versión latina o la original. Pero era también rebelde, tosco y perezoso. Le dijo a su tutor que faltaba a clases porque prefería ir a pasear en trineo. Trabajaba siguiendo un patrón de pausas, que emplearía toda su vida. Pasaba días enteros en total indolencia, mirando un reloj pero incapaz siquiera de decir la hora, y luego adoptaba un nivel de febril actividad que le permitía terminar una tarea en un solo borrador magistral, justo antes de la hora prevista para su entrega.

En Oxford se hizo cristiano por moda. Un día tomó el libro teológico de William Law titulado *A Serious Call to a Devout and Holy Life*, suponiendo, escribió, que "encontraría una obra aburrida (como lo es la generalidad de estos libros) que quizá me haría reír. Pero Law me pareció insuperable para mí, y ésa fue la primera vez que pensé en serio en la religión, habiéndome vuelto apto para una indagación racional". El libro de Law, como los posteriores textos morales de Johnson, era práctico y concreto. El autor inventaba personajes para elaborar retratos satíricos de tipos que descuidaban su interés espiritual. Insistía en que los afanes materiales no llenaban el corazón. El cristianismo no cambió a Johnson, pero acentuó lo que ya era: un hombre muy receloso de la autoindulgencia, inflexible en sus demandas morales para consigo.

Consciente de su aptitud mental, toda su vida prestó atención a la parábola bíblica de los talentos y a la prevención de que el "siervo malo y perezoso" que no usó completos los talentos que se le concedieron sería arrojado "a la oscuridad, donde habrá llanto y rechinar de dientes". El Dios de Johnson era un Dios riguroso antes que afable o sanador. Él pasaría su vida sintiéndose perpetuamente juzgado, consciente de su insuficiencia y temiendo su condenación.

Tras ese año en Oxford, el dinero se acabó y volvió abatido a Lichfield. Entonces sufrió lo que parece haber sido un periodo de extrema depresión. Como escribiría su cronista, James Boswell, "se sintió oprimido por una hipocondría terrible, con perpetua irritación, inquietud e impaciencia. Con un desánimo, tristeza y desesperanza que volvieron desdichada su existencia".[5]

Hacía caminatas de cincuenta kilómetros para mantenerse ocupado. Es probable que haya pensado en suicidarse. Parecía totalmente incapaz de controlar sus movimientos. Desarrolló una serie de tics y gestos que, según muchos expertos modernos, podrían corresponder al síndrome de Tourette. Torcía las manos, se mecía adelante y atrás, giraba la cabeza en forma extraña y compulsiva. Emitía un raro silbido y presentaba síntomas de trastorno obsesivo compulsivo, golpeando su bastón con ritmos extraños, mientras avanzaba por la calle, contando el número de pasos que daba al entrar a una habitación y volviendo a entrar si ese número no era el correcto. Comer con él era todo un desafío. Comía como un animal salvaje, devorando con prisa caótica incontables alimentos y ensuciando su ropa notoriamente descuidada. La novelista Fanny Burney escribiría: "[Él] tiene una cara espantosa, es muy torpe y sus modales son los más singulares que se hayan visto. Tiene movimientos convulsivos casi perpetuos, sea en las manos, los labios, los pies o las rodillas, y a veces en todo junto".[6] Los desconocidos lo veían en una taberna y lo tomaban por el idiota del pueblo, o afectado por un mal mental extenuante. Más tarde, él los sorprendía desplegando párrafos repletos de erudición y alusiones clásicas. Parecía disfrutar de este efecto.

Su miseria continuó por años. Trató de dar clases, pero un hombre con sus tics por fuerza tenía que generar más ridículo que respeto entre sus alumnos. El plantel que abrió, señaló un historiador, fue "quizá la escuela privada menos exitosa en la historia de la educación". Se casó con Elizabeth Porter cuando tenía veintiséis años y ella cuarenta y seis, en lo que muchos consideraron un enlace peculiar. Los biógrafos no han sabido nunca qué hacer con Porter, a la que él llamaba Tetty. ¿Era bella u ojerosa? ¿Frívola o reflexiva? Cabe reconocer que ella percibió una señal de futura grandeza bajo el tosco exterior, y que él le sería fiel toda la vida. Johnson era un amante espléndido y tierno, con gran capacidad de afecto y empatía, aunque ellos pasaron separados muchos años, llevando vidas aparte. Ella proveyó el dinero con que él puso su escuela, gran parte del cual se perdió.

Hasta poco antes de cumplir los treinta, la vida de Johnson había sido una calamidad incesante. El 2 de marzo de 1737 partió a Londres con su expupilo David Garrick (tiempo después uno de los más famosos actores en la historia de Gran Bretaña). Se estableció cerca de Grub Street, entonces comenzó a ganarse pobremente la vida como escritor independiente. Escribía acerca de cualquier tema, en cualquier género: poesía, teatro, ensayos políticos, crítica literaria, chismes, ensayos informales, etcétera. La vida de un gacetillero de Grub Sreet era precaria, caótica, alborotada y, con frecuencia, miserable. Un poeta, Samuel Boyse, alguna vez empeñó todas sus prendas y se sentó desnudo en su cama, cubierto apenas con una cobija. Hizo un agujero en ella por el cual pasar el brazo para escribir poemas, en hojas que apoyaba sobre sus rodillas. Cuando escribía un libro, empeñaba sus primeras páginas, para obtener dinero con el cual comer y poder redactar las siguientes.[7] Johnson nunca cayó tan bajo, pero demasiado a menudo, sobre todo en los primeros años, las estrecheces asolaban.

Sin embargo, durante este tiempo consumó una de las mayores hazañas en la historia del periodismo. En 1738, la Cámara de los Comunes aprobó una ley que declaraba "abuso de la inmunidad parlamentaria" publicar los discursos que se pronunciaban en el Parlamento. *The Gentleman's Magazine* decidió publicar versiones ficticias, levemente veladas, de esas alocuciones, para que el público supiera qué ocurría. Durante dos años y medio, Johnson fue el autor único de esas piezas, aunque sólo pisó el Parlamento una vez. Una fuente le informaba quiénes habían hablado y en qué orden, qué posturas adoptaban y los argumentos que exponían. Después, Johnson redactaba elocuentes discursos, similares a los probablemente pronunciados. Sus textos estaban tan bien escritos que ni siquiera los propios oradores los desautorizaban. Se les tomó por transcripciones auténticas durante, al menos, los veinte años siguientes. Todavía en 1899 seguían apareciendo en antologías de la mejor oratoria del mundo, atribuidos a los oradores y no a Johnson.[8] Cuando en una cena éste oyó que alguien se deshacía en elogios ponderando un discurso de William Pitt el Viejo, interrumpió a ese individuo diciendo: "Ese discurso lo escribí yo en una buhardilla en Exeter Street".[9]

Llevaba una vida —hoy común para nosotros, pero inusual en aquellos días— en la que continuamente tenía que valerse por sí solo. Sin un oficio estable, como la agricultura o la enseñanza y lejos del arraigo familiar, estaba obligado a vivir de su ingenio, como una especie de *freelancer*. Su destino entero —seguridad económica, posición en la comunidad, amistades, opiniones y significado como persona— dependía de las ideas que cruzaran por su mente.

Los alemanes tienen una palabra para esta condición: *Zerrissenheit* —desunirse, "hacerse pedazos". Se trata de la pérdida de coherencia interna que puede proceder de vivir un existencia que sigue cientos de direcciones multitareas. Es lo que Kierkegaard llamó el "vértigo de la libertad". Cuando las restricciones externas se relajan; cuando una persona puede hacer lo que quiere; cuando hay mil opciones y distracciones, la vida puede perder coherencia y dirección, en ausencia de una sólida estructura interna.

La fragmentación interior de Johnson era exacerbada por su naturaleza. "Todo en su carácter y modales era forzoso y violento", observó Boswell: su manera de hablar, comer, leer, amar y vivir. Además, muchas de sus cualidades se oponían entre sí. Aquejado de tics y peculiaridades, no podía controlar por completo su cuerpo. Aquejado por la depresión y la inestabilidad, no podía controlar por completo su mente. Era una persona muy sociable que toda su vida previno contra los peligros de la soledad, pero establecida en una profesión literaria que requería largos periodos en solitario dedicados a la composición de sus piezas. Para efectos reales, llevaba una vida de soltero, aunque poseía un fuerte apetito sexual y luchó toda su vida con lo que juzgaba "pensamientos contaminantes". Tenía escasa capacidad de atención. "He leído pocos libros completos", confesó; "suelen ser tan repulsivos que no puedo leerlos enteros".[10]

Imaginación

Asimismo, lo asediaba su imaginación. En nuestra época posromántica, tendemos a considerar la imaginación como una facultad inocente, infantil, que nos da creatividad y visiones deliciosas. Johnson la veía como algo a lo que debía temer, tanto como atesorar. Lo peor sobrevenía a media noche. En esas oscuras horas, su imaginación lo acosaba, introduciendo terrores nocturnos, celos, sensaciones de falta de valía, esperanzas vanas, fantasías de elogio y admiración superficial. La imaginación, en la turbia opinión de Johnson, ofrece visiones ideales de experiencias como el matrimonio, que nos decepcionan cuando no se hacen realidad. Es responsable también de hipocondría, y las demás ansiedades que sólo existen en nuestra cabeza. Nos invita a hacer comparaciones envidiosas, idear escenas en las que triunfamos sobre nuestros rivales. Simplifica nuestros infinitos deseos y nos hace fantasear que van a cumplirse. Nos despoja de gran parte del gusto de nuestros logros, forzándonos a pensar en lo que aún está por realizarse. Nos distrae de los placeres del momento, desplazándose a posibilidades futuras todavía no alcanzadas.

A Johnson siempre le impresionó, desconcertó y aterró la fugitiva naturaleza de la mente. Todos somos un poco como don Quijote, observó, combatiendo villanos que imaginamos, viviendo en ideas de nuestra propia hechura, más que en la realidad tal como es. Su cerebro estaba en perpetuo movimiento, en disputa consigo mismo. Como escribió en uno de sus ensayos firmados como Adventurer, "tenemos menos razón de sentirnos sorprendidos o insultados cuando descubrimos que las opiniones de otros difieren de las nuestras, porque muy a menudo nosotros diferimos de nosotros mismos".

No se rendía a esos demonios mentales; les hacía frente. Era combativo con los demás y consigo mismo. Cuando un editor lo acusó de perder tiempo, Johnson, hombre fuerte y corpulento, lo tiró al suelo de un empujón y le puso un pie en el cuello. "Había sido insolente y lo golpeé; era un bruto y se lo dije."

Sus diarios están repletos de autocríticas y juramentos de organizar mejor su tiempo. De 1738: "Oh, Señor, permíteme [...] redimir el tiempo que he pasado en pereza". De 1757: "Dios todopoderoso, permíteme librarme de la pereza". De 1769: "Me propongo levantarme temprano y espero hacerlo [...] a las ocho, y por grados a las seis".[11]

Cuando lograba vencer la indolencia y colocar la pluma sobre el papel, su producción era torrencial. Podía producir doce mil palabras, o treinta páginas de un libro, en una sentada. En esos arrebatos, escribía mil ochocientas palabras por hora, o treinta por minuto.[12] A veces, un mensajero permanecía apoyado en su codo y llevaba cada página a la imprenta cuando Johnson la terminaba, para que no pudiera revisarla y corregirla.

Su biógrafo moderno, Walter Jackson Bate, nos recuerda que aunque Johnson y su producción como *freelancer* nos sorprenden por su cantidad y calidad, durante sus dos primeras décadas ni una sola pieza suya apareció con su nombre. Esto en parte se debía a decisión propia y también, en parte, a las reglas de prensa vigentes en Grub Street. Aun en su edad madura, Johnson no había hecho aún nada de lo que se sintiera orgulloso, o que implicara para él el pleno uso de sus talentos. Era poco conocido, estaba lleno de ansiedad y emocionalmente deshecho. Su vida, como él mismo diría, había sido "radicalmente desdichada".

La imagen que ahora tenemos de él procede de la magistral *Life of Johnson* de Boswell. Pero éste era un sibarita y un acólito; conoció a Johnson hasta su vejez. El Johnson de Boswell es todo menos desdichado; alegre, ingenioso, satisfecho y atractivo. En la versión de Boswell encontramos a un hombre que ha alcanzado cierta integración. Pero esto era un montaje; a través de su escritura y esfuerzo mental, Johnson había creado una coherente visión del mundo. Llegó a cierta coherencia sin simplificación. Se volvió fidedigno y confiable.

Asimismo, usó su escritura para tratar de servir y elevar a sus lectores. "Siempre es deber de un escritor hacer un mundo mejor", escribió, y en su madurez ya había encontrado la manera de lograrlo.

Humanismo

¿Cómo lo hizo? Bueno, no lo consiguió solo, como ninguno de nosotros. Gran parte de lo que hoy decimos sobre el carácter es de orden individualista, como lo que decimos acerca de todo, pero el carácter se forma en comunidad. Johnson llegó a la madurez en un momento en que Gran Bretaña era la sede de un muy talentoso grupo de escritores, pintores, artistas e intelectuales, de Adam Smith a Joshua Reynolds y Edmund Burke. Cada uno de ellos elevaba las normas de excelencia para los demás.

Eran humanistas; sus conocimientos se derivaban de su atenta lectura de los grandes textos canónicos de la civilización occidental. Eran heroicos, pero practicaban una forma intelectual, no militar, de heroísmo. Querían ver claramente al mundo, resistiéndose al autoengaño producido por la vanidad y las perversidades de su naturaleza. Buscaban una especie de sabiduría práctica y moral que les diera integridad, así como propósito interior.

Johnson fue el máximo representante de este arquetipo. Como sostiene el biógrafo Jeffrey Meyers, él era "una masa de contradicciones: perezoso y enérgico, agresivo y tierno, melancólico y gracioso, sensato e irracional, confortado pero atormentado por la religión".[13] Combatía esos impulsos dentro de sí, como apuntó James Boswell, a la manera de un gladiador romano en el Coliseo. Combatía "a las bestias salvajes en la plaza, listas para arrojarse sobre él. Luego de un conflicto, las llevaba de vuelta a sus cubiles, pero no las mataba; ellas lo seguían atacando". Combinó toda su vida la reciedumbre intelectual de Aquiles con la fe compasiva de un rabino, sacerdote o mullah.

Johnson procesaba el mundo del único modo que en podía hacerlo: con su único ojo, apenas útil, su conversación y su pluma. Los escritores no se distinguen precisamente por un carácter moral superlativo, pero él alcanzó la virtud, en cierto grado, por medio de su escritura.

Realizó su obra en tabernas y cafeterías. Grueso, estrambótico y feo, era un hombre muy cordial. También pensaba hablando, soltando un aluvión incesante de máximas morales y agudezas, una combinación entre Martín Lutero y Oscar Wilde. "Con Johnson no se puede discutir", dijo de él una vez el novelista y dramaturgo Oliver Goldsmith. "Cuando su pistola falla, él ya te derribó con la culata." Aprovechaba todo motivo de discusión y solía cambiar de bando en un debate si creía que eso haría más disfrutable la controversia. Muchos de sus más famosos apotegmas parecen haber emergido espontáneamente en una conversación de taberna, o haber sido pulidos para dar una apariencia de espontaneidad: "El patriotismo es el último refugio de un pillo… Provisiones decentes para los pobres son la prueba verdadera de la civilización… Cuando un hombre sabe que se le colgará en quince días, su mente alcanza una concentración maravillosa… Cuando un hombre se fastidia de Londres, se fastidia de la vida".

Su estilo literario tenía la estructura y vaivén de la buena conversación. Hacía un comentario, luego lo equilibraba con un contrapunto, que sería equilibrado a su vez por otro. Las máximas anteriores, que todos citan, tienen un falso aire de certidumbre respecto a las opiniones de Johnson. Su estilo conversacional común consistía en plantear un tema —digamos, el juego de naipes—, enlistar las virtudes y vicios asociados a él y ubicarse tentativamente en un bando. Al escribir sobre el matrimonio exhibió su tendencia a ver lo bueno asociado con lo malo: "Redacté en una página de mi libreta un esquema de todas las virtudes y vicios femeninos, con los vicios que bordean cada virtud y las virtudes aliadas a cada vicio. Consideré que el ingenio era sarcástico y la magnanimidad imperiosa; que la avaricia era económica y obsequiosa la ignorancia".

Era un ferviente dualista, convencido de que sólo las tensiones, paradojas e ironías pueden recoger la complejidad de la vida real. No era un teórico, así que se sentía a gusto con las antítesis, cosas que no parecían concordar unas con otras pero que, de hecho, lo hacían. Como indicó el crítico literario Paul Fussell, los peros y sin embargos que salpican su prosa se convirtieron en la sustancia de su estilo, parte de su noción de *que*, para entender *algo*, tienes que examinarlo desde muchas perspectivas, viendo todos sus elementos contradictorios.[14]

Cierto, se tiene la impresión de que pasaba mucho tiempo vagando, conviviendo con pequeños y absurdos grupos de amigos sólo por no tener otra cosa mejor que hacer. Cuando decían que alguien se había ahogado en cierto tramo del río, Johnson se arrojaba de un salto para ver si podía sobrevivir. Cuando afirmaban que una pistola podía explotar si se le cargaba demasiado, él ponía al instante siete balas en el cañón de una y disparaba contra la pared.

Se entregó a la vida londinense. Entrevistaba a prostitutas. Dormía en parques con poetas. No creía que el conocimiento se persiguiera mejor tomando una vía solitaria. Escribió: "La felicidad no está en la autocontemplación; sólo se percibe cuando se refleja en otro". Buscaba de manera indirecta el conocimiento de sí, comparando sus observaciones con la realidad de un mundo que podía ver concretamente frente a él. "Considero perdido cada día en que no conozco a nadie", comentó. Temía a la soledad. Siempre era el último en salir de un pub, pues prefería recorrer las calles con su disoluto amigo Richard Savage que volver a casa, a la soledad de sus cámaras embrujadas.

"El verdadero estado de cada nación", sentenció, "es el estado de la vida común. Un individuo no aprende modales en las escuelas ni en los palacios." Socializaba con personas de todo nivel. Ya anciano, llevaba vagabundos a su casa. También recibía e insultaba a caballeros. Al terminar Johnson su gran diccionario, lord Chesterfield quiso hacerse pasar, a destiempo, como su mecenas. Johnson lo refutó en una de las mayores revueltas epistolares jamás escritas, que culminaba con este pasaje:

> ¿Es acaso un mecenas, mi lord, quien ve con desinterés que un hombre lucha por su vida en el agua y, cuando al fin llega a tierra, lo agobia con muestras de ayuda? La noticia de que a usted le complace apoyar mis esfuerzos, si hubiera sido temprana, habría resultado amable; pero ha tardado hasta serme indiferente y no puedo disfrutar de ella; hasta encontrarme solo y no puedo transmitirla; hasta que soy conocido y no la quiero.

Honestidad absoluta

Johnson no creía que los principales problemas humanos pudieran resolverse mediante la política o el reacomodo de las condiciones sociales. Él fue, después de todo, el autor de este famoso pareado: "De lo que el corazón humano aguanta / poco la ley y el rey curan o causan". No era metafísico ni filósofo. Le gustaba la ciencia, pero la tenía por un interés secundario. Desestimaba a quienes llevaban una vida de pedante investigación rodeados de "polvo instruido" y desconfiaba por entero de los sistemas intelectuales que intentaban explicar la existencia con una estructura lógica. Dejaba merodear sus intereses sobre la superficie de la vida, dondequiera que su curiosidad natural lo llevara, haciendo asociaciones como un generalista, de un campo a otro. Respaldaba la noción de que "a quien habla de un solo tema, o actúa en una sola área, rara vez se le juzga necesario y, quizá nunca, deseado, mientras que el hombre de conocimientos generales tiende a beneficiar y siempre a agradar".[15]

No era místico. Hizo una filosofía a su medida, leyendo historia, literatura y valiéndose de la observación directa, fijándose incansablemente en lo que llamaría "el mundo viviente". Como apuntó Paul Fussell, refutaba todo determinismo. Rechazaba la noción de que la conducta está determinada por férreas e impersonales fuerzas. Siempre se concentraba, con ojo agudo, en la particularidad de cada individuo. Ralph Waldo Emerson señalaría más tarde que "las almas no son salvadas en manojos".[16] Johnson creía con fervor en la misteriosa complejidad y dignidad inherente a cada individuo.

Pese a todo, era un moralista, en el mejor sentido de la palabra. Creía que la mayoría de los problemas eran morales. "La felicidad de la sociedad depende de la virtud", escribió. Para él, como para otros humanistas de su época, el acto humano esencial era el acto de tomar firmes decisiones morales. Como otros humanistas, creía que la literatura podía ser una enorme fuerza de elevación moral. La literatura no da sólo nueva información, también nuevas experiencias. Puede ampliar la gama de la conciencia y ser ocasión de evaluación. Puede instruir por medio del placer.

Hoy, muchos escritores ven a la literatura y al arte únicamente en términos estéticos, pero Johnson los veía como empresas morales. Esperaba contarse entre los escritores que dan "ardor a la virtud y seguridad a la verdad". Y añadió: "Siempre es deber de un escritor hacer un mundo mejor". Como refiere Fussell: "Concibe el acto de escribir como algo muy similar a un sacramento cristiano, definido en el catecismo anglicano como 'señal externa y visible de una gracia interna y espiritual otorgada a nosotros' ".

Vivía en un mundo de gacetilleros, pero no se permitía escribir mal, aunque lo hiciera rápido y por dinero. Perseguía el ideal de absoluta honestidad literaria. "El primer paso a la grandeza es ser honesto", era una de sus máximas.

Tenía una mala pero compasiva opinión de la naturaleza humana. En la Grecia antigua se decía que Demóstenes no era un gran orador pese a su tartamudez, sino gracias a ella. La deficiencia se volvía un incentivo para perfeccionar la habilidad asociada. El héroe se hace más fuerte en su punto más débil. Johnson fue un gran moralista gracias a sus deficiencias. Terminó por entender que no las vencería jamás. Que su historia no sería del tipo "la virtud que vence al vicio", que tanto le gusta a la gente contar. En el mejor de los casos, sería una historia de la virtud que aprende a vivir con el vicio. Escribió que no buscaba remedios para sus fallas, sino paliativos. Esta conciencia de lucha permanente lo volvió compasivo con las fallas ajenas. Era un moralista, pero de buen corazón.

La compasión del hombre herido

Si quieres saber qué vicios aquejaban a Samuel Johnson, basta con que veas los temas de sus ensayos: culpa, vergüenza, frustración, aburrimiento, etcétera. Como indica Bates, una cuarta parte de sus ensayos en la serie Rambler concierne a la envidia. Johnson sabía que era particularmente propenso a resentir el éxito de otros: "El error reinante de la humanidad es que no estamos satisfechos con las condiciones en que se conceden los bienes de la vida".

La virtud intelectual redentora de Johnson fue la claridad mental. Le confirió gran facilidad para cristalizar observaciones citables. La mayoría de ellas revelan perspicacia psicológica sobre la falibilidad humana:

- Un hombre de genio no debe por lo general su ruina a nadie que no sea a él mismo.
- Si eres ocioso, no seas solitario; si eres solitario, no seas ocioso.
- Hay personas a las que querríamos dejar de ver, pero no que dejaran de vernos.
- Toda censura es un elogio indirecto. Sirve para saber qué tienes de sobra.
- El principal mérito del hombre consiste en resistir los impulsos de su naturaleza.
- Ningún recinto convence más sobre la vanidad de las esperanzas humanas que una biblioteca pública.
- Muy pocos pueden presumir de un corazón que se atreven a abrir para sí mismos.
- Relee tus composiciones y cada vez que encuentres un pasaje que te parezca particularmente bueno, elimínalo.

- Todo hombre se persuade naturalmente de que puede cumplir sus promesas, así como se convence de su estupidez con el paso del tiempo y la frecuencia del experimento.

A través de sus ensayos morales, Johnson fue capaz de imponer orden en el mundo, anclar sus experiencias en la estabilidad de la verdad. Tenía que serenarse para alcanzar una percepción objetiva del mundo. Cuando la gente se deprime, suele sentirse oprimida por una tristeza enorme, pero difícil de precisar. Johnson va directo al dolor, lo define, lo disecciona y lo desarma parcialmente. En su ensayo sobre el pesar, observa que la mayoría de las pasiones te llevan a su extinción. El hambre te induce a comer hasta saciarte, el miedo te hace huir, el deseo te lleva al sexo. Pero el pesar es una excepción. No te conduce a su cura. El pesar acrecienta el pesar.

Esto se debe a que la aflicción es "ese estado de ánimo en que nuestros deseos están fijos en el pasado, sin ver al futuro; un anhelo incesante de que algo hubiera sido distinto de como fue, una necesidad tormentosa y hostil de un placer o posesión que perdimos". Muchos tratan de evitar el pesar viviendo de manera apocada. Muchos tratan de aliviar el pesar obligándose a asistir a eventos sociales. Johnson no aprueba estas estratagemas. En cambio, aconseja: "El seguro antídoto general contra la aflicción es el trabajo [...]. El pesar es una especie de oxidación del alma, que cada nueva idea contribuye a quitar. Es la putrefacción de una vida estancada, esto se remedia con ejercicio y movimiento".

Asimismo, Johnson usó sus ensayos como ejercicio de autoconfrontación. "La vida es un combate para él", escribió Fussell, "un combate moral."[17] Compuso ensayos sobre los temas que le obsesionaban: desesperanza, orgullo, ansia de novedad, aburrimiento, glotonería, culpa y vanidad. No se hace ilusiones de que pueda sermonearse a sí mismo sobre la virtud. Pero puede tramar y planear maneras de educar su voluntad. Por ejemplo, la envidia fue el pecado más acuciante de la primera mitad de su vida adulta. Él conocía sus talentos, pero también sabía que otros triunfaban mientras él fracasaba.

Ideó una estrategia para desterrar la envidia de su corazón. Dijo que, en general, no creía que un vicio debiera curarse con otro. Pero la envidia era un estado anímico tan maligno que el predominio de casi cualquier otra cualidad resultaba preferible. Así, eligió el orgullo. Se decía que envidiar a otro es admitir la inferioridad propia; que es mejor insistir en los méritos personales que sucumbir a la envidia. Así, cuando se sentía tentado a envidiar a alguien, se convencía de la superioridad de su posición.

Luego, siguiendo una dirección más bíblica, predicaba la caridad y la misericordia. El mundo está tan lleno de pecado y dolor que "no hay nadie a quien envidiar". Todos tienen alguna gran dificultad en su vida. Casi nadie disfruta de verdad de sus logros, pues sus deseos nunca descansan, y los torturan con visiones de bienes que no poseen aún.

La estabilidad de la verdad

Lo que Johnson dijo del ensayista Joseph Addison podría aplicarse a él mismo: "Era un hombre en cuya presencia nada reprensible estaba fuera de peligro; rápido en observar todo lo erróneo o ridículo y poco dispuesto a exponerlo".

Por medio de este proceso de atenta observación y examen, Johnson transformó su vida. De joven era enfermizo, depresivo y torpe. En su madurez tardía, sus logros no sólo fueron nacionalmente admirados, sino que también fue reconocido como un hombre de alma grande. El biógrafo Percy Hazen Houston explicó cómo un hombre que había crecido en la miseria y el dolor podía ver el mundo con juicios temperados por la tolerancia y la clemencia:

> Su alma se había fortificado y abordaba las cuestiones de la conducta humana a la luz de una terrible experiencia, lo que le permitía tratar los motivos humanos con certidumbre y comprensión. Sumamente consciente de la insignificancia de nuestra vida y los estrechos límites del conocimiento humano, se resignaba a dejar el misterio de las causas finales a un poder superior al suyo; porque los propósitos de Dios son inescrutables y el fin del hombre en esta primera existencia debe ser buscar leyes con las que pueda prepararse a recibir la misericordia divina.[18]

Pensaba mucho y llegó a firmes convicciones sobre el complejo e imperfecto mundo a su alrededor. Lo hizo disciplinándose en el esfuerzo de ver las cosas como son. Lo hizo mediante la tenacidad, la autocrítica y la pasión moral.

Montaigne

El método de Johnson de formación personal por medio de la búsqueda moral puede iluminarse, por contraste, con otro gran ensayista, el encantador escritor francés del siglo XVI Michel de Montaigne. Como explicó Haley Adams, uno de mis alumnos, Johnson es comparable a un rapero de la costa este: intenso, serio, combativo. A su vez Montaigne lo es con uno de la costa oeste: igualmente realista, pero también relajado, apacible, bañado por el sol. Montaigne fue un ensayista más importante que Johnson. Sus obras maestras crearon y definieron el género. Y su estilo era tan serio en lo moral como el de aquél, justo un intento por buscar la forma de entenderse y perseguir la virtud. Sin embargo, uno y otro adoptaron enfoques distintos. Johnson buscaba reformarse mediante el asalto directo y el esfuerzo concentrado. Montaigne se divertía consigo mismo y sus flaquezas; buscaba la virtud mediante la autoaceptación y suaves gestos de superación personal.

Montaigne tuvo una formación muy diferente a la de Johnson. Creció en una finca cerca de Burdeos, como apreciado miembro de una familia rica y establecida cuya fortuna era vasta, aunque no antigua. Fue educado delicada y esmeradamente conforme a un plan humanista ideado por el hombre a quien él consideraba el mejor de todos los padres, y que incluía que se le despertara dulcemente cada mañana con el sonido de un instrumento musical. Esta formación fue diseñada para hacer de él un hombre culto, polifacético y amable. Asistió a un prestigioso internado; más tarde, sirvió como concejal de la ciudad y fue miembro del parlamento local.

La situación de Montaigne era cómoda, mas no su época. Fue un servidor público en medio de una serie de guerras civiles de índole religiosa, en algunas de las cuales intentó desempeñar un papel mediador. A los treinta y ocho años, se retiró de la vida pública. Su meta era regresar a su finca y llevar una vida de ocio ilustrado. Johnson escribió en la agitada vida de taberna de Grub Street; Montaigne lo hizo aislado en su biblioteca en lo alto de una torre, una gran sala decorada con máximas griegas, romanas y bíblicas.

Su meta inicial era estudiar a los antiguos (Plutarco, Ovidio, Tácito) y aprender de su Iglesia (era católico romano con opiniones ortodoxas, al menos en público, aunque, dotado de una mente práctica más que abstracta, parece haber extraído menos sabiduría de la teología que de la historia). Pensaba que podría escribir obras ilustradas sobre la guerra y la alta política.

Pero su mente no se lo permitió. Al igual que Johnson, en su madurez también él sospechó que había vivido mal en cierta forma básica. Una vez que se retiró a una vida de contemplación, descubrió que su mente no se permitía la tranquilidad; que estaba fragmentada y era dispersa y fluida. Comparó sus pensamientos con el fulgor de la luz que danzaba en el techo cuando el sol se reflejaba en un estanque. Su cerebro corría sin cesar en todas direcciones. Cuando se ponía a pensar en sí mismo, todo lo que descubría era una percepción momentánea, seguida por otra diferente, seguida a su vez por otra más.

Montaigne se deprimió y en su sufrimiento hizo de sí mismo su tema literario. "Somos, no sé cómo, dos en cada uno de nosotros", escribió. La imaginación se desboca. "No puedo fijar mi tema. Siempre está inquieto y se tambalea de embriaguez natural. [...] No fijo el ser. Fijo el transcurrir [...]. Debo adecuar mi historia al momento, porque pronto puedo cambiar."

Terminó por percatarse de lo difícil que era controlar la mente, o incluso el cuerpo. Se desesperaba incluso con su pene, "que, quisquilloso, importuna cuando no se lo requiere y nos falla de tan exasperante manera cuando más lo necesitamos". Pero el pene no estaba solo en su rebelión. "Te ruego considerar si hay acaso una sola parte de nuestro cuerpo que no acostumbre negarse a hacer nuestra voluntad y a operar, desafiándola."

En ese entonces escribir era un acto de integración individual. La teoría de Montaigne era que gran parte del fanatismo y violencia que veía en torno suyo procedía del pánico e incertidumbre que la gente sentía por no poder entender lo esquivo en ella misma. El afán de esplendor material y gloria eterna es un esfuerzo inútil de quienes buscan medios externos para alcanzar la tranquilidad interna y la amistad consigo mismos. Como él lo expresó: "Todo hombre se apresura a un sitio en el futuro, porque ninguno ha llegado a sí mismo". Montaigne usaría sus ensayos para llegar a sí mismo. Escribiendo crearía un punto de vista y un estilo prosístico que impondría orden y ecuanimidad al fragmentado ser interior.

Tanto Johnson como Montaigne perseguían una profunda conciencia de sí, pero lo hacían por métodos diferentes. Johnson describía a otros y al mundo exterior, esperando definirse en forma indirecta. A veces escribía una biografía, pero en ella asomaban tantos rasgos propios que su retrato parecía una autobiografía embozada. Montaigne partía del extremo opuesto. Se describía a sí mismo y sus reacciones a las cosas; a través de la introspección esperaba definir la naturaleza que todos los hombres y mujeres comparten, observando: "Cada hombre lleva en sí la forma entera del estado humano".

Los ensayos de Johnson parecen llenos de autoridad, pero los de Montaigne están escritos con un estilo modesto, provisional, tentativo. No los organizaba formalmente. No seguían una clara estructura lógica; procedía por acumulación. Hacía un comentario y si meses después se le ocurría uno parecido, lo anotaba al margen para incluirlo en la edición definitiva. Este método azaroso ocultaba la seriedad de su empresa. La hacía parecer fácil, pero él no tomaba su misión a la ligera. Conocía la originalidad de su proyecto: una revelación personal totalmente honesta, y a través de ello, una visión moral de la vida. Comprendía que intentaba crear un nuevo método de forjar el carácter, que implicaba un nuevo tipo de héroe, capaz de conocerse en forma implacablemente honesta pero compasiva. El estilo era despreocupado, pero la tarea ardua: "Es cierto que hemos de tensar nuestra alma para estar al tanto de nuestra falibilidad". La idea no se reducía a ampliar su conocimiento de sí, o a divagar, o a exhibirse en pro de la fama, la atención o el éxito. Su meta era confrontarse para llevar una vida coherente y disciplinada: "La grandeza del alma no es tanto ascender y avanzar como saber cómo ordenarse y circunscribirse".

Quería abordar sus problemas morales mediante el conocimiento y la reforma de sí. Argumentaba que este tipo de autoconfrontación imponía mayores exigencias que las impuestas a un Alejandro Magno o un Sócrates. Estas figuras operaban en público y fueron recompensadas con la gloria y el renombre. El buscador solitario del honesto conocimiento de sí trabaja en privado. Otros buscan la aprobación de la multitud; Montaigne buscaba respetarse a sí mismo. "Cada cual puede hacer su parte en la farsa y actuar un papel honesto en el escenario. Pero disciplinarse por dentro, en el propio pecho, donde todo es permisible y todo está oculto: ésa es la cuestión."

Interrumpió una exitosa carrera porque sintió que el afán de profundidad interior y respeto de sí era más importante. Y lo emprendió enfrentando valientemente la verdad de sí mismo. Aun durante el acto de autoconfrontación generó una actitud de equilibrio que ha encantado a los lectores a través de los siglos. Estaba dispuesto a enfrentar verdades desagradables sobre él sin ponerse a la defensiva ni intentar eliminarlas racionalizándolas. Casi siempre, sus deficiencias sólo lo hacían sonreír.

Para comenzar, tenía una visión humilde pero segura de sí. Admite que es un hombre pequeño y sin carisma. Si monta en compañía de sus asistentes, la gente no sabe quién es el amo y cuál el siervo. Si tiene mala memoria, te lo dirá. Si es malo para el ajedrez y otros juegos de mesa, te lo dirá. Si tiene un pene pequeño, te lo dirá. Si se deteriora con la edad, te lo dirá.

Como la mayoría, observa Montaigne, él es un poco venal: "Que cualquiera examine su corazón y hallará en él que sus deseos son, en su mayor parte, nacidos y nutridos a expensas de los demás". Advierte que la mayoría de las cosas por las que luchamos son frágiles y efímeras. Un filósofo puede cultivar la mente más prodigiosa de la historia, pero la mordida de un perro rabioso podría hacer de él un absoluto idiota. Montaigne es el artífice de este dicho depreciador: "Aun en el trono más alto, no nos sentamos sino en nuestro propio trasero". Argumenta que "si otros se estudiaran con atención, como yo, se descubrirían, como yo, llenos de inanidad y tontería. No puedo librarme de eso sin deshacerme de mí. Todos estamos inmersos en ello, unos más que otros; pero quienes lo saben están un poco mejor, aunque yo no lo sé". Como indica Sarah Bakewell en un excelente libro sobre este personaje, *How to Live*, esa coda final, "aunque yo no lo sé", es el más puro Montaigne.

Un día, uno de sus sirvientes, que montaba atrás de él, salió a todo galope y fue a impactarse justo contra Montaigne y su caballo. Montaigne cayó diez pasos más allá y quedó inconsciente, despatarrado en el suelo, como muerto. Aterrados, sus sirvientes procedieron a llevar de regreso a su residencia aquella forma inánime. Mientras lo hacían, él volvió en sí. Más tarde, sus siervos le contaron cómo se había comportado, jalando aire, arañándose furiosamente el pecho, rasgando sus vestiduras como si quisiera liberarse, en aparente agonía. Sin embargo, dentro, la escena mental había sido muy diferente. "Sentí infinita dulzura y reposo", recordó. Se complació en "languidecer y soltarme". Sintió que se le elevaba gentilmente en una alfombra mágica.

¡Qué diferencia, reflexionó después, entre la apariencia exterior y la experiencia interior! ¡Qué asombro! Una lección optimista que extrajo de esto fue que nadie tiene que tomarse la molestia de aprender a morir: "Si no sabes cómo morir, no te preocupes; la naturaleza te dirá qué hacer en el momento justo, completa y adecuadamente. Ella hará su trabajo a la perfección; no fastidies con eso a tu cabeza".[19]

Es casi como si el temperamento de Montaigne pudiera reducirse a una ecuación: una mala pero precisa opinión de la naturaleza propia, más la capacidad de maravillarse y sorprenderse de la rareza de la creación es igual a un sereno espíritu de equilibrio. Él se sentía, como puntualizó Bakewell, "liberado para la jovialidad".[20] Parecía mantener su ecuanimidad: ni rendirse a la euforia cuando las cosas marchaban bien, ni caer en la desesperación cuando no era así. Creó un estilo prosístico que encarnaba un gracioso desenfado; luego intentó volverse tan casual como su escritura. "Sólo busco ser indiferente y relajado", escribe en cierto punto, en forma no muy convincente. "Evito sujetarme a obligación", observa (o aconseja). En un ensayo tras otro, prácticamente puedes verlo tratando de asumir una fácil aceptación de sí mismo: "Podría desear en todo ser otra cosa; podría condenar mi carácter general, e implorar a Dios que me reforme por entero y excuse mi natural debilidad. Pero no debería, pienso, dar a esto el nombre de arrepentimiento, más de lo que debería hacerlo con mi insatisfacción de no ser un ángel o un Catón. Mis actos son controlados y determinados por lo que soy, y por mi condición en la vida. No puedo hacer más". Tomó para sí un lema moderador: "Me contengo".

Era un lector lento, así que sólo se concentraba en pocos libros. Era algo flojo, de manera que aprendió a relajarse. (Johnson se daba fervorosos sermones de superación personal, pero Montaigne no. Johnson estaba lleno de severidad moral; Montaigne no.) Su mente erraba en forma natural, así que la aprovechó y aprendió a ver las cosas desde múltiples perspectivas. A cada falla la acompaña su compensación.

Los ardientes y autoexigentes nunca han admirado a Montaigne. Juzgan demasiado estrecho su registro emocional, demasiado modestas sus aspiraciones, demasiado sosa su postura. Se les dificulta refutarlo (no escribía con estructuras lógicas tradicionales, de modo que es complicado encontrar qué objetarle), pero concluyen que su escepticismo general y aceptación de sí mismo sólo conducen a la autocomplacencia, e incluso a una pizca de nihilismo. Lo desdeñan como maestro de la distancia emocional y la elusión del conflicto.

Hay algo de verdad en esa visión y, desde luego, Montaigne habría sido el primero en admitirlo: "Una penosa noción se apodera de mí; me es más fácil cambiarla que sojuzgarla. La sustituyo por su contraria o, si no puedo, en todo caso por una distinta. La variación siempre consuela, disuelve y disipa. Si no la puedo combatir, huyo de ella, y al huir, la esquivo. Soy astuto".

El ejemplo de Montaigne enseña que si tienes bajas expectativas, terminarás cumpliéndolas en la mayoría de los casos. Pero él no es un tipo insípido y campechano del siglo XVI con una finca. A veces finge desenfado, a menudo oculta su intención seria, pero tiene una alta visión de la vida buena y la sociedad buena. Ésta no se basa en la salvación o justicia última, como preferirían almas más ambiciosas, sino en la amistad.

Su ensayo sobre la amistad es una de sus piezas más conmovedoras. Lo escribió para celebrar el lazo que lo unía con su querido amigo Étienne de La Boétie, quien murió cuando tenían cinco años de tratarse. Ambos eran escritores y pensadores. Como diríamos ahora, eran genuinas almas gemelas.

En una amistad así, todo se tiene en común: voluntad, pensamientos, opiniones, propiedades, familias, hijos, honor, vida. "Nuestras almas viajaban tan juntas, era tan fuerte el afecto del uno por el otro, mismo afecto que veía las profundidades de cada corazón, que yo no sólo conocía el suyo tan bien como el mío, sino que, sin duda, me habría confiado más libremente a él que a mí mismo." Si formaras una sociedad perfecta, concluye, este tipo de amistad estaría en su cúspide.

Dos estilos de bondad

Tanto Montaigne como Johnson fueron ensayistas brillantes, maestros del cambio de perspectiva. Ambos eran humanistas a su manera, tratando heroicamente de utilizar la literatura para buscar las grandes verdades que creían que la mente humana era capaz de comprender, pero haciéndolo también con un sentido de humildad, compasión y caridad. Ambos intentaron fijar en prosa el caos de la existencia, produciendo una sensación de orden interior y disciplina. Pero Johnson es, en todo, extremosamente emocional; Montaigne, emocionalmente moderado. Johnson emite exigencias personales serias; Montaigne apunta al desenfado y a la autoaceptación irónica. Johnson es lucha y sufrimiento, Montaigne un carácter más simpático, al que las debilidades del mundo le divierten. Johnson investigaba el mundo para volverse como quería ser; Montaigne se investigaba a sí mismo para ver el mundo. Aquél es un moralista exigente en una ciudad sensual y competitiva. Trata de incitar fervor moral para hacer que personas ambiciosas y burguesas se fijen en las verdades últimas. Montaigne es una presencia tranquilizadora en un país aquejado por la guerra civil y el fanatismo religioso. Aquél quería elevar a la gente para que emulara a los héroes. Éste temía que quienes desean llegar más allá de lo humano acabaran hundiéndose en lo infrahumano. En busca de pureza, terminaban quemando a la gente en la hoguera.

Podemos decidir si somos más como Montaigne, o como Johnson, o de qué maestro podríamos aprender para determinada ocasión. Por mi parte, diría que Johnson, a través de arduo esfuerzo, construyó una grandeza superior. Era más una criatura de un mundo activo. En parte, el equilibrio de Montaigne se derivaba del hecho de haber crecido rico, con un título seguro, lo que le permitió retirarse del caos de la historia al confort de su finca. Johnson comprendió que se requiere algo de intensa presión para esculpir un carácter. El material es resistente. Tiene que haber un poco de empuje, de corte afilado, de hachazos. Esto debe hacerse confrontando los turbulentos sucesos del mundo real, no alejándose de ellos. Montaigne tenía una naturaleza cordial, que pudo formarse mediante la observación amable. La mayoría de nosotros terminaríamos siendo mediocres y autoindulgentes si intentáramos hacer lo mismo.

Industriosidad

En 1746, Johnson firmó un contrato para hacer un diccionario. Del mismo modo como paulatinamente había llevado orden a su vida interior, lo llevaría a la lengua inglesa. La Academia francesa se había embarcado en un proyecto semejante un siglo atrás. Cuarenta sabios tardaron cincuenta y cinco años en concluir la tarea. Johnson y seis empleados la consumaron en ocho. Él definió cuarenta y dos mil palabras e incluyó unas ciento dieciséis mil citas ilustrativas para mostrar cómo se usaban esos términos. Seleccionó cien mil citas más, que al final no se utilizaron.

Estudió minuciosamente toda la literatura inglesa que cayó en sus manos, marcando el uso de palabras para citas utilizables. Luego las hacía copiar en papeleteas, que más tarde ordenó en una vasta estructura organizativa. El trabajo era tedioso, pero Johnson veía virtud en el tedio. Pensaba que el diccionario sería bueno para el país, y que a él lo serenaría. Al emprender la tarea escribió: "Con la grata esperanza de que, si era lenta, de igual modo sería segura. Me atraía la idea del empleo, que, aunque no espléndido, sería provechoso, y que, aunque no pudiera volver envidiable mi vida, la mantendría inocente; aunque no despertara pasiones, no me metería en problemas, ni arrojaría a mi paso ninguna tentación de perturbar la quietud de otros por censura, o la mía por halago".[21]

Mientras trabajaba en el diccionario, murió Tetty, su esposa. Al paso de los años, ella había tenido mala salud y bebía cada vez más. Un día estaba enferma en cama cuando alguien tocó a la puerta. Una criada salió a abrir y dijo al visitante que la señora estaba indispuesta. Resultó que el visitante era el hijo adulto de Tetty, de su primer matrimonio; se había distanciado de ella cuando se casó con Johnson y no la había visto desde entonces. Cuando momentos después Tetty se enteró de que su hijo había estado a su puerta, se puso algo de ropa y bajó corriendo a buscarlo. Pero él ya se había ido y no volvería a verlo nunca.

A Johnson le afectó mucho el fallecimiento de su esposa. Juró una y otra vez en sus diarios honrar su memoria de un modo u otro. "Permíteme, Señor, iniciar y perfeccionar la reforma que le prometí [...]. Guardé este día como el aniversario de la muerte de mi Tetty, con oración y lágrimas [...]. Decidí [...] revisar mis resoluciones en la tumba de Tetty. [...] Pensé en Tetty, la querida y pobre Tetty, con ojos cargados de lágrimas."

Su diccionario lo volvió famoso y, aunque no rico, al menos económicamente seguro. Johnson emergió como una de las grandes figuras de la vida literaria británica. Pasaba sus días, como de costumbre, en cafeterías y tabernas. Era miembro del Club, grupo de hombres que se reunían con regularidad a cenar y conversar. Ésta fue quizá la colección de amigos artistas e intelectuales más ilustre en la historia de Gran Bretaña y tal vez más allá. Entre sus integrantes se contaban, además de Johnson, el estadista Edmund Burke, el economista Adam Smith, el pintor Joshua Reynolds, el actor (y expupilo de Johnson) David Garrick, el novelista y dramaturgo Oliver Goldsmith y el historiador Edward Gibbon.

Johnson socializaba con caballeros e intelectuales, pero pasaba su vida doméstica con los pobres y excluidos. Su casa estaba permanentemente ocupada por una extraña serie de indigentes y marginados. Un exesclavo vivía con él, lo mismo que un médico empobrecido y una poeta ciega. Una noche encontró postrada en la calle a una prostituta, exhausta y enferma. Se la echó a cuestas, la llevó a su casa y le dio un sitio donde vivir. Los beneficiarios de su generosidad peleaban entre sí y con él, haciendo de la casa un lugar apiñado y revoltoso, pero Johnson se resistía a echarlos.

Asimismo, escribió mucho a nombre de sus amigos. El mismo que dijo: "Sólo un tonto escribiría por algo que no sea dinero" compuso gratis miles de páginas. Un exmédico de ochenta y dos años de edad había pasado gran número de ellos ideando una forma más exacta de determinar la longitud en el mar. Ahora agonizaba, no habiendo llegado a nada en su intento. Johnson se compadeció de él, estudió navegación, las teorías del sujeto y escribió un libro que firmó con el nombre del anciano, mismo que tituló *An Account of an Attempt to Ascertain the Longitude of the Sea*, sólo para hacer sentir a aquél, al final de su vida, que sus ideas sobrevivirían. Otro amigo, Robert Chambers, de veintinueve años, fue elegido profesor de derecho en Oxford. Por desgracia, no era ni una connotada mente legal ni un buen escritor. Johnson aceptó ayudarle escribiendo para él sus clases de derecho. Redactó sesenta lecciones, con una extensión total de más de mil seiscientas páginas.

Trabajó febrilmente antes de morir. Entre los sesenta y ocho y los setenta y dos años, escribió sus *Lives of the Poets*, cincuenta y dos biografías en 378,000 palabras, en una época en que la edad de setenta era realmente muy avanzada. Jamás alcanzó la ecuanimidad que parece haber caracterizado los años maduros de Montaigne, ni la calma y reserva que admiraba en otros. Vivió siempre con sentimientos de desesperación, depresión, vergüenza, masoquismo y culpa. En la vejez pidió a un amigo guardar un candado que pudiera usarse si él se volvía loco y requería confinamiento.

No obstante, hay una inconfundible grandeza de carácter en el Johnson de sus últimos años. Ya muy anciano, con su compañero y biógrafo Boswell, se convirtió en uno de los conversadores más famosos de todos los tiempos. Podía desarrollar largos párrafos de réplicas sobre casi cualquier tema y casi para cualquier ocasión. Estas observaciones no surgían en forma espontánea; eran producto de una vida de esfuerzo mental.

También se formó un consistente punto de vista. El primer paso fue reconocer la persistente presencia del egoísmo, el egocentrismo y el autoengaño. Pero a ello añadió el impulso de su espíritu rebelde. Desde su infancia y universidad hasta su vida adulta, tuvo un profundo instinto de sublevación contra la autoridad. Volvió contra su naturaleza ese espíritu rebelde. Lo volvió contra el mal, de dentro y de fuera. Lo usó para avivar y propulsar su combate dentro de sí.

Este combate fue su camino a la redención. Definió un tipo diferente de valor, el valor de la honestidad (que Montaigne también tenía). Creía que las facultades expresivas de la literatura, si se usaban con absoluta sinceridad moral, podían vencer demonios. La verdad lo liberó de la servidumbre. Como dice Bate: "Johnson llega una y otra vez a cada ansiedad y temor que el corazón humano puede sentir. Pone sus manos directamente en ello, lo examina con curiosidad, para quitar la piel del león, bajo la que a menudo encontramos un asno, o quizá sólo un bastidor de madera.

Por eso es tan frecuente que nos descubramos riendo cuando lo leemos; en parte, nos reímos por necesidad extrema de alivio".[22]

Para Johnson todo era una contienda moral, una oportunidad de mejorar, de degradación o arrepentimiento. Su conversación, aunque tumultuosa, tendía a la mejora. De viejo recordó un episodio de su juventud. Su padre le había pedido ocuparse del puesto de libros familiar en el mercado de la ciudad de Uttoxeter. Johnson, sintiéndose superior a él, se negó. Ya viejo y avergonzado, hizo un viaje especial al mercado de Uttoxeter para pararse en el lugar donde había estado el puesto de libros de su padre. Como recordaría después:

> El orgullo fue la fuente de esa negativa y el recuerdo resultaba doloroso. Hace unos años deseé enmendar esta falta. Fui a Uttoxeter con muy mal tiempo y estuve un largo rato descubierto bajo la lluvia. [...] Estuve en contrición y espero que la penitencia haya sido expiatoria.

Johnson no triunfó nunca, pero se integró, hizo un todo más estable del que habría parecido posible por su naturaleza fragmentada. Como escribió Adam Gopnik en *The New Yorker* en 2012: "Fue su propia ballena y se dirigió a sí mismo a casa".

Por fin, a los setenta y cinco, la muerte se acercaba. Él temía enormemente la condenación. Puso un texto a la vista: "La noche vendrá", para no olvidar que no debía cometer pecados que lo condujeran a un mal juicio final. Pese a ello, esa idea siempre estaba presente en su cabeza. Boswell recuerda un intercambio con un amigo:

> Johnson: Temo ser uno de aquellos a los que se condenará (*parece consternado*).
>
> Doctor Adams: ¿Qué quiere decir usted con condenar?
>
> Johnson (*apasionada* y *ruidosamente*): ¡Enviar al infierno, señor, y castigar por siempre!

En su última semana, su médico le anunció que pronto moriría. Él pidió que se le retirara el opio, para no encontrarse con Dios "en estado de idiotez". Cuando su médico le hizo algunas incisiones en las piernas para drenar líquidos, Johnson exclamó: "¡Más hondo, más hondo! Quiero alargar la vida y usted teme darme dolor, que no valoro". Luego, él mismo tomó unas tijeras y las hundió en sus piernas, en un intento adicional por desaguarlas. Su pronunciamiento de cara a la muerte fue una muestra del estilo con que vivió: "Tendré que ser vencido; no capitularé".

Johnson es hoy un ejemplo de sabiduría humanista. Tras su dispersa juventud, sus diversas facultades se cohesionaron en una sola: una manera de ver y juzgar el mundo tanto emocional como intelectual. Hacia el final de sus días, resulta especialmente difícil clasificar sus textos. Su periodismo se elevó al nivel de la literatura; sus biografías contenían ética; su teología estaba llena de consejos prácticos. Se volvió un pensador universal.

El fundamento de todo ello era su inmensa capacidad para la compasión. La historia de su vida comienza con sufrimiento físico. De adolescente y joven fue uno de los proscritos del mundo, desfigurado por el destino. Parece no haberse deshecho nunca de esa vulnerabilidad, pero logró convertir sus impedimentos y limitaciones en ventajas, a través de un duro y arduo trabajo. Para un hombre que no dejaba de censurarse por su pereza, su capacidad de trabajo era enorme.

Luchó, realmente luchó con cuestiones de capital importancia, asuntos de su auténtico ser. "Hacer frente a las dificultades y vencerlas es la mayor felicidad humana", escribió en un ensayo. "Lo siguiente es luchar y merecer la victoria; pero aquél cuya vida ha pasado sin contienda y que no puede presumir de ningún éxito, ni mérito, sólo podrá estimarse un inútil relleno de la existencia."

Esa lucha fue emprendida en nombre de una honestidad impasible. El autor victoriano John Ruskin escribió: "Cuanto más pienso en ello, juzgo más impresionante esta conclusión: que lo más grande que un alma humana puede hacer en este mundo es ver algo y decir de manera sencilla lo que vio. Cientos de personas pueden hablar, por una que puede pensar, pero miles pueden pensar, por una que puede ver".

La habilidad de Johnson para el epigrama y la observación concisa emergió de su extraordinaria sensibilidad al mundo que lo rodeaba. Se nutría igualmente de su escepticismo acerca de sí mismo, su aptitud para dudar de sus motivos, entrever sus racionalizaciones, reírse de sus vanidades y comprender que, como sus congéneres, era sólo un tonto más.

A su muerte, la nación lo lloró. La reacción de William Gerard Hamilton es la más frecuentemente citada y la que mejor recoge la proeza del hombre, y el vacío que su muerte dejó: "Produjo un abismo, que nada podrá llenar, ni pretendería hacerlo. Johnson ha muerto. Lo bueno es esto: no hay nadie; nunca podrá decirse de ningún hombre que nos lo recuerda".

10 El Gran Yo

En enero de 1969, dos grandes mariscales de campo se enfrentaron en lados opuestos en el Super Bowl III. Johnny Unitas y Joe Namath crecieron en las ciudades acereras del oeste de Pennsylvania. Pero lo hicieron con una década de diferencia y vivieron en culturas morales distintas.

Unitas creció en la antigua cultura de la modestia y la duda de sí mismo. Su padre murió cuando él tenía cinco años; su madre se hizo cargo del negocio familiar de reparto de carbón, supervisando a su único chofer. Unitas asistió a una estricta escuela católica de la vieja tradición. Los maestros eran exigentes en lo moral, incluso podían ser crueles y severos. El dominante padre Barry entregaba en persona las boletas de calificaciones, aventándolas a un chico tras otro y comentando con crueldad: "Algún día serás un buen camionero. Cavarás zanjas". Esas profecías aterraban a los jóvenes.[1]

Los jugadores de futbol americano del oeste de Pennsylvania se vanagloriaban de su capacidad para soportar el dolor.[2] Unitas pesaba sesenta y cinco kilos cuando jugaba como mariscal de campo en el equipo de la preparatoria y en cada partido se llevaba una paliza. Iba a la iglesia antes de cada juego, cedía a la autoridad de sus entrenadores y vivía obsesionado con el futbol.[3] Rechazado por Notre Dame, jugó como mariscal de campo en una escuela de basquetbolistas, la University of Louisville. Estuvo brevemente a prueba con los Acereros de Pittsburgh, pero lo eliminaron. Había vuelto a laborar en una cuadrilla de trabajadores de la construcción, jugando mientras tanto como semiprofesional, cuando recibió una oportunidad, remota pero oportunidad al fin, de los Potros de Baltimore. Se le integró al equipo y pasó muchos de sus primeros años perdiendo sistemáticamente con él.

Unitas no fue una sensación repentina en la National Football League (NFL), pero no cesaba de madurar, puliendo sus habilidades y haciendo que sus compañeros mejoraran. Cuando su carrera profesional pareció afianzarse, compró una casa de dos niveles en Towson, Maryland, y aceptó un empleo en la Columbia Container Corporation, donde ganó ciento veinticinco dólares a la semana todo el año.[4] Era una figura deliberadamente discreta, con tenis negros de bota, piernas curvadas, hombros encorvados y un corte militar como remate de una cara tosca. Si ves las fotos en que aparece viajando con su equipo, encontrarás a un sujeto que parece un vendedor de seguros de la década de 1950, con camisa blanca de manga corta, cuello con puntas abotonadas y angosta corbata negra. Él y sus compañeros viajaban en autobuses y aviones jugando bridge, vestían casi igual y usaban el mismo corte de cabello.

Johnny era discreto y recatado. "Siempre creí que ser un poco bobo formaba parte de ser profesional. Ganáramos o perdiéramos, nunca salía de la cancha sin haber pensado en algo tonto que decirle a [la prensa]", comentaría después. Era leal a su organización y a sus compañeros. Cuando hacían *team back*, arremetía contra sus receptores por arruinar jugadas y seguir rutas incorrectas. "¡No volveré a hacerte un pase si no aprendes las jugadas!", gritaba. Después del partido, mentía a los reporteros: "Fue mi culpa, el pase fue más largo de lo que debía", era su comentario de costumbre.

Confiaba en sus habilidades futbolísticas, pero la forma en que acometía su trabajo era poco atractiva. Steve Sabol, de NFL Film, entendió su estilo: "Mi trabajo siempre ha sido glorificar el deporte. De cualquier forma soy romántico. Siempre he visto el futbol en términos de dramaturgia. Lo que importaba no era el resultado, sino la contienda y qué tipo de música podíamos usar. Pero cuando conocí a Unitas, vi que era la antítesis de todo eso. El futbol para él no era diferente al trabajo de un plomero poniendo un tubo. Él era un obrero honesto haciendo un trabajo honesto. Todo se reducía a encogerse de hombros. Era tan poco romántico que terminaba siendo romántico".[5] Unitas, igual que Joe DiMaggio en el beisbol, llegó a personificar una manera particular de ser un héroe del deporte en la era de la modestia.

Joe Namath, quien creció en la misma área, pero media generación después, vivía en un universo moral diferente. Era la estrella exuberante de zapatos blancos y cabello suelto; una desparpajada garantía de victoria. Era muy gracioso. Se volvía el centro de la atención, un espectáculo dentro y fuera de la cancha, con abrigos de piel de cinco mil dólares, patillas largas y ademanes de playboy. No le importaba lo que los demás pensaran de él, o al menos eso decía. "A algunos no les gusta mi imagen, que yo sea una persona desinhibida", dijo a Jimmy Breslin en un famoso artículo de 1969, para la revista *New York*, "Namath All Night Long". "Pero no soy institucional. Cambio. Si eso es bueno o malo, no lo sé, pero me gusta."

Namath creció a la sombra de Unitas en la raquítica Pennsylvania del oeste, pero con una manera de ser diferente. Sus padres se divorciaron cuando tenía siete años y él se rebeló contra su familia inmigrante siendo sofisticado, frecuentando la sala de billar y adoptando el aire arrogante de James Dean con chamarra de cuero.

Su talento para el futbol era patentemente obvio. Fue uno de los jugadores más altamente reclutados en Estados Unidos ese año. Quería ir a la universidad de Maryland, pensando que estaba en el sur, pero sus calificaciones en el examen de aptitud no se lo permitieron. Así, ingresó a la University of Alabama, donde se convertiría en uno de los mejores mariscales de campo colegiales. Recibió un bono enorme por jugar con los Jets de Nueva York, y al poco tiempo ganaba mucho más que cualquiera de sus compañeros.

Cultivó una marca personal que opacaba al equipo. No sólo era una estrella del futbol, sino también de un estilo de vida. Pagó una multa para poder usar en la cancha un bigote de Fu Manchú. Estelarizó comerciales de pantimedias, desafiando las anticuadas nociones de masculinidad. Se volvió célebre por tener en su departamento de soltero alfombras peludas de quince centímetros de grosor, y fue él quien popularizó el uso de la palabra "zorras" para las mujeres. Escribió su autobiografía, la que tituló *I Can't Wait Until Tomorrow… 'Cause I Get Better Looking Every Day*. Johnny Unitas no habría elegido un título así.

Namath llegó al estrellato cuando el nuevo periodismo rompía el molde de la añeja manera de reportear. Namath era el tema perfecto. Sin una pizca de reticencia en su cuerpo, tenía reporteros a su lado mientras consumía botellas de whisky la noche previa a sus partidos. Se jactaba abiertamente de lo buen atleta que era, de lo bien que se veía. Cultivaba un estilo descaradamente honesto. "¡Joe! ¡Joe! ¡Eres la cosa más bella del mundo!", gritó en el espejo del baño del Copacabana una noche de 1966, ante un reportero de *The Saturday Evening*.[6]

Fieramente independiente, evitaba comprometerse en serio con cualquier mujer. Creó una versión temprana de lo que ahora llamaríamos la cultura de la fornicación casual. "No me gusta mucho tener citas y salir, tú sabes, prefiero entrar", le dijo a un reportero de *Sports Illustrated* en 1966. Encarnaba el espíritu de autonomía que empezaba a extenderse en Estados Unidos. "Creo en dejar que cada quien viva como quiera si no lastima a nadie. Siento que todo lo que hago está bien para mí y no le afecta a nadie, incluidas las chicas con las que ando. Vivo y dejo vivir. No tengo problemas con nadie."[7]

Namath anunciaba un nuevo modo de ser atleta profesional, un modo de promoción, de marca personal y patrocinios pródigos donde la estrella expresaba su efervescente personalidad y eclipsaba al equipo.

Cambio cultural

Las culturas cambian tanto de manera superficial como profunda. Cuando el ensayista Joseph Epstein era joven, observó que cuando iba a la farmacia, los cigarros estaban en los anaqueles y los condones detrás del mostrador. Pero ahora, cuando va a la farmacia, los condones están en los anaqueles y los cigarros detrás del mostrador.

La opinión convencional sobre el cambio de la humildad de Unitas a la manifiesta exuberancia de Namath es que esto ocurrió a finales de la década de 1960. La historia convencional va más o menos así: primero estaba la gran generación, cuyos miembros eran abnegados, modestos y comunitarios; luego llegaron los años sesenta y los *baby boomers*, éstos eran narcisistas, expresivos, egoístas y de moral laxa.

Sin embargo, esta historia no cuadra con los hechos. Lo que en verdad ocurrió fue esto: desde tiempos bíblicos había una tradición de realismo moral, la corriente de la "madera torcida" de la humanidad. Esta tradición, o visión del mundo, ponía mucho énfasis en el pecado y la debilidad humana. Esta visión de la humanidad cuajó en la figura de Moisés, el más manso de los hombres que guio a un pueblo, y en personajes bíblicos como David, que eran grandes héroes, pero también personas muy imperfectas. Esta metafísica bíblica fue expresada más tarde por pensadores cristianos como san Agustín, con su énfasis en el pecado, su rechazo al éxito material, su creencia en la necesidad de la gracia, de rendirse al inmerecido amor de Dios. Después, ese realismo moral encontró expresión en humanistas como Samuel Johnson, Michel de Montaigne y George Eliot, quienes enfatizaron lo poco que podemos saber, lo difícil que es conocerse a uno mismo y lo mucho que debemos trabajar en el largo camino a la virtud. "Todos nacemos en la estupidez moral, tomando al mundo como una ubre que alimenta nuestro supremo yo", escribió Eliot.[8] Asimismo, encarnó en diferentes formas y momentos, en el pensamiento de Dante, Hume, Burke, Reinhold Niebuhr e Isaiah Berlin. Todos estos pensadores adoptan una visión limitada de nuestras facultades racionales individuales. Desconfían del pensamiento abstracto y el orgullo. Enfatizan las limitaciones de nuestra naturaleza individual.

Algunas de esas limitaciones son epistemológicas: la razón es débil y el mundo complejo. Realmente no podemos comprender la complejidad del mundo ni la plena verdad de nosotros mismos. Pero otras limitaciones son morales: en nuestra alma hay defectos que nos llevan al egoísmo y al orgullo, que nos tientan a poner nuestros bajos amores por sobre los altos. Otras más son psicológicas: estamos divididos por dentro y muchos de los más apremiantes movimientos de nuestra mente son inconscientes, apenas levemente reconocidos por nosotros mismos. Algunas limitaciones son sociales: no somos criaturas completas. Para prosperar debemos sujetarnos a un estado de dependencia: de otros, de instituciones, de lo divino. El lugar que ocupa la limitación en la corriente de la "madera torcida" es inmenso.

En el siglo xviii, el realismo moral encontró un rival en el romanticismo moral. Mientras los realistas morales hacían énfasis en la debilidad interior, los románticos morales como Jean-Jacques Rousseau subrayaban nuestra bondad interior. Los realistas desconfiaban del yo y confiaban en las instituciones y costumbres fuera de él; los románticos confiaban en el yo y desconfiaban de las convenciones del mundo exterior. Los realistas creían en el refinamiento, la civilización y el artificio; los románticos, en la naturaleza, el individuo y la sinceridad.

Por un tiempo, esas dos tradiciones vivieron lado a lado en la sociedad, en tensión y conversación creativas. Excepto en círculos artísticos, el realismo llevaba la delantera. Quien creció en Estados Unidos a principios del siglo xx, creció con el vocabulario y las categorías del realismo moral, traducidos a un idioma práctico, secular o religioso. Perkins creció con el vocabulario de la vocación, la necesidad de reprimir partes de uno mismo para poder ser un instrumento de una causa mayor. Eisenhower creció con el vocabulario de la duda de sí mismo. Day aprendió de joven el vocabulario de la sencillez, la pobreza y la entrega. Marshall aprendió el pensamiento institucional, la necesidad de entregarse a organizaciones que trascienden una vida. Randolph y Rustin aprendieron la reticencia y la lógica de la autodisciplina, la necesidad de desconfiar de uno mismo, aun librando una cruzada noble. Esas personas no sabían que ejemplificaban partes de la tradición realista. Este espíritu estaba en el aire que respiraban y la forma en que fueron educadas.

Pero el realismo moral se colapsó. Su vocabulario y maneras de pensar fueron olvidados o arrojados a las márgenes de la sociedad. Realismo y romanticismo perdieron el equilibrio. Un vocabulario moral se perdió y junto con él una metodología para la formación de las almas. Este cambio no ocurrió en las décadas de 1960 y 1970, aunque este periodo fue de gran florecimiento romántico. Sucedió antes, a fines de 1940 y 1950. Fue la Gran Generación la que abandonó el realismo.

En el otoño de 1945, en el mundo entero la gente había soportado dieciséis años de privaciones: primero durante la Gran Depresión, luego en la guerra. Ansiaba soltarse, relajarse, gozar. El consumo y la publicidad despegaron, mientras la gente corría a las tiendas a comprar cosas que harían la vida más fácil y divertida. La gente de la posguerra quería escapar de los grilletes de la moderación y todos aquellos temas tenebrosos, como el pecado y la depravación. Estaba dispuesta a dejar atrás los horrores del Holocausto y de la guerra.

Después de la guerra la gente quería leer libros que le ofrecieran una visión más optimista y positiva de la vida, así como sus posibilidades. En 1946, el rabino Joshua L. Liebman publicó *Peace of Mind*, libro que exhortaba a la gente a imprimir una nueva moral en su corazón, basada en dejar de lado la idea de que había que reprimir una parte de uno mismo.

En cambio, uno debía "amarse apropiadamente [...] no temer a sus impulsos ocultos, [...] respetarse [...] confiar en sí mismo". Liebman tenía una fe inagotable en la bondad de hombres y mujeres. "Creo que el hombre tiene un potencial infinito, y que, dada la guía precisa, casi no hay tarea que no pueda realizar, o grado de maestría en el trabajo y el amor que no pueda alcanzar."[9] Tocó una cuerda sensible. Su libro permaneció en la lista de los más vendidos del *New York Times* durante nada menos que cincuenta y ocho semanas.

Ese mismo año apareció el famoso libro de Benjamin Spock sobre los cuidados del bebé. Era un libro complejo y al que a menudo se le sigue calumniando, pero expresó, sobre todo en sus primeras ediciones, una opinión optimista de la naturaleza humana. Spock afirmó que si un niño robaba algo, había que regalarle algo similar. Eso demostraría interés en él, así como que es legítimo que cumpla "sus mayores deseos si son realmente razonables".[10]

En 1949, Harry Overstreet publicó un libro muy popular, titulado *The Mature Mind*, que llevó las cosas un poco más lejos. Overstreet argumentó que personajes que, como san Agustín, enfatizaban la naturaleza pecaminosa de la humanidad, habían "negado a nuestra especie la saludable bendición del respeto a uno mismo".[11] Ese hincapié en la debilidad interna inducía a las personas a "desconfiar de sí mismas y denigrarse".

Más tarde, en 1952, llegó Norman Vincent Peale con la madre de todos los libros optimistas, *The Power of Positive Thinking*, instando a los lectores a echar de su mente los pensamientos negativos y elevarse a la grandeza dándose ánimos. Este libro permaneció en lo más alto de la lista del *Times* durante noventa y ocho semanas.

Después llegó la psicología humanista, encabezada por personas como Carl Rogers, el psicólogo más influyente del siglo xx. Los psicólogos humanistas se alejaron de la oscura concepción freudiana del inconsciente y promovieron una alta estimación de la naturaleza humana. El principal problema psicológico, alegó Rogers, es que la gente no se ama lo suficiente, de manera que los terapeutas desataron una enorme oleada de amor propio. "La conducta del hombre es exquisitamente racional", escribió Rogers, "avanzando con una complejidad ordenada y sutil a la meta que su organismo se empeña en alcanzar."[12] Las palabras que mejor describen la naturaleza humana, continuó, son "positiva, avanzada, constructiva, realista y confiable". La gente no debe combatirse a sí misma, sólo abrirse y liberar su individualidad para que su ímpetu interiorizado hacia la realización personal pueda imponerse. Amor propio, autoelogio y autoaceptación son el camino a la felicidad. En la medida en que una persona "pueda estar libremente en contacto con su proceso de valoración, se comportará en formas que le permitirán superarse".[13]

La psicología humanista dio forma a casi toda corriente, casi todo plan de estudios, casi todo departamento de recursos humanos, casi todo libro de autoayuda. Pronto había carteles de SOY ADORABLE Y CAPAZ en todos los muros escolares. Había nacido el movimiento de la autoestima. Nuestra conversación moderna vive justo en esta visión romántica.

La era de la autoestima

El cambio de una cultura moral a otra no es una burda historia de declive, de la noble moderación a la decadencia autoindulgente. Cada clima moral es una respuesta colectiva a los problemas del momento. En la época victoriana la gente enfrentó una merma en la fe religiosa y en compensación adoptó una moral estricta sobre el carácter. En las décadas de 1950 y 1960, la gente confrontó un conjunto diferente de problemas. Cuando pasa de una ecología moral a otra, hace un trueque como respuesta a nuevas circunstancias. Dado que verdades legítimas están en tensión entre sí, cierto clima moral pondrá más énfasis aquí y menos allá, para bien o para mal. Se cultivarán ciertas virtudes, determinadas creencias llegarán demasiado lejos y ciertas importantes verdades, así como virtudes morales, caerán accidentalmente en el olvido.

El cambio en los años cincuenta y sesenta a una cultura que ponía más énfasis en el orgullo y la autoestima tuvo muchos efectos positivos; ayudó a corregir profundas injusticias sociales. Hasta entonces, muchos grupos sociales, en particular las mujeres, las minorías y los pobres, habían recibido mensajes de inferioridad y humillación. Se les había enseñado a menospreciarse. La cultura de la autoestima alentó a los miembros de esos grupos oprimidos a creer en sí mismos, también a elevar sus perspectivas y aspiraciones.

Por ejemplo, a muchas mujeres se les había enseñado a llevar una vida tan subordinada y servil que rayaba en la autoabnegación. La vida de Katharine Meyer Graham ilustra por qué tantas personas abrazaron el cambio de la automodestia a la autoexpresión.

Katharine Meyer creció en el seno de una acaudalada familia de Washington, que debía su fortuna a la industria editorial. Ella asistió a la Madeira School, progresista y refinada escuela privada en la que se educaba a las jóvenes entre lemas como "Domina el desastre, termina elegante". En casa vivía oprimida por un padre brusco, distante y una madre que exigía la perfección total: "Creo que todos sentíamos que no cumplíamos lo que ella esperaba o deseaba de nosotros; las inseguridades y desconfianza que generó fueron muy duraderas", escribiría años más tarde, en sus espléndidas memorias.[14]

De las mujeres se esperaba que fueran tranquilas, reservadas y correctas, por lo cual Katharine creció muy inhibida. "¿Había dicho lo correcto? ¿Me había puesto la ropa adecuada? ¿Era atractiva? Estas preguntas eran perturbadoras, obsesivas y, a veces, abrumadoras."

En 1940, Katharine se casó con un hombre encantador, ingenioso y voluble, de nombre Philip Graham, quien en formas sutiles y a veces no tanto, menospreciaba sus opiniones y aptitudes. "Me sentía cada vez más como la cola de su cometa y cuanto más eclipsada me sentía, más se volvía una realidad."[15] Graham tuvo una serie de amoríos que Katharine descubrió y la devastaron.

Víctima de depresión, Graham se suicidó el 3 de agosto de 1963. Seis semanas después, Katharine fue elegida presidenta de la Washington Post Company. Al principio, se concibió como un puente entre su difunto marido y sus hijos, los cuales heredarían la empresa. Pero cerró los ojos, dio un paso como gerente, luego otro y descubrió que podía hacer el trabajo.

En las décadas siguientes, la cultura circundante animó a Katharine a imponerse y desarrollar el pleno uso de sus capacidades. El año en que ella se hizo cargo del *Post*, Betty Friedan publicó *The Feminine Mystique*, que adoptaba la psicología humanista de Rogers. Gloria Steinem escribió más tarde un libro de mucho éxito, *Revolution from Within: A Book of Self-Esteem*. La doctora Joyce Brothers, eminente columnista de consejos de esa época, expuso contundentemente ese espíritu: "Ponte a ti misma primero, al menos por un tiempo. La sociedad nos ha hecho creer a las mujeres que las necesidades de nuestro esposo e hijos son siempre más importantes que las nuestras. La sociedad nunca nos ha inculcado, como lo ha hecho en los hombres, la necesidad de ponernos primero. No abogo por el egoísmo. Hablo de las necesidades básicas de la vida. Tú tienes que decidir cuántos hijos quieres, qué tipo de amigos deseas, qué tipo de relaciones quieres con tu familia".[16]

El énfasis en la realización personal y la autoestima dio a millones de mujeres un lenguaje para articular y cultivar su energía, fortaleza e identidad. Al final, Katharine Graham se volvió uno de las ejecutivas editoriales más admiradas y poderosas del mundo. Hizo del *Washington Post* uno de los principales y más redituables periódicos nacionales de Estados Unidos. Hizo frente a la Casa Blanca de Nixon y a la tormenta de insultos durante la crisis de Watergate, manteniendo un firme apoyo a Bob Woodward, Carl Bernstein y el resto de los periodistas que revelaron ese caso. Nunca superó por entero sus inseguridades, pero aprendió a proteger una imagen formidable. Sus memorias son una obra maestra, contenida pero honesta y rotunda, sin traza alguna de autocompasión o falsedad.

Katharine Graham, como muchas otras mujeres y miembros de grupos minoritarios, necesitaba un concepto de sí misma más alto y preciso; tenía que pasar del pequeño yo al Gran Yo.

Autenticidad

Los supuestos acerca de la naturaleza y la forma de la vida humana fueron alterados por ese cambio al Gran Yo. Si tú naciste en los últimos sesenta años, es probable que hayas nacido en lo que el filósofo Charles Taylor llamó "la cultura de la autenticidad". Esta mentalidad se basa en la idea romántica de que cada uno de nosotros tiene una figura dorada en el centro de su ser. Hay un yo verdadero que es bueno de forma innata, en el que uno puede confiar, consultar y contactar. Tus sentimientos personales son la mejor guía del bien y del mal.

En este espíritu, el yo es de confiar, no de dudar. Tus deseos son como oráculos internos de lo bueno y cierto. Sabes que haces lo correcto cuando te sientes bien por dentro. Las reglas válidas de la vida son las que tú haces o aceptas para ti y que te hacen sentir bien.

"Nuestra salvación moral", señala Taylor al describir esta cultura, "depende de recuperar un auténtico contacto moral con nosotros mismos." Es importante ser fieles a esa voz interior y no esclavizarse a un mundo que corrompe. Como indica Taylor: "Cierta manera de ser es mi manera. Estoy llamado a vivir de esa forma y no imitando la de nadie más. [...] Si no soy como soy, mi vida pierde sentido. Dejo de ser lo que para mí es un ser humano".[17]

De una antigua tradición de combate contra sí mismo, pasamos a la liberación y expresión personal. La autoridad moral deja de residir en un bien objetivo y externo; está en el yo único y original de cada persona. Se pone más énfasis en los sentimientos personales como guía del bien y del mal. Sé que hago lo correcto porque siento armonía en mi interior. Por otra parte, algo está mal cuando siento que mi autonomía está siendo amenazada, cuando siento que no soy fiel a mí mismo.

En este espíritu, el pecado no está en tu ser individual; está en las estructuras externas de la sociedad: racismo, desigualdad y opresión. Para mejorar, tienes que aprender a amarte, ser fiel a ti mismo, no a dudar de ti ni a luchar contigo. Como canta un personaje de una de las películas de *High School Musical*: "Toda la respuesta está en mi ser / lo único que tengo que hacer es creer".

Actualizaciones del prestigio

Este cambio intelectual y cultural hacia el Gran Yo fue reforzado por cambios económicos y tecnológicos. Hoy todos vivimos en una cultura tecnológica. No estoy tan seguro de que las redes sociales hayan tenido un efecto desastroso en la cultura, como muchos tecnófobos temen. No hay evidencias que respalden la idea de que la tecnología haya inducido a la gente a vivir en un falso mundo en línea renunciando al real. Pero la tecnología de la información ha tenido tres efectos en la ecología moral que han exagerado el lado del Gran Yo de Adán I de nuestra naturaleza y reducido al humilde Adán II.

Primero, las comunicaciones se han vuelto más rápidas y frecuentes. Así es más difícil oír las suaves y quietas voces que proceden de las profundidades. A todo lo largo de la historia humana, la gente ha descubierto que está más consciente de su yo interno cuando está aislada, en momentos de recogimiento y quietud, en instantes de callada comunión. Ha descubierto que necesita tiempo, largos periodos de tranquilidad, para que el Adán externo se serene y el interno pueda ser escuchado. Esos momentos de silencio y quietud ahora son más raros. Jamás nos separamos de nuestro smartphone.

Segundo, las redes sociales permiten un entorno de información más autorreferente. La gente tiene más herramientas y ocasiones para crear una cultura, un entorno mental a su medida. La moderna tecnología de la información permite a las familias sentarse en una habitación, mientras cada uno de sus miembros está absorto en un programa, película o juego diferente, en la privacidad de su propia pantalla. En lugar de ser una estrella periférica en el mundo de los medios masivos de comunicación del programa de Ed Sullivan, cada individuo puede ser el sol en el centro de su mediático sistema solar, creando una red de programas, apps y páginas orientadas a sus necesidades. Una campaña publicitaria de Yahoo decía: "La internet ya tiene una personalidad: ¡eres tú!". El lema de Earthlink era: "Earthlink gira alrededor de ti".

Tercero, las redes sociales alientan una personalidad perteneciente a los medios. Nuestra tendencia natural es buscar la aprobación social y temer la exclusión. La tecnología de las redes sociales nos permite pasar nuestro tiempo en una hipercompetitiva contienda por atención, por victorias en la obtención de "likes". La gente tiene más oportunidad de autopromoverse, adoptar las características de una celebridad, gestionar su imagen, dar a conocer sus *selfies* en formas que espera impresionen y agraden al mundo. Esta tecnología crea una cultura en la que las personas se convierten en pequeños gerentes de marca, usando Facebook, Twitter, mensajes de texto e Instagram, para crear un yo externo falsamente alegre, un poco exuberante que pueda ser famoso; primero, en una esfera reducida y, después, con suerte, en una grande. El gerente de este yo mide el éxito por el torrente de respuestas que recibe. El experto en redes sociales dedica su tiempo a crear una caricatura de sí mismo, una versión mucho más feliz y fotogénica de la vida real. Los individuos comienzan sutilmente a compararse con las rutilantes imágenes de otros y, por supuesto, se sienten inferiores a ellos.

El alma del hombre bajo la meritocracia

La purificación de la meritocracia también ha reforzado la idea de que cada uno de nosotros es maravilloso por dentro. Ha estimulado igualmente las tendencias a la autoexaltación. Si has vivido en los últimos sesenta o setenta años, eres producto de una meritocracia más competitiva. Igual que yo, has pasado tu vida tratando de hacer algo de ti mismo, procurando tener un impacto, intentando ser razonablemente exitoso en este mundo. Esto significa mucha competencia y demasiado énfasis en el logro personal: desempeñarse más o menos bien en la escuela, entrar a la universidad correcta, conseguir el empleo indicado, avanzar hacia el éxito y el estatus.

Esta presión competitiva significa que todos tenemos que dedicar más tiempo, energía y atención al ascenso, al éxito de Adán I, y que disponemos de menos tiempo, energía y atención dedicados al mundo interior de Adán II.

He descubierto en mí, y creo que he observado en otros, cierta mentalidad meritocrática, la cual se basa en ideas confiadas y ensoberbecidas de la tradición romántica, aunque despoetizadas y desespiritualizadas. Si los realistas morales veían el yo como una naturaleza salvaje por domesticar, y si la gente de la New Age de los años setenta lo veía como un edén que debía ser realizado, quienes viven en una meritocracia de alta presión tienden a ver el yo como una base de recursos por cultivar. El yo no suele ser visto como la sede del alma, o el depósito de un espíritu trascendente. Es más bien un recipiente de capital humano. Es una serie de talentos por cultivar con eficiencia y prudencia. El yo es definido por sus tareas y sus logros. Apunta al talento, no al carácter.

Esta mentalidad meritocrática fue elocuentemente recogida en el libro de 1990 del Dr. Seuss, *Oh, the Places You'll Go!*, el quinto libro más vendido en la historia de la lista del *New York Times*, y todavía un popular regalo de graduación.

Este libro trata sobre un chico al que se le recuerda que tiene todos los dones y talentos del mundo y la libertad última de decidir su vida: "Tienes un cerebro en tu cabeza. Tienes pies en tus zapatos. Puedes seguir la dirección que quieras". A este chico se le recuerda que su vida consiste en cumplir sus propios deseos. "No te tienes más que a ti. Y sabes qué sabes. Y eres TÚ quien decidirá dónde ir." Los retos que enfrenta en la vida son principalmente externos. Y las metas que persigue en la vida son metas de Adán I. "¡Fama! Serás tan famoso como se puede ser, / y el ancho y grande mundo te verá en TV." La meta principal de la vida es el éxito, tener impacto en el mundo exterior. "¿Y triunfarás? / ¡Con toda seguridad! / 98¾% de verdad." [18] El protagonista de esta historia de éxito eres TÚ. Esta palabrita aparece noventa veces en esa breve obra.

En ese libro, el chico es completamente autónomo. Es libre de decidir justo lo que desea en lo individual. Se le recuerda que él es maravilloso. Ninguna debilidad interna lo agobia. Confirma su mérito mediante el trabajo y el progreso.

La meritocracia libera enormes energías, dividiendo a las personas en buenas y malas. Pero también tiene un efecto sutil en el carácter, la cultura y los valores. Todo sistema hipercompetitivo basado en el mérito inducirá a la gente a pensar mucho en ella misma y el cultivo de sus habilidades. El trabajo se vuelve el aspecto que define la vida, en especial cuando uno empieza a recibir invitaciones sociales, porque resulta que encajas en cierto empleo. Sutil, suave y penetrantemente, este sistema inculca en todos nosotros cierto cálculo utilitarista. La meritocracia estimula con sutileza un espíritu instrumental en el que cada ocasión —una fiesta, una cena— y cada conocido son una oportunidad de subir de nivel y promover tu proyecto profesional. La gente tiende a pensar en categorías comerciales: a hablar de costos de oportunidad, escalabilidad, capital humano y análisis de costo-beneficio, aun si se trata de cómo pasa su tiempo en privado.

El significado de la palabra "carácter" cambia. Se usa menos para describir rasgos como desinterés, generosidad, abnegación y otras cualidades que vuelven a veces menos probable el éxito material. Se usa en cambio para describir rasgos como autocontrol, agallas, resistencia y tenacidad, cualidades más inclinadas al éxito en este mundo.

El sistema meritocrático quiere que seas grande; que te enorgullezcas de ti mismo; que te sientas completamente seguro; que creas merecer mucho y consigas todo lo que crees merecer (mientras sea bueno). La meritocracia quiere que te hagas valer y te publicites. Quiere que exhibas y exageres tus logros. La máquina del logro te premia si puedes demostrar superioridad —si con un millar de pequeños gestos, tipos de conversación y estilos de vestir puedes demostrar que eres un poco más listo, más elegante, más realizado, sofisticado, famoso, conectado y a la moda que quienes te rodean. Te alienta a descartar. Te incita a convertirte en un animal astuto.

El animal astuto ha modernizado su humanidad interior para volver más aerodinámico su ascenso. Administra cuidadosamente su tiempo y compromisos emocionales. Cosas que antes se hacían con una mentalidad poética, como ir a la universidad, conocer a una posible pareja o convivir con un empleador, ahora se hacen con una mentalidad más profesional. ¿Esta persona, oportunidad o experiencia me será útil? Sencillamente no hay tiempo para dejarse llevar por el amor y la pasión. Comprometerse de corazón con una misión, o un amor, tiene un costo. Si te comprometes con algo grande, cancelarás tus opciones de otras cosas grandes. Te aquejará el temor a perderte de algo.

El cambio de la cultura del pequeño yo a la del Gran Yo no fue ilegítimo, pero llegó demasiado lejos. La tradición realista que enfatizaba la limitación y la lucha moral fue inadvertidamente marginada y dejada de lado, primero por el florecimiento romántico de la psicología positiva, después por el espíritu autopromocional de las redes sociales y, por último, por las presiones competitivas de la meritocracia. De esta manera, hemos venido a dar con una ecología moral que desarrolla los músculos del Adán I exterior, pero ignora los del Adán II interior, y la cual genera desequilibrio. Se trata de una cultura en la que las personas son definidas por sus aptitudes y logros externos, en la que se desarrolla un culto a la actividad, mientras todos se dicen frenéticamente entre sí que están sobrecargados de compromisos. Como señaló mi alumno Andrew Reeves, esa cultura cultiva una expectativa poco realista de que la existencia sucederá en una progresión lineal, una subida natural al éxito. Anima a la gente a "darse por satisfecha", a arreglárselas con su talento y el compromiso apenas indispensable para terminar su trabajo a tiempo, sin comprometerse de lleno a ninguna tarea.

Esta tradición te dice *cómo* hacer las cosas que te propulsarán a la cima, pero no te alienta a preguntarte *por qué* las haces. Te ofrece poca orientación sobre cómo elegir entre diferentes trayectorias profesionales y vocaciones, cómo determinar cuál de ellas será moralmente mejor y superior. Induce a la gente a convertirse en una máquina buscadora de aprobación, a medir su vida por el elogio externo; si los demás te aprecian y reconocen tu prestigio, es que vas bien. La meritocracia contiene sus propias contradicciones culturales. Anima a las personas a sacar el mayor provecho posible de sus capacidades, pero esto conduce a la atrofia de las facultades morales necesarias para saber cómo apuntar tu vida en una dirección significativa.

Amor condicional

Permítaseme describir una forma en que la mentalidad utilitarista, instrumentalista, de la meritocracia puede distorsionar, en algunos casos, un vínculo sagrado: la paternidad.

Hay dos grandes rasgos que hoy definen la educación de los hijos en el hogar. Primero, en la actualidad se elogia a los hijos en un grado sin precedente. Dorothy Parker bromeó diciendo que a los niños estadunidenses no se les educa, se les incita: se les da alimento, abrigo y aplauso. Esto es mucho más cierto hoy en día. Se les dice incesantemente a los menores que son especiales. En 1966, sólo diecinueve por ciento de los estudiantes de preparatoria se graduaron con un promedio de 9 o 10. En 2013 lo hizo cincuenta y tres por ciento, de acuerdo con encuestas de la UCLA entre estudiantes de primer año de universidad. Los jóvenes están rodeados de tantos elogios que desarrollan aspiraciones desmesuradas. Según una encuesta de Ernst & Young, en la actualidad sesenta y cinco por ciento de los estudiantes universitarios espera volverse millonario.[19]

El segundo rasgo definitorio es que ahora se afina a los hijos en un grado sin precedente. Los padres, al menos en las clases más educadas y adineradas, pasan mucho más tiempo que en las generaciones pasadas acicalando a sus hijos, invirtiendo en sus habilidades y llevándolos a entrenamientos y ensayos. Como descubrió Richard Murnane, de Harvard, los padres con título universitario invierten hoy cinco mil setecientos dólares más al año, por hijo, en actividades extraescolares que en 1978.[20]

Esas dos grandes tendencias —más elogios y más pulimiento— se combinan en formas interesantes. Los hijos son colmados de amor, pero a menudo se trata de un amor direccional. Los padres colman de afecto a sus hijos, pero no de simple afecto, sino de un afecto meritocrático, mezclado con el deseo de ayudarlos a triunfar en el mundo.

Algunos padres determinan inconscientemente sus expresiones de amor de tal forma que encaucen a sus hijos a un comportamiento que, en su opinión, los llevará a la realización y la felicidad. Los padres irradian un fervor extra cuando sus hijos estudian mucho, entrenan con tesón, obtienen el primer lugar, ingresan a una universidad de prestigio, o aparecen en el cuadro de honor (en las escuelas de hoy, la palabra "honor" significa obtener altas calificaciones). El amor de los padres termina por basarse en el mérito. No es un simple "Te quiero". Es un "Te quiero cuando permaneces en mi barra de equilibrio. Te colmo de elogios y atenciones cuando respondes a mis expectativas".

Los padres de los años cincuenta solían decir que esperaban que sus hijos fueran obedientes en mayor medida que los padres de hoy, los cuales dicen a los encuestadores que quieren que sus hijos piensen por sí mismos. Pero ese deseo de obediencia no se ha evaporado, sólo se ha vuelto subterráneo, pasando del franco sistema de reglas y reprensiones, premios y castigos, al mundo semioculto de la aprobación o la reprobación.

Acechando en las sombras del amor basado en el mérito está la posibilidad de que el amor sea retirado si el hijo defrauda a sus padres. Éstos lo negarían, pero el lobo del amor condicional acecha ahí. Esta presencia intangible del amor condicional produce temor, el miedo a que no haya amor del todo seguro; no hay un lugar completamente seguro donde los jóvenes puedan ser honestos y ellos mismos.

Por una parte, las relaciones entre padres e hijos quizá sean ahora más estrechas que nunca. Padres e hijos, incluso hijos de edad universitaria, se comunican constantemente. Con sólo calladas objeciones, los jóvenes han aceptado el vasto sistema de logros que los rodea. Se someten a él porque anhelan la aprobación que obtienen de los adultos que aman. Pero esta situación es más tensa de lo que parece. Algunos hijos suponen que ese amor enredado con mérito es el orden natural del universo. Las pequeñas señales de aprobación y reprobación están tan entretejidas en la trama de la comunicación que se ubican por debajo del nivel de la conciencia. Una enorme presión interna es generada por el creciente supuesto de que es preciso comportarse de cierta forma para ser digno del amor de otra persona. Por debajo de esto, a los hijos les aterra pensar que podrían perder las relaciones más profundas que conocen.

En forma inconsciente algunos padres consideran a sus hijos algo así como un proyecto de arte por cumplir, mediante ingeniería mental y emocional. En esto hay cierto narcisismo de los padres, la insistencia en que los hijos asistan a universidades y lleven una vida que les dé a ellos prestigio y placer. Los hijos inseguros del amor de sus padres desarrollan una voraz necesidad de él. Este amor condicional es como un ácido que disuelve los criterios internos de los hijos, su capacidad para tomar decisiones sobre sus intereses, carrera, matrimonio y vida en general.

Se supone que la relación con los padres debería basarse en un amor incondicional, un don que no se puede comprar ni conquistar. Que reside fuera de la lógica de la meritocracia, y es lo que más acerca a los humanos a la gracia. Pero en estos casos, la presión para triunfar en el mundo de Adán I ha infectado una relación que debería operar con una lógica distinta: la lógica moral de Adán II. El resultado es un hueco en el corazón de muchos hijos en todas las esferas sociales.

La era del *selfie*

Este entorno cultural, tecnológico y meritocrático no nos ha convertido en una raza de bárbaros depravados. Pero nos ha restado articulación moral. Muchos de nosotros tenemos reacciones instintivas sobre el bien y el mal, sobre cómo se forjan la bondad y el carácter, pero todo esto es confuso. Muchos no tenemos una idea clara de cómo forjar el carácter, ninguna manera rigurosa de pensar en esto. Tenemos claras las cosas externas, profesionales, pero no las internas y morales. Lo que los victorianos eran al sexo nosotros lo somos a la moral: todo está cubierto por eufemismos.

Ese movimiento cultural nos ha cambiado. En primer lugar, nos ha hecho un poco más materialistas. Hoy los estudiantes universitarios dicen valorar más el dinero y el éxito profesional. Cada año, investigadores de la UCLA hacen encuestas, a nivel nacional, a una muestra de estudiantes universitarios de primer año, para medir sus valores y lo que quieren de la vida. En 1966, ochenta por ciento de ellos decía estar muy motivado para desarrollar una significativa filosofía de la vida. Hoy, menos de la mitad dicen eso. En 1966, cuarenta y dos por ciento decía que ser rico era una meta importante en la vida. En 1990, setenta y cuatro por ciento aprobaba esta afirmación. La seguridad económica, que antes se veía como un valor intermedio, ahora es la principal meta de los estudiantes. En otras palabras, en 1966 los estudiantes creían importante presentarse al menos como personas filosóficas y movidas por algún significado. En 1990, ya no sentían la necesidad de presentarse de esa forma. Creían perfectamente aceptable decir que su principal interés era el dinero.[21]

Ahora vivimos en una sociedad más individualista. Si crees humildemente que no eres tan fuerte en lo individual para vencer tus debilidades, sabes que debes depender de una asistencia redentora externa. Pero si crees, con orgullo, que las respuestas más acertadas pueden estar en tu yo verdadero, en tu voz interior, tenderás menos a relacionarte con los demás. En efecto, existe un sostenido descenso en la intimidad. Hace unas décadas, en las encuestas la gente solía decir que tenía cuatro o cinco buenos amigos, personas a las que podía contarles todo. Ahora la respuesta común es dos o tres y el número de personas sin confidentes se ha duplicado. Treinta y cinco por ciento de los adultos mayores reporta estar crónicamente solo, por encima del veinte por ciento de hace una década.[22] Al mismo tiempo, la confianza social ha disminuido. En algunas encuestas se pregunta: "En términos generales, ¿diría usted que la mayoría de la gente es de confiar, o que nunca se puede ser demasiado cuidadoso al tratar con otros?". A principios de la década de los sesenta, mayorías significativas decían que la gente era de confiar. Pero en los años noventa, los desconfiados tenían una ventaja de veinte puntos porcentuales sobre los confiados, misma que se ha incrementado desde entonces.[23]

La gente se ha vuelto menos empática, o al menos exhibe menos empatía al describirse. Un estudio de la University of Michigan determinó que en la actualidad los estudiantes universitarios obtienen, en su aptitud para entender qué siente otra persona, un resultado cuarenta por ciento inferior al de sus predecesores de los años setenta. La caída más grande ocurrió en los años posteriores a 2000.[24]

El lenguaje público también se ha desmoralizado. Google Ngrams mide el uso de palabras en los medios. Google escanea el contenido de libros y publicaciones de décadas atrás. Tú puedes teclear una palabra y ver cuáles, al paso de los años, se han usado con más frecuencia y cuáles con menos. En las últimas décadas ha habido un agudo aumento en el uso de palabras y frases individualistas como *uno mismo*, *personalizado*, *voy primero* y *puedo hacerlo solo*; a su vez, un marcado descenso en palabras comunitarias como *comunidad*, *compartir*, *unidos* y *bien común*.[25] El uso de palabras que tienen que ver con la economía y los negocios ha crecido, mientras que el lenguaje de la moral y la forja del carácter va en descenso.[26] El empleo de palabras como *carácter*, *conciencia* y *virtud* se redujo en el curso del siglo XX.[27] El uso de la palabra *valentía* disminuyó sesenta y seis por ciento en ese lapso. *Gratitud* cayó cuarenta y nueve por ciento, *humildad* cincuenta y dos y *bondad* cincuenta y seis por ciento.

Esta merma en el léxico de Adán II ha contribuido adicionalmente a la desarticulación moral. En esta época de autonomía moral, a cada individuo se le dice que debe idear su visión del mundo. Si te llamas Aristóteles, quizá puedas hacerlo. Pero si no es así, tal vez no lo logres. Para su libro *Lost in Transition*, publicado en 2011, Christian Smith, de Notre Dame, estudió la vida moral de algunos universitarios estadunidenses. Les pidió describir un dilema moral que hubiesen enfrentado recientemente. Dos tercios de los encuestados no pudieron describir ningún problema moral, o describieron problemas ajenos a un contexto de este tipo. Por ejemplo, uno dijo que su más reciente dilema moral ocurrió cuando encontró dónde estacionarse, pero no tenía suficiente cambio para el parquímetro.

"No muchos de ellos habían pensado antes en las preguntas sobre moral que les hicimos", escribieron Smith y sus coautores. No comprendían que un dilema moral surge cuando dos legítimos valores morales chocan entre sí. Su posición inicial era que las decisiones morales se reducen a qué parece correcto en su interior, o si produce una emoción agradable. Un alumno dio esta respuesta clásica: "Supongo que lo que vuelve correcto algo es lo que eso te hace sentir. Todas las personas sentimos diferente, así que no puedo hablar a nombre de otro sobre lo bueno y lo malo".[28]

Si tú crees que el oráculo decisivo es el yo verdadero en tu interior, te has vuelto emotivista; haces juicios morales con base en los sentimientos que bullen en ti. También te has vuelto relativista. Un yo verdadero no tiene bases para juzgar o discutir con otro yo verdadero. Te has vuelto individualista, porque el árbitro final es el yo auténtico interior, no un estándar comunitario u horizonte externo de significación. Pierdes contacto con el vocabulario moral necesario para pensar en esas cuestiones. Tu vida interior se vuelve más nivelada; en vez de constar de picos inspiradores y desesperantes abismos, la toma de decisiones éticas se reduce a meras laderas onduladas, que no cuesta trabajo subir.

El espacio mental antes ocupado por la lucha ética gradualmente ha sido reemplazado por la lucha para el éxito. La moral ha sido desplazada por la utilidad. Adán II ha sido desplazado por Adán I.

La vida equivocada

En 1886, León Tolstói publicó su famosa noveleta *La muerte de Iván Ilich*. El protagonista es un exitoso abogado y magistrado que un día está colgando cortinas en su nueva y lujosa casa cuando, de pronto, cae torpemente de lado. Al principio no concede importancia a esto, pero después le queda un mal sabor de boca y cae enfermo. Al final se da cuenta de que, a los cuarenta y cinco años de edad, se está muriendo.

Ilich ha vivido una productiva vida de movilidad ascendente. Tolstói nos dice que era "capaz, alegre, bondadoso y sociable, aunque estricto en el cumplimiento de lo que consideraba era su deber: y consideraba su deber el estimado como tal por quienes ejercían la autoridad".[29] En otras palabras, él era un producto venturoso de la ecología moral y el sistema de prestigio social de su tiempo. Tenía un buen empleo y una alta reputación. Su matrimonio carecía de calor, pero él pasaba poco tiempo con su familia y esto le parecía normal.

Ilich intenta recuperar su antigua manera de pensar, pero la apremiante presencia de la muerte arroja nuevas ideas en su cabeza. Recuerda con especial cariño su niñez, pero cuanto más piensa en su vida adulta, menos satisfactoria le parece. Se apresuró a casarse casi por accidente. Un año tras otro había vivido preocupado por el dinero. Sus triunfos profesionales le parecen triviales ahora. "¿Tal vez no viví como debía?", se pregunta de súbito.[30]

El relato juega con nociones de altibajos. Entre más asciende Ilich externamente, más cae en su interior. Comienza a experimentar la vida que ha llevado como "una piedra que cae a velocidad creciente".[31]

Entonces se le ocurre que ha sentido pocos y escasamente perceptibles impulsos para luchar contra lo que la sociedad juzga bueno y apropiado. En realidad, nunca hizo caso de ellos. Ahora se da cuenta de que "su carrera oficial, junto con su estilo de vida, su familia, sus intereses sociales y oficiales... todo eso podía haber sido fraudulento. Trataba de defender todo ello ante su conciencia. Y de pronto se dio cuenta de la debilidad de lo que defendía. No había nada que defender".[32]

Es probable que Tolstói exagere un poco al renunciar a la vida de Adán I de Iván. No toda ella había sido falsa e inútil. Pero traza un severo retrato de un hombre sin un mundo interior hasta el momento de su muerte. En esas horas finales, ese hombre obtiene al fin un destello de lo que debía haber sabido desde el principio: "Cayó por el agujero y allá, en el fondo, había una luz [...]. En ese mismo momento Iván Ilich se hundió, vio la luz y se le reveló que aunque su vida no había sido como debiera, se podría corregir aún. Se preguntó: '¡Cómo debe ser?' y calló, escuchando atento".

Muchos de nosotros nos encontramos en la situación de Iván Ilich, reconociendo que el sistema social del que somos parte nos obliga a llevar una suerte de vida externa insuficiente. Pero tenemos lo que Ilich ya no tenía: tiempo para rectificar. La pregunta es cómo.

La respuesta debe ser oponerse, al menos en parte, a los vientos prevalecientes de la cultura. La respuesta debe ser unirse a una contracultura. Para vivir una vida decente, para cultivar el alma, quizá sea preciso declarar que las fuerzas que alientan al Gran Yo, aunque necesarias y liberadoras en muchos sentidos, han llegado demasiado lejos. Hemos perdido el equilibrio. Tal vez sea necesario tener un pie en el mundo del éxito, pero el otro en la contracultura que está en tensión contra el espíritu del logro. Tal vez sea necesario reafirmar un equilibrio entre Adán I y Adán II. Entender que, en todo caso, Adán II es más importante que Adán I.

El código de la humildad

Cada sociedad crea su propia ecología moral. Una ecología moral es un conjunto de normas, supuestos, creencias y hábitos de conducta, así como un conjunto institucionalizado de demandas morales que emergen de manera orgánica. Nuestra ecología moral nos alienta a ser determinado tipo de personas. Cuando te comportas de acuerdo con la ecología moral de tu sociedad, la gente te sonríe y se te anima a seguir actuando de esa forma. La ecología moral de un momento determinado nunca es unánime; siempre habrá rebeldes, críticos y marginados. Pero cada clima moral es una respuesta colectiva a los problemas del momento y da forma a las personas que viven en él.

En las últimas décadas hemos creado una ecología moral en torno al Gran Yo, alrededor de la creencia en una dorada figura interior. Esto ha provocado un aumento en el narcisismo y la autoexaltación. Nos ha alentado a concentrarnos en el lado del Adán I externo de nuestra naturaleza y a ignorar el mundo interior de Adán II.

Para restaurar el equilibrio, para redescubrir al Adán II, para cultivar las virtudes de la oración fúnebre, quizá sea necesario recuperar y seguir lo que accidentalmente dejamos atrás: la contra-tradición del realismo moral, o lo que yo he llamado la "corriente de la madera torcida". Quizá sea necesario crear una ecología moral basada en las ideas de esta corriente, seguir sus respuestas a las preguntas más importantes: "¿Hacia dónde debería orientar mi vida? ¿Quién soy y cuál es mi naturaleza? ¿Cómo moldear mi naturaleza para volverla mejor cada día? ¿Qué virtudes son las más importantes de cultivar y qué debilidades las más temibles? ¿Cómo puedo educar a mis hijos con un verdadero sentido de su identidad y una serie de ideas sobre cómo recorrer el largo camino al carácter?".

Hasta aquí, las propuestas que definen la tradición de la madera torcida han quedado esparcidas a lo largo de los numerosos capítulos que conforman este libro. Pienso que sería útil reunirlas en una lista numerada, aun si el presentarlas así tienda a simplificarlas y hacerlas parecer más toscas de lo que son. Juntas, esas propuestas forman un código de la humildad, una imagen coherente de para qué y cómo vivir. He aquí las propuestas generales de ese código de la humildad:

1. No vivimos para ser felices, vivimos para ser santos. Cada día buscamos el placer, pero en el fondo los seres humanos estamos dotados de imaginación moral. Todos queremos llevar una vida no sólo de placer, sino también de propósito, rectitud y virtud. Como señaló John Stuart Mill, con el paso del tiempo la gente tiene la responsabilidad de ser más moral. La mejor vida es la orientada a la creciente excelencia del alma y la nutrida por la dicha moral, la quieta sensación de gratitud y tranquilidad que es un subproducto de una lucha moral afortunada. Una vida significativa es la misma desde toda la eternidad, la combinación de ciertos ideales con la lucha por ellos de un hombre o una mujer. La vida es, en esencia, un drama moral, no hedonista.
2. La propuesta número uno define la meta de la vida. El largo camino al carácter comienza con una comprensión precisa de nuestra naturaleza y la base de ese entendimiento es que somos criaturas imperfectas. Tenemos una tendencia innata al egoísmo y la presunción. Tendemos a vernos como el centro del universo, como si todo girara a nuestro alrededor. Decidimos hacer algo, pero terminamos haciendo lo opuesto. Sabemos qué es profundo e importante en la vida, pero continuamos persiguiendo lo vano y trivial. Además, sobrestimamos nuestra fuerza y racionalizamos nuestros fracasos. Sabemos menos de lo que creemos. Cedemos a nuestros deseos inmediatos aun a sabiendas de que no deberíamos hacerlo. Imaginamos que las necesidades espirituales y morales pueden resolverse mediante el prestigio y las cosas materiales.
3. Aunque somos criaturas imperfectas, estamos dotados de modo espléndido. Estamos divididos por dentro, terrible y maravillosamente hechos. Pecamos, pero tenemos la capacidad de

reconocer el pecado, sentir vergüenza de pecar y vencer al pecado. Somos débiles y fuertes, limitados y libres, ciegos y visionarios. Tenemos la capacidad para luchar con nosotros mismos. Hay algo heroico en una persona que lucha consigo misma, tensada en el potro de su conciencia, padeciendo tormentos, pero sobreviviendo y fortaleciéndose, sacrificando el éxito mundano en pro de su victoria interna.

4. En la lucha contra tu debilidad, la humildad es la virtud más grande. Humildad es tener una evaluación precisa de tu naturaleza y tu lugar en el cosmos. Humildad es saber que eres un don nadie en la lucha contra tu debilidad. Es saber que tus talentos son insuficientes para las tareas que te han sido asignadas. La humildad te recuerda que no eres el centro del universo, sino que sirves a un orden superior.
5. El orgullo es el vicio central. Es un problema en el aparato sensorial. Nos ciega a la realidad de nuestra naturaleza dividida. Nos ciega a nuestras debilidades y nos hace creer que somos mejores de lo que somos. Nos vuelve más seguros y cerrados de lo que deberíamos. Nos dificulta ser vulnerables frente a aquéllos cuyo amor necesitamos. Hace posible la dureza de corazón y la crueldad. Por su causa, queremos demostrar que somos mejores que quienes nos rodean. Nos induce a pensar que somos los autores de nuestra propia vida.
6. Una vez satisfechas las necesidades de la supervivencia, la lucha contra el pecado y alcanzar la virtud es el drama central de la vida. Ningún conflicto externo es tan trascendente o dramático como la campaña interior contra nuestras deficiencias. Por ejemplo, esta lucha contra el egoísmo, el prejuicio o la inseguridad da significado y forma a la vida. Es más importante que el viaje exterior por la escalera del éxito. Esta lucha contra el pecado es el gran reto, así que la vida no es fútil ni absurda. Esa batalla puede librarse bien o mal, sin gusto o con un espíritu animoso. Contender con la debilidad a menudo significa decidir qué partes de ti desarrollar y cuáles no. El propósito de la lucha contra el pecado y la debilidad no es

"ganar", porque esto no es posible; es mejorar al librarla. No importa si trabajas en un fondo de inversión, o en una obra benéfica para los pobres: hay héroes y necios en ambos mundos. Lo importante es si estás dispuesto a participar en esa lucha.

7. El carácter se forja en el curso de tu confrontación interior. Es un conjunto de disposiciones, deseos y hábitos que se graban lentamente durante la lucha contra tu debilidad. Te vuelves más disciplinado, considerado y cordial mediante un millar de pequeños actos de autocontrol, generosidad, servicio, amistad y gozo refinado. Si tomas decisiones disciplinadas y prudentes, poco a poco grabarás en tu mente ciertas tendencias. Entonces será más probable que desees lo correcto y ejecutes las acciones adecuadas. Si tomas decisiones egoístas, crueles o desorganizadas, poco a poco convertirás esa base dentro de ti en algo degradado, inconstante o fragmentado. Puedes hacer daño a esa base sólo con pensamientos innobles, aun si no perjudicas a otro. Puedes elevar esa base con un acto de moderación que nadie vea. Si no desarrollas un carácter coherente en esta forma, tu vida se vendrá abajo tarde o temprano. Te volverás esclavo de tus pasiones. Pero si te comportas con habitual autodisciplina, serás constante y confiable.
8. Las cosas que nos extravían son inmediatas: lujuria, temor, vanidad, gula. Las cosas que llamamos carácter son perdurables: valor, honestidad, humildad. Las personas con carácter son capaces de una prolongada obediencia en la misma dirección, un apego permanente a personas, causas y llamados, en las buenas y en las malas. Las personas con carácter también tienen un tope. No son infinitamente flexibles, tolerantes y solitarias. Están sujetas a vínculos permanentes con cosas importantes. En el terreno del intelecto, tienen un conjunto de convicciones permanentes sobre verdades fundamentales. En el de la emoción, están envueltas en una red de amores incondicionales. En el de la acción, tienen un firme compromiso con tareas que no pueden terminarse en una vida.

9. Ninguna persona puede alcanzar, por ella misma, el dominio de sí. La voluntad, razón, compasión y carácter individuales no son tan fuertes para derrotar sistemáticamente al egoísmo, el orgullo, la codicia y el autoengaño. Todos necesitamos una asistencia redentora de fuera: de Dios, familiares, amigos, antepasados, reglas, tradiciones, instituciones y ejemplos. Para prosperar en la confrontación contigo mismo, tienes que ponerte en un estado de afección. Tienes que echar mano de algo que está fuera de ti para afrontar las fuerzas internas. Tienes que apoyarte en una tradición cultural que eduque al corazón, aliente ciertos valores, nos enseñe qué sentir en determinadas circunstancias. Libramos nuestra lucha mientras los demás libran la suya y los límites entre nosotros son confusos.
10. Todos somos finalmente salvados por la gracia. La lucha con la debilidad suele tener forma de U. Sigues tu vida y de repente te desvías, a causa de un amor agobiante, un fracaso, una enfermedad, pérdida de empleo o vuelco del destino. Esto tiene una forma de avance-retroceso-avance. En el retroceso, admites tu necesidad y cedes tu corona. Abres un espacio que otros podrían llenar. Y la gracia lo ocupa. Puede llegar bajo la forma de amor de amigos y familiares, de inesperada ayuda de un desconocido, o de Dios. Pero el mensaje es el mismo: eres aceptado. No caes en la desesperación, porque hay manos que te sostienen. No tienes que pelear por un lugar, porque eres acogido y aceptado. Sólo tienes que reconocer el hecho de que se te acepta. El alma se llena de gratitud, de deseo de servir y retribuir.
11. Vencer la debilidad suele significar apaciguar al yo. Sólo al tranquilizar al yo, al acallar el ruido de tu ego, puedes ver el mundo con claridad. Sólo al sosegar al yo puedes abrirte a las fuentes externas de las fortalezas que necesitarás. Sólo al aquietar al sensible ego puedes reaccionar con equilibrio a los altibajos de tu lucha. De este modo, la contienda contra la debilidad requiere los hábitos de la humildad —reticencia, modestia, obediencia a algo superior— y capacidad para la reverencia y la admiración.

12. La sabiduría comienza con modestia epistemológica. El mundo es sumamente complejo y las propias reservas de razón, reducidas. Por lo general, no somos capaces de entender la compleja red de causas que determinan los acontecimientos. Ni siquiera somos capaces de captar las inconscientes profundidades de nuestra mente. Debemos desconfiar del razonamiento abstracto, o de la aplicación de reglas universales a contextos diferentes. Pero a lo largo de los siglos, nuestros antepasados crearon un depósito general de sabiduría práctica, tradición, hábitos, modales, sentimientos morales y procedimientos. Entonces, la persona humilde posee una aguda conciencia histórica. Es la agradecida heredera de la sabiduría tácita de su especie, de la gramática de la conducta y el almacén de sentimientos no impartidos, listos para usarse en caso de emergencia, que ofrecen sugerencias prácticas sobre cómo comportarse en diferentes situaciones y fomentan hábitos que cuajan en virtudes. La persona humilde comprende que la experiencia es una mejor maestra que la razón pura. Entiende que sabiduría no es conocimiento. La sabiduría surge de una colección de virtudes intelectuales. Es saber cómo conducirse cuando falta el conocimiento perfecto.
13. Ninguna vida buena es posible, a menos que se organice en torno a una vocación. Si intentas usar tu trabajo para que te sirva, verás que no puedes alcanzar tus ambiciones y expectativas, y nunca estarás satisfecho. Si intentas servir a la comunidad, siempre te preguntarás si la gente te aprecia lo suficiente. Pero si haces un trabajo intrínsecamente satisfactorio y te concentras sólo en ser excelente en él, terminarás beneficiándote y beneficiando a la comunidad en forma indirecta. Una vocación no se encuentra buscando dentro y descubriendo tu pasión. Se encuentra buscando fuera y preguntando qué pide la vida de ti. ¿Qué problema resuelve una actividad que disfrutas intrínsecamente?
14. El mejor líder intenta dirigir de acuerdo con la naturaleza humana, no en contra. Advierte que, como las personas a las que

guía, a veces también él tiende a ser egoísta, obstinado y fantasioso. Por tanto, prefiere planes concretos y alcanzables a elevados y heroicos. Siempre y cuando los fundamentos de una institución sean sólidos, prefiere el cambio constante, gradual e incremental, al radical y repentino. Entiende que la vida pública es una contienda entre verdades parciales e intereses legítimos. La meta del liderazgo es encontrar un justo equilibrio entre valores y metas en competencia. Busca equilibrar, cambiar el peso a un lado u otro conforme las circunstancias cambian, a fin de mantener el barco estable o en marcha. Comprende que en la política y los negocios las caídas son más pronunciadas que los ascensos; el riesgo causado por malas decisiones es mayor que los beneficios acumulados por buenas. En consecuencia, el líder sabio es un guardián de su organización, e intenta entregarla en condiciones un poco mejores que como la encontró.

15. La persona que lucha venturosamente contra la debilidad y el pecado podría volverse, o no, rica y famosa, pero madurará. La madurez no se basa en el talento ni en los dones mentales o físicos que te ayudan a sobresalir en una prueba de CI, correr rápido o desplazarte con elegancia. No es comparativa. No se adquiere por ser mejor que otras personas en algo, sino por ser mejor de lo que se era antes. Se obtiene siendo confiable en momentos de prueba, recto en momentos de tentación. La madurez no brilla. No se basa en los rasgos que vuelven célebre a alguien. Una persona madura posee una firme unidad de propósito. Ha pasado de la fragmentación a la centralidad, ha alcanzado un estado en el que la inquietud ha desaparecido y la confusión sobre el significado y propósito de la vida se ha disipado. La persona madura puede tomar decisiones sin depender de las reacciones negativas y positivas de admiradores o detractores, porque tiene criterios sólidos para determinar lo correcto. Ha dicho innumerables noes por el bien de unos cuantos y arrolladores síes.

Modos de vida

Los personajes incluidos en este libro siguieron muchos cursos diferentes y tenían rasgos distintos. Algunos, como Agustín y Johnson, eran muy introspectivos. Otros, como Eisenhower y Randolph, no. Algunos, como Perkins, estuvieron dispuestos a ensuciarse las manos en la política, a fin de poder hacer cosas. Otros, como Day, querían no sólo hacer el bien, sino también ser buenos, llevar una vida lo más pura posible. Algunas de esas figuras, como Johnson y Day, eran muy duras consigo mismas. Sintieron la necesidad de atacar arduamente sus debilidades. Otras, como Montaigne, se aceptaron y tuvieron una actitud más ligera y relajada ante la vida, confiando en que la naturaleza se encargaría de los problemas esenciales. Algunas, como Ida Eisenhower, Philip Randolph y Perkins, fueron personas reservadas, un poco apartadas y reticentes en el terreno emocional. Otras, como Agustín y Rustin, se expusieron emocionalmente. Algunas, como Day, fueron salvadas por la religión, mientras que otras, como Eliot, fueron perjudicadas por ella o, como Marshall, no fueron religiosas. Algunas, como Agustín, renunciaron a la acción y dejaron que la gracia las inundara. Otras, como Johnson, tomaron el control de la vida y forjaron su alma por medio del esfuerzo.

Aun dentro de la tradición del realismo moral, hay muchas diferencias de temperamento, técnica, táctica y gusto. Dos personas que suscriben la perspectiva de la "madera torcida" podrían abordar preguntas específicas de manera distinta. ¿Debes aceptar tu sufrimiento o deshacerte de él lo más pronto posible? ¿Debes llevar un diario para maximizar la conciencia de ti, o eso sólo te llevaría a la parálisis de tu conciencia y la autoindulgencia? ¿Debes ser reticente o expresivo? ¿Debes tomar el control de tu vida o entregarla a la gracia de Dios?

Aun en la misma ecología moral, hay mucho margen para que cada persona trace una ruta única. Pero cada vida en este libro comenzó con una vulnerabilidad profunda y emprendió un esfuerzo permanente para trascenderla. Johnson fue fragmentado y sacudido por la tormenta. Rustin era vano y promiscuo. Marshall fue un chico miedoso. Eliot estaba desesperada de afecto. Pero cada persona fue redimida de esa debilidad. Cada una luchó contra esa debilidad y usó ese problema para fortalecerse.

Cada una bajó al valle de la humildad para poder ascender a las alturas de la tranquilidad y el respeto de sí.

Deficientes

La buena noticia de este libro es que no tiene nada de malo ser imperfecto, puesto que todos lo somos. El pecado y la limitación están entretejidos en nuestra vida. Todos somos deficientes; lo hermoso y significativo de la vida está en la deficiencia: en reconocerla y tratar de ser más digno al paso de los años.

El deficiente se arrastra por la vida, algo desbalanceado aquí y allá, a veces tambaleándose, otras cayendo de rodillas. Pero enfrenta su imperfecta naturaleza, sus errores y debilidades, con franca honestidad, lo contrario al remilgo. A veces se avergüenza de las perversidades de su naturaleza: el egoísmo, el autoengaño, el deseo ocasional de poner sus bajos amores por sobre los altos.

Sin embargo, la humildad ofrece comprensión de uno mismo. Cuando reconocemos que metimos la pata y sentimos la gravedad de nuestras limitaciones, nos vemos desafiados y provocados por un enemigo serio al cual superar y trascender.

El deficiente se hace íntegro gracias a esta lucha. Cada debilidad se vuelve una oportunidad de librar una contienda que organice y dé significado a la vida, y que te convierta en una mejor persona. Apoyándonos mutuamente podemos luchar contra el pecado. Nos apoyamos unos a otros al luchar contra el pecado. Dependemos unos de otros para perdonar nuestros pecados. El deficiente tiene el brazo extendido, listo para recibir y ofrecer atención. Es tan vulnerable que necesita afecto y tan generoso que da afecto a manos llenas. Si estuviéramos libres de pecado, podríamos ser Atlas solitarios, pero el deficiente requiere una comunidad. Sus amigos están junto a él, con conversaciones y consejos. Sus antepasados le han dejado diversos modelos que él puede emular y con los cuales medirse.

Desde la pequeñez de su vida, el deficiente se compromete con ideas y credos más nobles de lo que podría ser cualquier individuo. No siempre vive conforme a sus convicciones ni sigue sus resoluciones. Pero se arrepiente y se redime y vuelve a intentarlo, un proceso que da dignidad a su caída. Las victorias siguen la misma trayectoria: de la derrota al reconocimiento y la redención. Bajan al valle de la visión y luego suben a las tierras altas del apego. Éste es el camino humilde a una vida plena.

Cada batalla deja huella. Una persona que ha pasado por estas luchas parece más sustancial y profunda. Y gracias a una alquimia mágica, esas victorias convierten la debilidad en alegría. El deficiente no aspira a la dicha. La alegría es un subproducto experimentado por quienes persiguen otra cosa. Pero llega.

Hay alegría en una vida llena de interdependencia con los demás, en una vida llena de gratitud, reverencia y admiración. Hay alegría en elegir la obediencia a personas, ideas y compromisos más grandes que uno mismo. Hay alegría en esa sensación de aceptación, el conocimiento de que aunque no mereces su amor, los demás te aman; te han admitido en su vida. Hay una alegría estética, que podemos sentir, en una acción moralmente buena, que hace que las demás alegrías parezcan indignas y fáciles de abandonar.

La gente mejora al vivir, al menos si está dispuesta a ser humilde y aprender. Con el tiempo tropieza menos, y a la larga alcanza momentos de catarsis, cuando la ambición externa entra en equilibrio con la aspiración interna, cuando hay una unidad de esfuerzo entre Adán I y Adán II, cuando hay una tranquilidad suprema y una sensación de flujo; cuando la naturaleza moral y las habilidades externas se unen en un esfuerzo definitorio.

La dicha no es producto de elogios ajenos. Emana sin que se le pida ni se le fuerce. Llega como un don cuando menos te lo esperas. En esos momentos efímeros, sabes por qué estás aquí y a qué verdad sirves. Podrías no sentirte en las nubes en esos instantes, podrías no escuchar la delirante marejada de una orquesta, ni ver destellos de oro y carmesí, pero sentirás una satisfacción, una quietud, una paz… un silencio. Esos momentos son las bendiciones y señales de una vida plena.

Agradecimientos

Anne C. Snyder estuvo presente cuando nació este libro y caminó a mi lado durante los tres primeros años de su elaboración. Éste fue originalmente concebido como un libro sobre la cognición y la toma de decisiones. Bajo la influencia de Anne, se convirtió en una obra sobre la moral y la vida interior. Ella condujo docenas de conversaciones sobre el material para este volumen, me asignó lecturas de su propio banco de conocimientos, objetó la superficialidad de mi pensamiento en un memorándum tras otro y transformó el proyecto. Aunque nunca pude igualar el lirismo de su prosa ni la sensatez de sus observaciones, desde luego que robé muchas de sus ideas y admiré la delicada y moralmente rigurosa forma en que vive. Si este libro contiene aspectos importantes, es muy probable que provengan de ella.

April Lawson intervino en los dieciocho últimos meses de este esfuerzo. Ella es la editora de mi columna periodística y trajo a este manuscrito su magnífico juicio. Quizá yo llegue a entender muchas cosas de la vida, pero jamás entenderé cómo es posible que alguien tan joven posea una sabiduría tan madura y considerada, comprenda tanto la vida de otros y ofrezca sugerencias tan útiles y valientes.

Campbell Schnebly-Swanson fue alumna mía en Yale y me ayudó en la investigación, verificación de datos y reflexión finales. Ella es un tornado de discernimientos, juicios y entusiasmos. Sus reacciones afinaron este texto y su investigación permea estas páginas. Espero con una especie de temerosa expectación ver qué tipo de huella deja en el mundo.

Durante tres años impartí en Yale University un curso basado libremente en algunas de las ideas expuestas en este libro. Mis alumnos en esa institución han lidiado junto conmigo con este tema y ofrecido incontables ideas, en el aula y en el bar de The Study Hotel. Ellos han vuelto increíblemente divertidos los dos primeros días de cada semana. Me gustaría agradecer en especial a mis colegas de Yale, Jim Levinsohn, John Gaddis, Charles Hill y Paul Kennedy que me hayan recibido entre ellos. Otro profesor de Yale, Bryan Garsten, leyó gran parte del manuscrito y me ayudó a aclarar y profundizar las ideas vertidas en él. Numerosos grupos de profesores en Yale y Wheaton College me escucharon y ofrecieron consejos y comentarios.

Will Murphy y yo hemos trabajado ya en dos libros para Random House. Él es el editor más comprensivo que se pueda imaginar. Yo, el raro autor que no tiene sino cosas buenas que decir de su editorial. He tenido la suerte de escribir para un equipo entusiasta, profesional y alentador, en especial London King, principal publicista de este libro, tan buena en su trabajo como nadie más con quien haya trabajado hasta ahora. Cheryl Miller me ayudó a concebir el proyecto y a seleccionar a los personajes. Catherine Katz y Lauren Davis lo llenaron de investigación y consejos vitales.

Muchos amigos merecen mi gratitud, reconocimiento y devoción. Blair Miller leyó todo, buscó afanosamente un título decoroso, me animó cuando fue necesario hacerlo y me ofreció su sabiduría y consejos, grandes y pequeños. Posee juicios asombrosos y es experta en enlazar personas e ideas. Hizo cuanto pudo para ayudarme a vincular los grandes asuntos morales con los problemas que la gente enfrenta en el mundo real todos los días. Ella sirve al mundo en su trabajo, a los más pobres del mundo, en forma práctica e idealista, digna y alegre. Me alentó a volver este libro útil para la gente; no sólo una divagación filosófica o sociológica, sino también un acto de servicio.

Mis padres, Michael y Lois Brooks, siguen siendo mis mejores y más estrictos editores. Pete Wehner ofreció incansablemente asesoría y consejos. Yuval Levin es mucho más joven que yo, pero se ha vuelto un mentor intelectual para mí. Kirsten Powers leyó partes cruciales y me brindó apoyo moral e intelectual en todo. Carol Quillen, presidenta de Davidson College, me ayudó a entender a Agustín y a muchos más, mucho mejor. Un grupo ecuménico de clérigos y seglares me ayudaron a superar un momento crucial en mi vida, entre ellos Stuart y Celia McAlpine, David

Wolpe, Meir Soloveichik, Tim Keller y Jerry Root. Mis agentes, Glen Hartley y Lynn Chu, han sido amigos míos desde la universidad y lo seguirán siendo a lo largo de la vida.

La vida tiene sus vicisitudes y vuelcos inesperados. Mi exesposa, Sarah, ha hecho y sigue haciendo un excelente trabajo educando a nuestros tres hijos. Ellos, Joshua, Naomi y Aaron, están ahora dispersos por el mundo y ejemplifican los rasgos de carácter con los que sueña cualquier padre: valentía, creatividad, honestidad, fortaleza y bondad. En realidad, no necesitan este libro, pero espero que lo aprovechen.

Notas

1. EL CAMBIO

[1] Wilfred M. McClay, *The Masterless: Self and Society in Modern America*, University of North Carolina Press, 1993, p. 226.
[2] Alonzo L. Hamby, "A Wartime Consigliere", reseña de David L. Roll, *The Hopkins Touch: Harry Hopkins and the Forging of the Alliance to Defeat Hitler*, Oxford University Press, 2012, en *Wall Street Journal*, 29 de diciembre de 2012.
[3] David Frum, *How We Got Here: The 70's, the Decade That Brought You Modern Life (for Better or Worse)*, Basic Books, 2000, p. 103.
[4] Jean M. Twenge y W. Keith Campbell, *The Narcissism Epidemic: Living in the Age of Entitlement*, Simon & Schuster, 2009, p. 13.
[5] "How Young People View Their Lives, Futures and Politics: A Portrait of 'Generation Next'", The Pew Research Center For The People & The Press, 9 de enero de 2007.
[6] Elizabeth Gilbert, *Eat, Pray, Love: One Woman's Search for Everything*, Penguin, 2006, p. 64.
[7] James Davison Hunter, *The Death of Character: Moral Education in an Age Without Good or Evil*, Basic Books, 2000, p. 103.
[8] Jean M. Twenge y W. Keith Campbell, *op. cit.*, p. 248.
[9] C. J. Mahaney, *Humility: True Greatness*, Multnomah, 2005, p. 70.
[10] Daniel Kahneman, *Thinking, Fast and Slow*, Farrar, Straus and Giroux, 2011, p. 201.
[11] Harry Emerson Fosdick, *On Being a Real Person*, Harper and Brothers, 1943, p. 25.
[12] Thomas Merton, *The Seven Storey Mountain*, Harcourt, 1998, p. 92.
[13] Henry Fairlie, *The Seven Deadly Sins Today*, New Republic Books, 1978, p. 30.

2. EL SER LLAMADO

[1] David von Drehle, *Triangle: The Fire That Changed America*, Atlantic Monthly Press, 2003, p. 195.
[2] Frances Perkins, "The Triangle Factory Fire", conferencia, archivos en línea de Cornell University. http://trianglefire.ilr.cornell.edu/primary/lectures/francesperkinslecture.html.

[3] David von Drehle, *op. cit.*, p. 158.
[4] George Martin, *Madam Secretary: Frances Perkins; A Biography of America's First Woman Cabinet Member*, Houghton Mifflin, 1976, p. 85.
[5] David von Drehle, *op. cit.*, p. 138.
[6] *Ibid.*, p. 130.
[7] *Ibid.*, p. 152.
[8] *Ibid.*, p. 146.
[9] Frances Perkins, *op. cit.*
[10] Naomi Pasachoff, *Frances Perkins: Champion of the New Deal*, Oxford University Press, 1999, p. 30.
[11] Viktor Frankl, *Man's Search for Meaning*, Beacon, 1992, p. 85.
[12] *Ibid.*, p. 99.
[13] *Ibid.*, p. 104.
[14] *Ibid.*, p. 98.
[15] Mark R. Schwehn y Dorothy C. Bass (eds.), *Leading Lives That Matter: What We Should Do and Who We Should Be*, Eerdmans, 2006, p. 35.
[16] Kirstin Downey, *The Woman Behind the New Deal: The Life of Frances Perkins, FDR's Secretary of Labor and His Moral Conscience*, Nan Talese, 2008, p. 8.
[17] *Ibid.*, p. 5.
[18] George Martin, *op. cit.*, p. 50.
[19] David Hackett Fischer, *Albion's Seed: Four British Folkways in America*, Oxford, 1989, p. 895.
[20] Lillian G. Paschal, "Hazing in Girls' Colleges", en *Household Ledger*, 1905.
[21] George Martin, *op. cit.*, p. 46.
[22] Russell Lord, "Madam Secretary", en *New Yorker*, 2 de septiembre de 1933.
[23] Mary E. Woolley, "Values of College Training for Women", en *Harper's Bazaar*, septiembre de 1904.
[24] George Martin, *op. cit.*, p. 51.
[25] Jane Addams, *Twenty Years at Hull House: With Autobiographical Notes*, University of Illinois, 1990, p. 71.
[26] *Ibid.*, p. 94.
[27] Frances Perkins, "My Recollections of Florence Kelley", en *Social Service Review*, vol. 28, núm. 1, marzo de 1954, p. 12.
[28] George Martin, *op. cit.*, p. 146.
[29] Kirstin Downey, *op. cit.*, p. 42.
[30] *Ibid.*
[31] George Martin, *op. cit.*, p. 98.
[32] Kirstin Downey, *op. cit.*, p. 56.
[33] George Martin, *op. cit.*, p. 125.
[34] Kirstin Downey, *op. cit.*, p. 66.
[35] George Martin, *op. cit.*, p. 232.
[36] *Ibid.*, p. 136.
[37] Kirstin Downey, *op. cit.*, p. 317.
[38] Frances Perkins, *The Roosevelt I Knew*, Penguin, 2011, p. 29.
[39] *Ibid.*, p. 45.

[40] George Martin, *op. cit.*, p. 206.
[41] *Ibid.*
[42] *Ibid.*, p. 236.
[43] *Ibid.*, p. 237.
[44] Frances Perkins, *op. cit.*, p. 156.
[45] Kirstin Downey, *op. cit.*, p. 284.
[46] *Ibid.*, p. 279.
[47] George Martin, *op. cit.*, p. 281.
[48] Kirstin Downey, *op. cit.*, p. 384.
[49] Christopher Breiseth, "The Frances Perkins I Knew", ensayo, Franklin D. Roosevelt American Heritage Center Museum, Worcester.
[50] George Martin, *op. cit.*, p. 485.
[51] Reinhold Niebuhr, *The Irony of American History*, University of Chicago Press, 2008, p. 63.

3. Conquista de uno mismo

[1] *The Eisenhower Legacy: Discussions of Presidential Leadership*, Bartleby Press, 1992, p. 21.
[2] Jean Edward Smith, *Eisenhower in War and Peace*, Random House, Nueva York, 2012, p. 7.
[3] *Ibid.*, p. 8.
[4] Mark Perry, *Partners in Command: George Marshall and Dwight Eisenhower in War and Peace*, Penguin, 2007, p. 68.
[5] Dwight D. Eisenhower, *At Ease: Stories I Tell to Friends*, Doubleday, 1967, p. 76.
[6] *Ibid.*, p. 31.
[7] Jean Edward Smith, *op. cit.*, p. 59.
[8] Dwight D. Eisenhower, *op. cit.* p. 52.
[9] Anthony T. Kronman, *The Lost Lawyer: Failing Ideals of the Legal Profession*, Harvard University Press, 1995, p. 16.
[10] Jean Edward Smith, *op. cit.*, p. 59.
[11] Evan Thomas, *Ike's Bluff: President Eisenhower's Secret Battle to Save the World*, Little, Brown, 2012, p. 27.
[12] *Ibid.*
[13] Paul F. Boller, Jr., *Presidential Anecdotes*, Oxford University Press, 1996, p. 292; Robert J. Donovan, *Eisenhower: The Inside Story*, Harper and Brothers, 1956, p. 7.
[14] Evan Thomas, *op. cit.*, p. 33.
[15] Informe a la Nación, Washington, D. C., 10 de enero de 1957.
[16] Evan Thomas, *op. cit.*, p. 30.
[17] Fred Greenstein, *The Presidential Difference: Leadership Style from Roosevelt to Clinton*, Free Press, 2000, p. 49.
[18] Stephen E. Ambrose, *Eisenhower: Soldier and President*, Simon and Schuster, 1990, p. 65.
[19] Jean Edward Smith, *op. cit.*, p. 19.
[20] *Ibid.*, p. 48.
[21] Dwight D. Eisenhower, *op. cit.*, p. 155.

[22] *Ibid*., p. 135

[23] William Lee Miller, *Two Americans: Truman, Eisenhower, and a Dangerous World*, Vintage, 2012, p. 78.

[24] Evan Thomas, *op. cit*., p. 26; John S. D. Eisenhower, *Strictly Personal*, Doubleday, 1974, p. 292.

[25] Jean Edward Smith, *op. cit*., p. 61.

[26] *Ibid*., p. 65.

[27] Dwight D. Eisenhower, *Ike's Letters to a Friend, 1941-1958*, University Press of Kansas, 1984, p. 4.

[28] Dwight D. Eisenhower, *At Ease*, *op. cit*., p. 193.

[29] Paul F. Boller, Jr., *op. cit*., p. 290.

[30] Dwight D. Eisenhower, *At Ease*, p. 213.

[31] *Ibid*., p. 214.

[32] *Ibid*., p. 228.

[33] Jean Edward Smith, *op. cit*., p., 147.

[34] *Ibid*., p. 443.

[35] Stephen E. Ambrose, *op. cit*., p. 440.

[36] Evan Thomas, *op. cit*., p. 153.

[37] *Ibid*., p. 29.

[38] Citado en Steven J. Rubenzer y Thomas R. Faschingbauer, *Personality, Character, and Leadership in the White House: Psychologists Assess the Presidents*, Potomac Books, 2004, p. 147.

[39] Evan Thomas, *op. cit*., introducción, p. 17.

[40] *Ibid*., p. 161.

[41] *Ibid*.

[42] Jean Edward Smith, *op. cit*., p. 766.

[43] Dwight D. Eisenhower, *Ike's Letters*, *op. cit*., p. 189, 22 de julio de 1957.

4. lucha

[1] Dorothy Day, *The Long Loneliness: The Autobiography of the Legendary Catholic Social Activist*, Harper, 1952, p. 20.

[2] *Ibid*., p. 21.

[3] Paul Elie, *The Life You Save May Be Your Own: An American Pilgrimage*, Farrar, Straus and Giroux, 2003, p. 4.

[4] *Ibid*.

[5] Dorothy Day, *op. cit*., p. 24.

[6] *Ibid*., p. 35.

[7] Paul Elie, *op. cit*., p. 16.

[8] Dorothy Day, *op. cit*., p. 87.

[9] Jim Forest, *All Is Grace: A Biography of Dorothy Day*, Orbis Books, 2011, p. 47.

[10] Paul Elie, *op. cit*., p. 31.

[11] Jim Forest, *op. cit*., p. 48.

[12] *Ibid*., p. 50.

[13] Deborah Kent, *Dorothy Day: Friend to the Forgotten*, Eerdmans Books, 2004, p. 35.
[14] Dorothy Day, *op. cit.*, p. 79.
[15] *Ibid.*
[16] Paul Elie, *op. cit.*, p. 38.
[17] Dorothy Day, *op. cit.*, p. 60.
[18] Robert Coles, *Dorothy Day: A Radical Devotion*, Da Capo Press, 1989, p. 6.
[19] Paul Elie, *op. cit.*, p. 45.
[20] Nancy Roberts, *Dorothy Day and the Catholic Worker*, State University of New York Press, 1985, p. 26.
[21] Jim Forest, *op. cit.*, p. 62.
[22] Dorothy Day, *op. cit.*, p. 141.
[23] Robert Coles, *op. cit.*, p. 52.
[24] *Ibid.*, p. 53.
[25] Robert Elsberg (ed.), *All the Way to Heaven: The Selected Letters of Dorothy Day*, Marquette University Press, 2010, p. 23.
[26] Nancy Roberts, *op. cit.*, p. 26.
[27] Dorothy Day, *op. cit.*, p. 133.
[28] William Miller, *Dorothy Day: A Biography*, Harper & Row, 1982, p. 196.
[29] Dorothy Day, *op. cit.*, p. 165.
[30] Jim Forest, *op. cit.*, p. 61.
[31] Dorothy Day, *The Duty of Delight: The Diaries of Dorothy Day*, Marquette University, 2011, p. 519.
[32] Dorothy Day, *The Long Loneliness*, *op. cit.*, p. 182.
[33] *Ibid.*, p. 214.
[34] Dorothy Day, *The Duty of Delight*, *op. cit.*, p. 68.
[35] Mark R. Schwehn y Dorothy C. Bass (eds.), *Leading Lives That Matter*, Wm. B. Eerdman Publishing Co., 2006, p. 34.
[36] Dorothy Day, *The Duty of Delight*, *op. cit.*, p. 42.
[37] Robert Coles, *op. cit.*, p. 115.
[38] *Ibid.*, p. 120.
[39] Doroty Day, *The Long Loneliness*, *op. cit.*, p. 236.
[40] Jim Forest, *op. cit.*, p. 168.
[41] *Ibid.*, p. 178.
[42] *Ibid.*, p. 118.
[43] Doroty Day, *The Long Loneliness*, *op. cit.*, p. 243.
[44] *Ibid.*, p. 285.
[45] Dorothy Day, *The Duty of Delight*, *op. cit.*, p. 9.
[46] Rosalie Riegle Troester, *Voices from the Catholic Worker*, Temple University Press, 1993, p. 69.
[47] *Ibid.*, p. 93.
[48] Dorothy Day, *The Duty of Delight*, *op. cit.*, p. 287.
[49] *Ibid.*, p. 295.
[50] Robert Coles, *op. cit.*, p. 16.

5. DOMINIO DE SÍ

1 Forrest C. Pogue, *George C. Marshall*, 4 vols., Viking Press, 1964; vol. 1: *Education of a General, 1880-1939*, p. 35.
2 Ed Cray, *General of the Army: George C. Marshall, Soldier and Statesman*, W. W. Norton, 1990, p. 20.
3 *Ibid.*, p. 25.
4 William Frye, *Marshall: Citizen Soldier*, Bobbs-Merrill, 1947, pp. 32-65.
5 Forrest C. Pogue, *op. cit.*, p. 63.
6 *Ibid.*
7 Richard Livingstone, *On Education: The Future in Education and Education for a World Adrift*, Cambridge, 1954, p. 153.
8 James Davison Hunter, *The Death of Character: Moral Education in an Age Without Good or Evil*, Basic Books, 2000, p. 19.
9 Leonard Mosley, *Marshall: Hero for Our Times*, Hearst Books, 1982, p. 13.
10 *Ibid.*, p. 14.
11 *Ibid.*, p. 15.
12 William Frye, *op. cit.*, p. 49.
13 David Hein, "In War for Peace: General George C. Marshall's Core Convictions & Ethical Leadership", en *Touchstone*, marzo de 2013.
14 Leonard Mosley, *op. cit.*, introducción, p. xiv.
15 *Ibid.*, p. 19.
16 Ed Cray, *op. cit.*, p. 64.
17 Citado en Mayor James R. Hill, "A Comparative Analysis of the Military Leadership Styles of Ernest J. King and Chester W. Nimitz", tesis de maestría, General Staff College, Fort Leavenworth, 2008.
18 Leonard Mosley, *op. cit.*, p. 64.
19 Forrest C. Pogue, *op. cit.*, p. 79.
20 *Ibid.*, p. 246; Leonard Mosley, *op. cit.*, p. 93.
21 André Comte-Sponville, *A Small Treatise on the Great Virtues: The Uses of Philosophy in Everyday Life*, Macmillan, 2002, p. 10.
22 William Frye, *op. cit.*, p. 85.
23 Ed Cray, *op. cit.*, p. 276.
24 Mark Perry, *Partners in Command: George Marshall and Dwight Eisenhower in War and Peace*, Penguin, 2007, p. 15.
25 Ed Cray, *op. cit.*, p. 278.
26 *Ibid.*, p. 297.
27 Leonard Mosley, *op. cit.*, p. 211.
28 *Ibid.*, p. 292.
29 Dwight D. Eisenhower, *Crusade in Europe*, Doubleday, 1948, p. 197.
30 Mark Perry, *op. cit.*, p. 238.
31 Forrest C. Pogue, *George C. Marshall*, Viking, 1973; vol. 3: *Organizer of Victory, 1943-1945*, p. 321.
32 Mark Perry, *op. cit.*, p. 240.

33 John S. D. Eisenhower, *General Ike: A Personal Reminiscence*, Simon and Schuster, 2003, p. 99, reproducido en Dwight D. Eisenhower, *Crusade in Europe*, *op. cit.*, p. 208.
34 *Ibid.*, p. 103.
35 Leonard Mosley, *op. cit.*, p. 341.
36 *Ibid.*, prólogo, p. xxi.
37 William Frye, *op. cit.*, p. 372.
38 Robert Faulkner, *The Case for Greatness: Honorable Ambition and Its Critics*, Yale University Press, 2007, p. 39.
39 *Ibid.*, p. 40.
40 Aristóteles, *Nichomachean Ethics*, Focus Publishing, 2002, p. 70; Robert Faulkner, *op. cit.*, p. 43.
41 Leonard Mosley, *op. cit.*, p. 434.
42 *Ibid.*, p. 522.
43 *Ibid.*, p. 523.
44 *Ibid.*

6. DIGNIDAD

1 Cynthia Taylor, *A. Philip Randolph: The Religious Journey of an African American Labor Leader*, New York University Press, 2006, p. 13.
2 Jervis Anderson, *A. Philip Randolph: A Biographical Portrait*, University of California Press, 1973, p. 43.
3 *Ibid.*, p. 9.
4 *Ibid.*, p. 10.
5 *Ibid.*, p. 272.
6 *Ibid.*, p. 339.
7 Aaron Wildavsky, *Moses as Political Leader*, Shalem Press, 2005, p. 45.
8 Irving Kristol, *The Neoconservative Persuasion: Selected Essays, 1942-2009*, ed. de Gertrude Himmelfarb, Basic Books, 2011, p. 71.
9 Murray Kempton, "A. Philip Randolph: The Choice, Mr. President", en *New Republic*, 6 de julio de 1963.
10 Jervis Anderson, *op. cit.*, p. 176.
11 Larry Tye, *Rising from the Rails: Pullman Porters and the Making of the Black Middle Class*, Owl Books, 2005, p. 154.
12 Doris Kearns Goodwin, *No Ordinary Time: Franklin and Eleanor Roosevelt: The Home Front in World War II*, Simon & Schuster, 2013, p. 251.
13 Paula F. Pfeffer, *A. Philip Randolph: Pioneer of the Civil Rights Movement*, Louisiana State University Press, 1996, p. 66.
14 *Ibid.*, p. 58.
15 John D'Emilio, *Lost Prophet: The Life and Times of Bayard Rustin*, Simon and Schuster, 2003, p. 11.
16 *Ibid.*, p. 16.
17 *Ibid.*, p. 19.
18 Rachel Moston, "Bayard Rustin on His Own Terms", en *Haverford Journal*, 2005, p. 82.

[19] Michael G. Long (ed.), *I Must Resist: Bayard Rustin's Life in Letters*, City Lights, 2012, p. 228.
[20] Rachel Moston, *op. cit.*, p. 91.
[21] John D'Emilio, *op. cit.*, p. 77.
[22] Michael G. Long (ed.), *op. cit.*, p. 50.
[23] John D'Emilio, *op. cit.*, p. 172.
[24] Michael G. Long (ed.), *op. cit.*, p. 49.
[25] *Ibid.*, p. 51.
[26] *Ibid.*, p. 65.
[27] John D'Emilio, *op. cit.*, p. 112.
[28] *Ibid.*, p. 159.
[29] David L. Chappell, *A Stone of Hope: Prophetic Religion and the Death of Jim Crow*, University of North Carolina Press, 2004, p. 48.
[30] *Ibid.*, p. 54.
[31] *Ibid.*, p. 179.
[32] *Ibid.*, p. 55.
[33] *Ibid.*, p. 56.
[34] John D'Emilio, *op. cit.*, p. 150.
[35] David L. Chappell, *op. cit.*, p. 50.
[36] Reinhold Niebuhr, *The Irony of American History*, University of Chicago Press, 2008, p. 5.
[37] *Ibid.*, p. 23.
[38] John D'Emilio, *op. cit.*, p. 349.
[39] *Ibid.*, p. 352.
[40] Jervis Anderson, *op. cit.*, p. 332.

7. amor

[1] George Eliot, *Daniel Deronda*, Wordsworth, 2003, p. 15.
[2] Kathryn Hughes, *George Eliot: The Last Victorian*, Cooper Square Press, 2001, p. 16.
[3] *Ibid.*, p. 18.
[4] Frederick R. Karl, *George Eliot: Voice of a Century; A Biography*, W. W. Norton, 1995, p. 36.
[5] *Ibid*.
[6] Rebecca Mead, *My Life in Middlemarch*, Crown, 2013, p. 28.
[7] Kathryn Hughes, *op. cit.*, p. 47.
[8] Rebecca Mead, *op. cit.*, p. 66.
[9] *Ibid.*, p. 125.
[10] Frederick R. Karl, *op. cit.*, p. 146.
[11] Gordon S. Haight, *George Eliot: A Biography*, Oxford University Press, 1968, p. 133.
[12] Brenda Maddox, *George Eliot in Love*, Palgrave Macmillan, 2010, p. 59.
[13] Gordon S. Haight, *op. cit.*, p. 144.
[14] Frederick R. Karl, *op. cit.*, p. 167.
[15] Michael Ignatieff, *Isaiah Berlin: A Life*, Henry Holt, 1999, p. 161.

[16] Christian Wiman, *My Bright Abyss: Meditation of a Modern Believer*, Farrar, Straus and Giroux, 2013, p. 23.
[17] William Shakespeare, *Romeo y Julieta*, acto II, escena II, en *Obras completas*, trad. de Julio Astrana Marín, Aguilar, Madrid, 1989, vol. I, p. 303.
[18] Frederick R. Karl, *op. cit.*, p. 178.
[19] *Ibid.*, p. 157.
[20] Kathryn Hughes, *op. cit.*, p. 186.
[21] Rebecca Mead, *op. cit.*, p. 266.
[22] Virginia Woolf, "George Eliot", en *The Times Literary Supplement*, 20 de noviembre de 1919.
[23] Barbara Hardy, *George Eliot: A Critic's Biography*, Continuum, 2006, p. 122.

8. amor ordenado

[1] Peter Brown, *Augustine of Hippo: A Biography*, University of California Press, 2000, p. 17.
[2] *Ibid.*, p. 18.
[3] Matthew Arnold, *Culture and Anarchy*, Cambridge University Press, 1993, p. 130.
[4] *Ibid.*, p. 128.
[5] *Ibid.*
[6] *Ibid.*, p. 132.
[7] Peter Brown, *op. cit.*, p. 13.
[8] Garry Wills, *Saint Augustine*, Penguin, 1999, p. 7.
[9] Peter Brown, *op. cit.*, p. 36.
[10] Garry Wills, *op. cit.*, p. 26.
[11] Peter Brown, *op. cit.*, p. 37.
[12] Reinhold Niebuhr, *The Nature and Destiny of Man: A Christian Interpretation: Human Nature*, vol. I, Scribner's, 1996, p. 155.
[13] Peter Brown, *op. cit.*, p. 173; san Agustín, *Confesiones*, libro 10, sección 60, trad. de Eugenio Zeballos y Eliseo Bayo, Plaza & Janés, Barcelona, 1961, p. 457.
[14] Reinhold Niebuhr, *op. cit.*, p. 157.
[15] Lewis B. Smedes, *Shame and Grace: Healing the Shame We Don't Deserve*, Random House, 1994, p. 116.
[16] San Agustín, *Psalm 122: God Is True Wealth*; Mary Clark, *Augustine of Hippo: Selected Writings*, Paulist Press, 1984, p. 250.
[17] Timothy Keller, *Freedom of Self Forgetfulness*, 10Publishing, 2013, p. 40.
[18] Jennifer A. Herdt, *Putting On Virtue: The Legacy of the Splendid Vices*, University of Chicago Press, 2008, p. 176.
[19] *Ibid.*, p. 57.
[20] San Agustín, *The Works of Saint Augustine: A Translation for the 21st Century*, New City Press, 1992, p. 131.
[21] Paul Tillich, *The Essential Tillich*, Scribner, 1999, p. 131.
[22] Peter Brown, *op. cit.*, p. 157.
[23] *Ibid.*

9. Introspección

[1] Jeffrey Meyers, *Samuel Johnson: The Struggle*, Basic Books, 2008, p. 6.
[2] W. Jackson Bate, *Samuel Johnson: A Biography*, Counterpoint, 2009, p. 8.
[3] *Ibid.*, p. 31.
[4] John Wain, *Samuel Johnson*, Macmillan, 1980, p. 49.
[5] James Boswell, *Boswell's Life of Johnson*, Harper, 1889, p. 74.
[6] Jeffrey Meyers, *op. cit.*, p. 50.
[7] W. Jackson Bate, *op. cit.*, p. 211.
[8] Jeffrey Meyers, *op. cit.*, p. 205.
[9] W. Jackson Bate, *op. cit.*, p. 204.
[10] Paul Fussell, *Samuel Johnson and the Life of Writing*, Norton, 1986, p. 236.
[11] W. Jackson Bate, *op. cit.*, p. 218.
[12] Jeffrey Meyers, *op. cit.*, p. 114.
[13] *Ibid.*, p. 2.
[14] Paul Fussell, *op. cit.*, p. 163.
[15] *Ibid.*, p. 51.
[16] Ralph Waldo Emerson, *The Spiritual Emerson: Essential Writings*, Beacon, 2004, p. 216.
[17] Paul Fussell, *op. cit.*, p. 147.
[18] Percy Hazen Houston, *Doctor Johnson: A Study in Eighteenth Century Humanism*, Cambridge University Press, 1923, p. 195.
[19] Sarah Bakewell, *How to Live: Or a Life of Montaigne in One Question and Twenty Attempts at an Answer*, Other Press, 2010, p. 21.
[20] *Ibid.*, p. 14.
[21] Paul Fussell, *op. cit.*, p. 185.
[22] W. Jackson Bate, *op. cit.*, p. 4.

10. El gran yo

[1] Tom Callahan, *Johnny U. The Life and Times of John Unitas*, Random House, 2007, p. 16.
[2] Michael Novak, *The Joy of Sports: Endzones, Bases, Baskets, Balls, and the Consecration of the American Spirit*, Madison Books, 1976, p. 241.
[3] Tom Callahan, *op. cit.*, p. 20.
[4] Jimmy Breslin, "The Passer Nobody Wanted", *Saturday Evening Post*, 1 de noviembre de 1958.
[5] Tom Callahan, *op. cit.*, p. 243.
[6] John Skow, "Joe, Joe, You're the Most Beautiful Thing in the World", *Saturday Evening Post*, 3 de diciembre de 1966.
[7] Dan Jenkins, "The Sweet Life of Swinging Joe", *Sports Illustrated*, 17 de octubre de 1966.
[8] George Eliot, *Middlemarch*, Penguin, 2003, p. 211.
[9] Joshua L. Liebman, *Peace of Mind: Insights on Human Nature That Can Change Your Life*, Simon and Schuster, 1946, p. 56.
[10] Benjamin Spock, *The Pocket Book of Baby and Child Care*, Duell, Sloan and Pearce, 1946, p. 309.

[11] Harry A. Overstreet, *The Mature Mind*, Norton, 1949, p. 261.
[12] Carl Ransom Rogers, *On Becoming a Person: A Therapist's View of Psychotherapy*, Harcourt, 1995, p. 194.
[13] Carl Ransom Rogers, *The Carl Rogers Reader*, Houghton Mifflin, 1989, p. 185.
[14] Katharine Graham, *Personal History*, Random House, 1997, p. 51.
[15] *Ibid.*, p. 231.
[16] Eva Illouz, *Saving the Modern Soul: Therapy, Emotions, and the Culture of Self-Help*, University of California Press, 2008, p. 117.
[17] Charles Taylor, *Multiculturalism: Examining the Politics of Recognition*, Princeton University Press, 1994, p. 30.
[18] Dr. Seuss, *Oh, the Places You'll Go!*, Random House, 1990.
[19] Ernst & Young Survey, "Sixty-five Per Cent of College Students Think They Will Become Millionaires", Canadá, 2001.
[20] Greg Duncan y Richard Murnane, *Whither Opportunity? Rising Inequality, Schools, and Children's Life Chances*, Russell Sage Foundation, 2011, p. 11.
[21] Alexander W. Astin, Sarah A. Parrott, William S. Korn y Linda J. Sax, "The American Freshman, Thirty Year Trends, 1966-1996", Higher Education Research Institute Graduate School of Education & Information Studies, University of California, Los Ángeles, febrero de 1997.
[22] Gretchen Anderson, "Loneliness Among Older Adults: A National Survey of Adults 45+", AARP Research and Strategic Analysis, 2010.
[23] Francis Fukuyama, *The Great Disruption: Human Nature and the Reconstitution of Social Order*, Profile, 1999, p. 50.
[24] Sara Konrath, "Changes in Dispositional Empathy in American College Students Over Time: A Meta-Analysis", University of Michigan, 2011.
[25] Jean M. Twenge, W. Keith Campbell y Brittany Gentile, "Increases in Individualistic Words and Phrases in American Books, 1960-2008", 2012, PLoS ONE 7(7): e40181, doi: 10.1371/journal.pone.0040181.
[26] David Brooks, "What Our Words Tell Us", *New York Times*, 20 de mayo de 2013.
[27] Pelin Kesebir y Selin Kesebir, "The Cultural Salience of Moral Character and Virtue Declined in Twentieth Century America", *Journal of Positive Psychology*, 2012.
[28] Christian Smith, Kari Christoffersen y Hilary Davidson, *Lost in Transition: The Dark Side of Emerging Adulthood*, Oxford University Press, 2011, p. 22.
[29] León Tolstói, *The Death of Ivan Ilyich*, White Crow Books, 2010, p. 20.
[30] *Ibid.*, p. 66.
[31] *Ibid.*, p. 68.
[32] *Ibid.*, p. 71.

Créditos de autorizaciones

Se agradece a las siguientes personas e instituciones la autorización para reproducir sus materiales:

CITY LIGHTS BOOKS: fragmentos de *I Must Resist: Bayard Rustin's Life in Letters*, edición de Michael G. Long, copyright © 2012 por Michael G. Long. Reproducidos con autorización de City Lights Books.

HARPERCOLLINS PUBLISHERS: fragmentos de *The Long Loneliness*, de Dorothy Day, copyright © 1952 por Harper & Row Publishers, Inc., y copyright renovado 1980 por Tamar Teresa Hennessy. Reproducidos con autorización de HarperCollins Publishers.

HOUGHTON MIFFLIN HARCOURT PUBLISHING COMPANY: fragmentos de *A. Philip Randolph: A Biographical Portrait*, de Jervis B. Anderson, copyright © 1972 y copyright renovado 2000 por Jervis B. Anderson; fragmentos de *Madam Secretary, Frances Perkins*, de George Martin, copyright © 1976 por George Martin. Reproducidos con autorización de Houghton Mifflin Harcourt Publishing Company. Derechos reservados.

DAVE JOLLY: correo electrónico de Dave Jolly a David Brooks. Reproducido con autorización de Dave Jolly.

NAN A. TALESE, SELLO DE THE KNOPF DOUBLEDAY PUBLISHING GROUP, DIVISIÓN DE PENGUIN RANDOM HOUSE LLC: fragmentos de *The Woman Behind the New Deal: The Life of Frances Perkins, FDR's Secretary of Labor and His Moral Conscience*, de Kirstin Downey, copyright © 2009 por Kirstin Downey. Reproducidos con autorización de Nan A. Talese, sello de Knopf Doubleday Publishing Group, división of Penguin Random House LLC. Derechos reservados.

RANDOM HOUSE CHILDREN'S BOOKS, DIVISIÓN DE PENGUIN RANDOM HOUSE LLC: fragmento de *Oh, the Places You'll Go!*, de Dr. Seuss, TM y copyright © por Dr. Seuss Enterprises L.P., 1990. Reproducido con autorización de Random House Children's Books, división de Penguin Random House LLC. Derechos reservados.

Índice analítico

OCÉANO exprés

Esta obra se imprimió y encuadernó
en el mes de noviembre de 2024,
en los talleres de Impregráfica Digital, S.A. de C.V.,
Av. Coyoacán 100–D, Col. Del Valle Norte,
C.P. 03103, Benito Juárez, Ciudad de México.